目标导引·任务驱动
高中化学单元教学探析

MUBIAO DAOYIN RENWU QUDONG
GAOZHONG HUAXUE DANYUAN JIAOXUE TANXI

程永刚 著

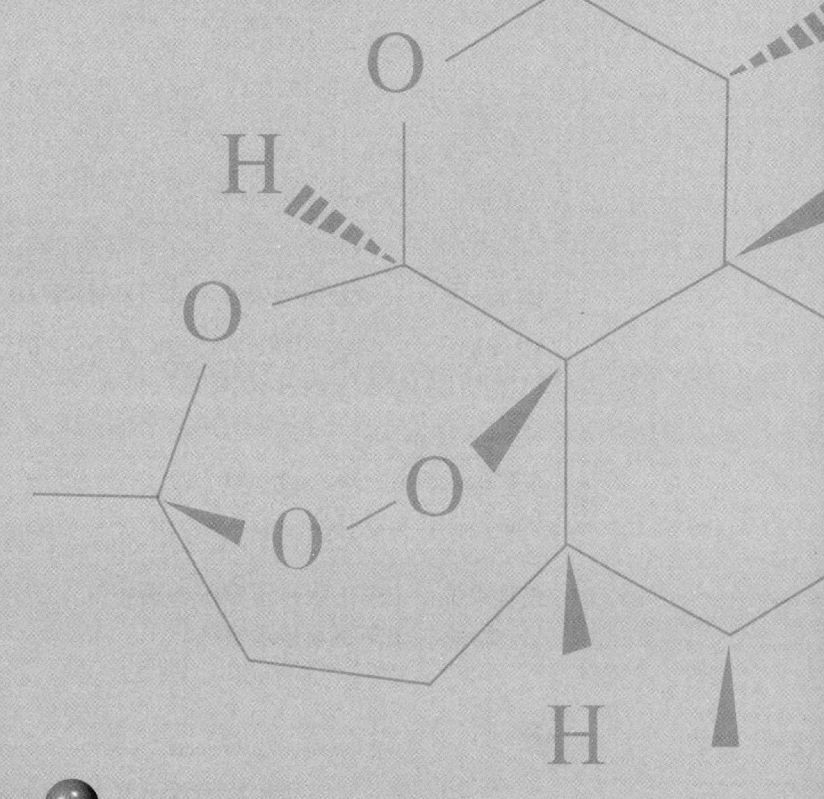

山东科学技术出版社
·济南·

图书在版编目（CIP）数据

目标导引·任务驱动：高中化学单元教学探析 / 程永刚著. --济南：山东科学技术出版社，2023.9
ISBN 978-7-5723-1635-7

Ⅰ.①目… Ⅱ.①程… Ⅲ.①中学化学课—课堂教学—教学研究—高中 Ⅳ.①G633.82

中国国家版本馆CIP数据核字（2023）第088084号

目标导引·任务驱动　高中化学单元教学探析

MUBIAO DAOYIN RENWU QUDONG GAOZHONG HUAXUE DANYUAN JIAOXUE TANXI

责任编辑：刘　楠　禚其翠
装帧设计：孙　佳

主管单位：山东出版传媒股份有限公司
出 版 者：山东科学技术出版社
　　　　　地址：济南市市中区舜耕路517号
　　　　　邮编：250003　电话：（0531）82098088
　　　　　网址：www.lkj.com.cn
　　　　　电子邮件：sdkj@sdcbcm.com
发 行 者：山东科学技术出版社
　　　　　地址：济南市市中区舜耕路517号
　　　　　邮编：250003　电话：（0531）82098078
印 刷 者：山东蓝海印刷科技有限公司
　　　　　地址：山东省济南市高新区春田路南首1号高新技术
　　　　　　　　产业园1号厂房
　　　　　邮编：250101　电话：（0531）66725220

规　格：16开（184 mm×260 mm）
印　张：21　字　数：310千
版　次：2023年9月第1版　印　次：2023年9月第1次印刷
定　价：78.00元

深化化学课堂教学改革
强化学科核心素养培养
——代　序

当今世界是一个充满竞争的世界。国际竞争是综合国力的竞争，是科学技术的竞争，但归根到底是人才的竞争。人才是衡量一个国家综合国力的重要指标，是实现民族复兴、赢得国际竞争主动的战略资源。

习近平总书记在2021年9月27日至28日举行的中央人才工作会议上发表重要讲话指出，当前我国进入了全面建设社会主义现代化国家、向第二个百年奋斗目标进军的新征程，我们比历史上任何时期都更加接近实现中华民族伟大复兴的宏伟目标，也比历史上任何时期都更加渴求人才。党的二十大报告提出"人才是第一资源""人才强国战略""人才引领驱动"等关于人才的重要论述，体现了以习近平同志为核心的党中央对人才工作的高度重视，体现了人才强国建设在全面建成社会主义现代化强国新征程中的重要战略地位。

学校是国家人才培养的重要阵地。课程是学校教育的核心，教学是学校教育的主渠道，深化课程与教学改革是培养造就时代新人的必需之举。为了全面落实党的教育方针，为国家的社会主义现代化建设培养合格的建设者和接班人，教育部先后于2001年和2003年印发了《义务教育课程设置实验方案》、义务教育各学科课程标准（实验）以及《普通高中课程方案（实验）》、高中各学科课程标准（实验），由此拉开了21世纪初课程与教学改革的序幕。2012

年,党的十八大提出"把立德树人作为教育的根本任务,培养德智体美全面发展的社会主义建设者和接班人",为包括课程和教学改革在内的教育改革的深入发展指明了方向。为落实"立德树人"根本任务,教育部于2017年12月印发了《普通高中课程方案(2017年版)》和各学科课程标准(2017年版),于2022年4月印发了《义务教育课程方案(2022年版)》和各学科课程标准(2022年版)。新修订的课程方案和课程标准要求课程开发与学科教学"坚持素养导向",注重培育学生终身发展和适应社会发展所需要的核心素养。

"素养"一般指人的修养,是沉淀在人身上的对生活、学习、工作、发展有价值、有意义的品质,表现为人在特定情境中综合运用知识、技能、态度分析和解决问题的能力。我国自古以来就十分看重人的素养,如《后汉书·刘表传》曰"越有所素养者,使人示之以利,必持众来",《汉书·李寻传》云"马不伏历,不可以趋道;士不素养,不可以重国"。如今,素养的内涵更加丰富,对于一个人的思维方式、行为习惯等的影响越来越大;其外延也大为拓展,包括思想政治素养、知识素养、文化素养、职业素养、身心素养等。"核心素养"是人的素养中最重要的部分,是优秀公民的共同基因。在《教育部关于全面深化课程改革落实立德树人根本任务的意见》中,明确把核心素养的内涵界定为"学生应具备的适应终身发展和社会发展需要的必备品格和关键能力"。"核心素养"是一个全球关注的概念,它的提出大致经历了以下过程。

1996年,国际21世纪教育委员会向联合国教科文组织提交的研究报告《学习:内在的财富》(Learning: The Treasure Within)提出了"教育的四大支柱":学会求知、学会做事、学会共处和学会做人。这一报告虽然没有直接提出"核心素养",但指明了人才培养的主要方向。1997年,经济合作与发展组织启动了"素养的界定与遴选:理论和概念基础"项目,旨在确定一组核心素养。2003年,经济合作与发展组织发布了研究报告《核心素养促进成功的生活和健全的社会》(Key Competencies for a Successful Life and a Well-Functioning Society),构建了一个涉及"人与工具""人与自我"和"人与社会"三大类九种核心素养的素养框架体系,把核心素养以及核心素养教育对于人的发展和社会进步的重要作用凸显出来。2005年,经济合作与发展组织发布了研究成果《核心素养的界定与遴选：行动纲要》（*The Definition and Selection of Key Competencies: Executive Summary*）。关于其中的"Key"，2013年裴新宁教授在《全球教育展望》（*Global Education*）上撰文指出，它除了"关键的"之外，还有"基本的、主要的、必不可少"的含义，应该意译为"核心的"；关于其中的"Competencies"，经济合作与发展组织在《核心素养的界定与遴选：行动纲要》中明确指出，它"不仅仅是知识和技能，还包括在特定情境中利用和调动社会心理资源（包括技能和态度）以满足复杂需求的能力。例如，当一个人正在与他人交流时，他会利用个人的语言知识、IT操作技能和相应的态度与之进行有效沟通。这表现出来的就是一种Competency"。2001—2003年，欧盟委员会专门为建设和研制核心素养建立了工作小组，以甄别和界定"新基本能力包括哪些内容""它们如何与课程相整合"以及"如何在人一生的学习中培养与发展"；2002年3月，该工作小组发布研究报告，详细阐释了什么是核心素养，指出核心素养代表了一系列知识、技能和态度的集合，是可迁移的、多功能的，也是每个人发展自我、融入社会及胜任工作所必需的。2006年，欧盟委员会通过建议案《以核心素养促进终身学习》（*Key Competencies for Lifelong Learning*）。另外，新西兰于2005年、法国于2006年、美国于2007年、新加坡于2010年、日本于2013年也分别提出了本国核心素养的框架。

在我国，2012年党的十八大报告首次提出"把立德树人作为教育的根本任务"；2013年1月，第一篇关于学生核心素养培养的学术论文《我国义务教育阶段学生核心素养模型的构建》发表，9月教育部哲学社会科学研究重大课题委托项目"我国基础教育阶段和高等教育阶段学生核心素养模型研究"立项，由此掀起了我国核心素养研究的热潮，为国家关于核心素养培养的政策制定和实践推进提供了强有力的智力支持；2014年3月，教育部发布《教育部关于深化课程改革落实立德树人根本任务的意见》，将核心素养写入深化课程改革以落实立德树人根本任务的教育目标中；2016年9月，由教育部委托北京师范大学联合国内高校近百位专家历时3年完成的《中国学生发展核心素养》研究成果在京发布；教育部于2017年12月印发《普通高中课程方案（2017年版）》和各学科课程标准（2017年版），于2022年4月印发《义务教育课程方案（2022年版）》和各学科课程标准（2022年版），进一步要求各学科教学培养和发展学生的学科核心素养。

核心素养是人们适应现在生活及面对未来挑战应具备的知识、能力与态度，也是人们获得成功生活与功能健全社会所需的素养。对于学生来说，核心素养指学生应具备的适应终身发展和社会发展需要的必备品格和关键能力，突出强调个人修养、社会关爱、家国情怀，更加注重自主发展、合作参与、创新实践。核心素养是连接宏观教育理念、培养目标与具体教育教学实践的桥梁，党和国家的教育方针通过这一桥梁转化为教育教学实践的具体要求，引领课程改革和育人模式变革，实现课程与教学的育人价值。

学科核心素养指学生核心素养在某一学科领域的具体呈现和深刻表征，是在学生核心素养体系上建立起来的更直接、更精确、更有利于培养的素养体系。学科核心素养具有高度的整合性、广泛的迁移性和持续的影响性等特点，渗透在学生的认知、思维、应用、实践等各个方面，反映着学科知识内化后学生对知识掌握、拓展、深化和应用的能力水平，体现着一个学科的灵魂。《普通高中化学课程标准（2017年版2020年修订）》指出，高中化学学科核心素养是"学生通过学科学习而逐步形成的正确价值观、必备品格和关键能力"，包括"宏观辨识与微观探析""变化观念与平衡思想""证据推理与模型认知""科学探究与创新意识""科学态度与社会责任"五个方面。化学学科核心素养是由"化学科学实践""化学科学认识"和"化学科学应用"等要素构成的有机整体，每一个要素都具有独立的素养功能，并在问题解决的不同阶段发挥各自的作用。其中，"宏观辨识与微观探析""变化观念与平衡思想"属于化学科学思维方式范畴，"证据推理与模型认知"属于化学科学认识范畴，"科学探究与创新意识"属于化学科学实践范畴，"科学态度与社会责任"属于化学科学价值范畴或化学科学应用范畴。化学学科核心素养将化学知识与技能的学习、化学思想观念的构建、科学探究与能力的发展、创新意识与社会责任感的形成等多方面要求融为一体，体现了化学课程在引导学生形成未来发展需要的正确价值观、必备品格和关键能力中所发挥的重要作用。

国家义务教育课程方案修订组组长、华东师范大学教授崔允漷认为，素质是教育话语，既包括先天因素，又包括后天习得；素养是课程话语，是后天习得的，要经过学习才能逐步养成。学科核心素养的形成与学生的学科知识及学科活动密切相关：学科知识是学科核心素养形成的主要载体，学科活动则是学科核心素养形成的主要路径。由此不难看出，以传授学科知识为主要目的的传统的课堂教学方式难以实现学生学科核心素养的培养与发展。这是因为作为教学载体的学科知识并不能直接转化为学科核心素养，学科知识教学只有突出学科大概念、学科结构、学科思想与方法及学科情境四大要素，才能有效地培养学生的学科核心素养。作为学生核心素养培养的路径，学科学习活动意味着要对学科知识进行深度加工、消化、吸收，并在此基础上进行内化、转化、升华，因而必须实现实践性、思维性、自主性、教育性和学科性五大特性的有机融合。

新课程的教学理念要求教学方式由原来的知识逻辑转化为学习逻辑，即关注学生的学习过程，引导学生经历和体验学习过程，让学习过程真正发生而不是停留于教师的说教上，以此培养学生的学科核心素养。现在，以素养培养为导向的中小学课堂教学改革正在深入开展，涌现出诸如大单元教学、跨学科主题学习、项目式教学等众多教学模式，有力地推动了课堂教学的转变。山东沂水县教育和体育局的程永刚老师组织一线教师进行了多年的单元教学探究，初步形成了"目标导引·任务驱动"单元教学思路，通过课堂教学有效地落实了学生化学学科核心素养的培养任务。在总结多年来课堂教学探索经验体会和教育理论学习心得的基础上，程永刚老师撰写了《目标导引·任务驱动 高中化学单元教学探析》一书。

《目标导引·任务驱动 高中化学单元教学探析》一书采用理论论述与案例述说有机结合的方式，向读者展现了山东沂水县高中化学课堂教学改革的探究场景。这其中包括程永刚老师与一线教师一起是如何学习、研究目标分类学理论，分别从宏观层面目标、中观层面目标和微观层面"子目标"的角度，不断进行教学目标和学习目标的实践研究，以充分发挥目标的引领作用的；是如何创设真实情境，以真实问题为导引，增强学生学习的"内驱力"，通过任务驱动来达成课堂教学和学习目标的；是如何根据逆向教学、深度学习以及合作学习理论，通过学生个体学习（自学）、小组学习（互学）、全班学习（共学）等，将"先行学习""交互学习""后续学习"有机结合起来，使"讲堂"变"学堂"，发挥学生的教学主体作用，推进学生思维进阶和意义建构的；是如何以"评"将"教"和"学"串联起来，将"对学习的评价"转变为"促进学习的评价"，通过"教学评一体化"，使学生的学习在课堂教学中真实发生的——尽管"目标导引·任务驱动"高中化学单元教学属于单元教学的初级阶段，还没有以贯穿于学科课程全部或覆盖教材全部的"大概念"统领教学设计，只是一种基于"教材单元"或由"教材单元"简单整合而形成的单元教学，但仍显现出这一教学模式对于培养学生化学学科核心素养的积极作用。用程永刚老师的话来说，"目标导引·任务驱动"高中化学单元教学从教学预期的结果出发，综合设计单元教学和课时教学的目标、任务，强调目标与任务的匹配以及教、学、评的一致性，是一种符合新课程教育理念的有效教学。实施"目标导引·任务驱动"高中化学单元教学，有利于课程标准要求的落实，培养学生的学科核心素养；有利于课堂教学评价的引入，实现"教学评一体化"；有利于目标教学的实施，切实提高教学效率。

《目标导引·任务驱动　高中化学单元教学探析》一书不仅介绍了一种高中化学教学的实践研究，还充分反映了程永刚老师勤奋好学的精神，是他多年来积累的学习体会的总结，读者可以通过这些学习体会更深刻地认识课堂教学改革的重要意义及发展趋势。

是为序。

刘宗寅

2023年3月12日

前　言

新课程实施以来，以素养培养为导向、以学生发展为目标的课堂教学改革深入开展起来，并取得了丰硕的成果，但受"应试教育"思想的影响和传统教学模式等因素的制约，现在课堂教学中仍然存在着教学目标虚化、教学内容碎片化、教学方式单一化等现象。面对这一状况，沂水县广大一线教师和教学研究人员不断思考："什么样的学习目标更有意义？""什么样的学习内容更有价值？""什么样的学习方式更有利于实现目标？""什么样的方式能更好地检验学习效果？"为了促进师生角色转换，实现课堂教学由"教师讲堂"向"学生学堂"的转变，让学生的学习在课堂上真正发生，沂水县教学研究人员创新实施"沉浸式教学视导"，积极参与一线教师的同步备课、上课、研讨、评价、反思过程，不断总结典型教学案例并加以推广，为提升沂水县的高中教学质量作出了贡献。2022年2月，《山东教育报》以"沂水县教体局以'沉浸式教学视导'促进教研转型"为题，推介了沂水县教研转型经验。

几年来，在与杭州、厦门、武汉、长沙、石家庄等教科院联合研讨，以及与济南、青岛、潍坊等地市深度合作促进教研深度转型的基础上，作为沂水县的高中化学教研员，我与沂水县一线化学教师开展了关于单元教学的探究，形成了"目标导引·任务驱动"高中化学单元教学思路。目前，沂水县高中化学课堂教学逐步走出多年的"旋涡"，使课堂由"讲堂"变"学堂"；通过实施"目标导引·任务驱动"高中化学单元教学，涌现出一批省市级优质课和省级"一师一优课"获奖教师。为了推动单元教学的深入发展，我撰写了《目标导引·任务驱动　高中化学单元教学探析》一书。

《目标导引·任务驱动　高中化学单元教学探析》一书依据美国教育家格兰特·威金斯和杰伊·麦克泰"追求理解的教学设计"（Understanding by Design，UbD），对"目标导引·任务驱动"高中化学单元教学进行了理论阐述；立足于单元教学的整体架构、课时局部架构、评价关联架构，从宏观、微观层面解读了"教""学""评"之间的关系；基于浙江大学教育学院"核心素养落地的单元教学设计"和深度学习理论，介绍了单元设计、课堂实施、教学评价等教学环节的构建与实施，并给出大量高效课堂教学的案例。为了使读者更充分地理解"目标导引·任务驱动"高中化学单元教学，本书第三章特别就单元教学的设计要素，从单元的划分到目标的制订以及课时的进阶设计进行了论述。本书第四章展示的9个教学实践案例中，案例1、案例2、案例3、案例4、案例6是基于人教版教材章节的单元设计，是某种意义上的"小单元"或"微单元"，体现出"目标导引·任务驱动"高中化学单元教学的架构；案例5是基于人教版教材整章的单元设计，其中的"课时"可以看作"课段"来完成，也可以将其再分解为"小课时"；案例7是海水资源的综合利用，是跨必修课程模块、选择性必修课程模块的单元整体设计；案例8是基于主题的单元设计，也是跨必修课程模块、选择性必修课程模块的单元设计；案例9是基于"有机合成"主题在选择性必修课程模块中跨章节进行的单元设计。以上案例中，有的是对实践案例的再优化，有的是对研究和探索性实践案例的设计。

本书的写作得到了临沂市教科院付士林老师的大力支持和"沂水高中化学名师"团队的无私帮助，得益于"齐鲁高中化学"公众号的资源支撑和潍坊市青州实验中学的实践经验，在此表示衷心的感谢！另外，还要特别感谢杭州市萧山区教研室徐和平老师的大力支持和刘宗寅先生对本书从策划到编排的全程悉心指导！

由于时间仓促，水平所限，书中难免有不足甚至谬误之处，敬请广大同仁批评指正！

2023年3月于山东沂水

目 录

第一章 "目标导引·任务驱动"高中化学单元教学概述 / 001

第一节 "目标导引·任务驱动"高中化学单元教学的基本架构 / 002

第二节 "目标导引·任务驱动"高中化学单元教学的价值分析 / 040

第二章 "目标导引·任务驱动"高中化学单元教学的理论基础 / 063

第一节 逆向教学理论 / 064

第二节 深度学习理论 / 078

第三章 "目标导引·任务驱动"高中化学单元教学的设计要素 / 104

第一节 单元的划分与设计 / 105

第二节 目标的制订与陈述 / 120

第三节 课时的设计与进阶 / 134

第四章 "目标导引·任务驱动"高中化学单元教学的实践案例 / 149

案例1 氧化还原反应（必修课程模块 必修第一册）/ 150

案例2 离子反应（必修课程模块 必修第一册）/ 169

案例3 氯及其化合物（必修课程模块 必修第一册）/ 186

案例4 化学平衡（选择性必修课程模块 化学反应原理）/ 200

案例5　烃（选择性必修课程模块　有机化学基础）/ 216

案例6　原电池（选择性必修课程模块　化学反应原理）/ 234

案例7　海水的利用与保护（必修课程模块　必修第一册+选择性必修课程模块　化学反应原理）/ 250

案例8　原子结构与元素周期律（必修课程模块　必修第一册+选择性必修课程模块　物质结构与性质）/ 274

案例9　有机物的获取和合成（选择性必修课程模块　有机化学基础）/ 296

第一章
"目标导引·任务驱动"高中化学单元教学概述

随着新一轮课程改革的不断推进,以核心素养为导向的教学探索逐渐深入,诸如"大单元教学""项目式教学"等的实施,对教学评价改革的要求越来越强烈。为此,我们以"教学评一体化"教学设计为基础,进行了"目标导引·任务驱动"高中化学单元教学的研究与实践,并取得了一定成效。实践证明,"目标导引·任务驱动"高中化学单元教学是一种培养学生化学学科核心素养的有效途径。

本章共包括两节内容。第一节《"目标导引·任务驱动"高中化学单元教学的基本架构》,主要从单元整体架构、课时局部设计、评价关联架构三方面论述单元教学;分别进行理论分析和设计方法研究,列举实例说明整体架构、课时架构的搭建方法,并通过评价方法和评价途径的介绍凸显"教学评一体化"要求。第二节《"目标导引·任务驱动"高中化学单元教学的价值分析》,围绕新课程方案和《普通高中化学课程标准(2017年版2020年修订)》,结合有关文献资料,全面解读高中化学单元教学的价值意义,并从课程改革、课程标准、目标教学、教学评价四个方面进行理论分析。

第一节　"目标导引·任务驱动"高中化学单元教学的基本架构

《普通高中课程方案（2017年版2020年修订）》和《普通高中化学课程标准（2017年版2020年修订）》倡导的教学理念，要求教学方式由原来的知识逻辑逐渐过渡到学习逻辑，即关注学生的学习过程，让学生的学习过程真正发生而不是停留在教师的说教上。为此，在课堂教学中要确保学生的主体地位，并以有效的课堂教学做保障，这为化学教学基本框架的构建指明了方向。"目标导引·任务驱动"高中化学单元教学，改变了传统教学方式，将"讲堂"变为"学堂"，并通过评价把"教"和"学"串联起来，利用小组合作学习，引导学生经历和体验学习过程，组建新的课堂教学架构，提升学生的化学学科核心素养。

一、单元整体架构

（一）单元整体架构的设计要素

"单元"是指在核心概念（主题、要素）统领下，把一组原本离散的教学内容有机组合在一起而形成的相对完整的课程单位。"单元"既以概念或主题统领教学内容，又通过概念或主题达成教学目标。

对于教师而言，"单元"并不是一个陌生的词语，因为大多数教材都是按照"单元"编排的，所以有些教师常常将"教学单元"等同于教材中的"章节"。实际上，这是一种"教材单元观"。从学科核心素养培养的角度来看，"教学单元"应该是能够体现学科知识和学科素养的综合体，是由将一定的概念或主题以及目标的达成与学科素养的养成糅合在一起，以若干节具有内在联系的"课"呈现出来的（至于一个单元由多少节"课"组成，则要根据概念或主题以及目标和学情而定）。由此看出，单元教学设计是一种存在于课程规划与课时教学之间的中观层面的教学指导思想的具体体现，它不仅有助于教师突破"只见树木不见森林"的课时思维，又能引导教师立足于"长时段"整体筹划学科教学，凸显学科核心素养的形成需要长时间系统化的特点。

"目标导引·任务驱动"高中化学单元教学属于单元教学的初级阶段，还没有以贯穿于学科课程全部或覆盖教材全部的"大概念"来统领教学设计,所形成的单元只是一种基于"教材单元"或由"教材单元"简单整合而成的"教学单元"。

1. 单元整体框架设计要素

以教材的章节或某些章节的整合基本形成单元内容,在此基础上进行单元教学设计,这是"目标导引·任务驱动"高中化学单元教学单元整体框架设计的前提。单元整体框架设计的目的是突出单元教学目标,整体规划教学任务,这是教师在进行单元整体框架设计时必须明确的。

单元整体框架设计要素包括"分析主题内容""制订教学目标""设计教学任务"。

第一,分析主题内容。要求教师依据课程标准明确学科核心素养培养要求,对教材的有关内容进行整合梳理,结合学生学情合理划分课时,整体设计教学评价。需要注意的是,该要素不仅要求组建单元主题内容、构建认知模型、形成教学思路,还要结合生产、生活实际和科技成果进行教学情境的创设与应用。

第二,制订教学目标。这一要素指的是从教学设计的视角出发,对单元教学目标进行整体规划和科学拆分。对教学目标的设定,要结合课程标准中"学业要求""学业质量标准""学科核心素养水平划分"来进行,做到与主题内容相对应。这是对主题学习的一种整体规划和宏观界定,需要对标课程标准的要求将课程内容进行拆解或整合;当然,还要根据课时划分将课程内容进行细化和分解,制订课时教学目标。

第三,设计教学任务。这一要素强调创设与学科知识相关的,与生产、生活紧密联系的教学情境,以引导学生带着具体的"任务"去学习,使学生的学习内容更加直观化和形象化。单元整体框架下的教学任务设计是宏观层面的设计,是基于教学目标的一种整体教学路线的呈现。这种基于教学目标的"任务驱动"可根据单元内容的不同特点通过不同的方式来呈现,其目的是引导学生形成单元学习框架或思维路线。

除了以上三要素外,单元整体框架设计还要考虑其他多种因素,既可从不同角度创造性地开发主题内容,又可对其他版本教材进行开发与利用,包括教学流程的梳理、大单元活动的开发、教学策略以及教学方式的选择等。另外,单元整体框架设计还要考虑教学评价的设置。

从宏观上分析,"目标导引·任务驱动"高中化学单元教学的单元整体框架设计要素如图1-1-1所示。

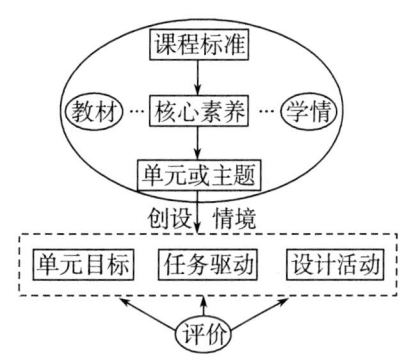

图1-1-1 单元整体框架设计要素示意图

2. 单元整体框架设计要素之间的逻辑关系

根据课程标准的要求，把具体的课程教学设计与实际教学过程有机结合起来是落实新课程方案的重要途径。从"单元教学""大概念教学"的角度来看，立足课程方案、瞄准课堂教学的整体构想，就是建立在学科核心素养培养基础上的一种结构性思维。在实际教学中，这主要体现在以下三个层面上。

第一个层面是"教"。学科核心素养培养要求对标课程标准的规定和教材内容，寻找学科大概念或大观念，提取单元教学主题，在此基础上制订目标以承载学科核心素养的培养任务。

第二个层面是"学"。着眼于学生的"学"，在大观念（或主题）统摄下精简课程内容，对单元教学内容进行系统化整体设计，规划单元进阶式学习目标和单元学习进程，以结构化和功能化的内容指向学科本质，使单元视域下的课时教学设计成为有逻辑关联的有机整体，体现教学的连续性和进阶性，通过系列的学习任务设计催生学生的深度学习，凸显学生学科核心素养的培养与发展。这对教师提出了较高的要求。

第三个层面是"评"。教师通过对学生学习过程信息的收集与反馈，及时调整教学思路和方法，注重过程性评价，强化形成性评价。评价方式有多种形式，既可以通过课堂提问、活动表现、成果展示等进行评价，也可以通过客观性测试（当堂测试或阶段性测试）进行评价，还可以设计各类评价表或者开发表现性评价等进行评价。

学科核心素养的培养基于知识但又不直接等于知识积累，学科核心素养的培养意味着自主性学习，需要强化可迁移分析与思维推理。教学评价要了解学生的学习状态和目标达成状况。有效的评价不仅能够促进目标检验，还有利于学生迁移能力和思维能力的形成。"目标导引·任务驱动"高中化学单元教学重视教学目标的制订和任务的设置，以及结合评价对目标的预期结果进行检验，从而大大减少了课堂教学的随意性，提高了课堂教学的针对性和实效性。这种教学在某种程度上体现了"教学评一体化"的要求，是一种基于课程标准的教学设计、基于任务驱动的学习设计、基于教学目标的评价设计。单元整体框架设计要素之间的逻辑关系如图1-1-2所示。

按照图1-1-2所示的逻辑关系进行教学设计，围绕"学什么""学到什么程度""怎么学""学得怎么样"等方面搭建学习支架、铺设学习路径，可使学科核心素养的培养在学生身上真实发生。这种教学不容忽视的一个重要因素，就是"教学评价"。理解并践行新课程，注重课堂教学层面的评价，把真实的教学结果通过"评"反馈出来，才能真正促进教师的"教"和学生的"学"。

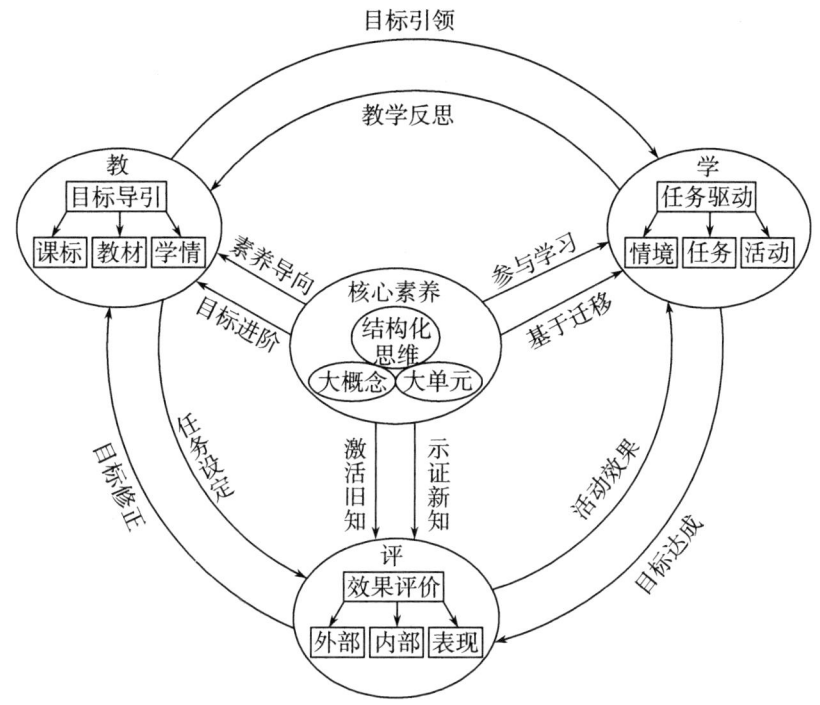

图1-1-2 单元整体框架设计要素之间的逻辑关系示意图

设计单元整体框架时,要做到教学评价、学习目标、学习任务、学习流程、学习活动、作业检测等的协调统一。这种一致性不是简单数量上的一一对应,而是各个要素之间要有良好的匹配性,包括学习目标与学习评价一致、学习目标与学习过程一致、学习过程与评价内容一致等。因此,这种基于单元的教学设计又称为"目标导引·任务驱动 教学评一体化"设计。

"教学评一体化"(又称"教学评一致性")的根本出发点是有效教学,而要达成有效教学的目的,不仅要有理性的思辨更要有基于论据的推论。它既体现了课程思维的本质要求,又遵循了课程标准实施的基本规律。国家课程设计的初衷是为了提高学生的素养,"教学评一体化"恰好能满足这一初衷。崔允漷、夏雪梅教授指出,对"教学评一体化"的内涵有两种理解:针对教师而言,是指在课堂教学活动实施时,教师的教、学生的学以及最终对学习效果的评价都具备一致的目标;针对命题专家而言,是指教师的教、学生的学与命题专家的命题应该保持目标的一致性。评价教学"有效"的证据在于学习目标的达成和学习结果,在于学生素养的提升,从而更好地服务生产与生活。[①]

[①] 崔允漷,夏雪梅."教—学—评一致性":意义与含义[J].中小学管理,2013(01).

（二）单元整体架构的设计要求

1.制订单元教学目标

对于教学目标而言，首先要澄清几方面的认识，主要包括：目标有哪些形式？不同类型的目标有什么含义？不同目标之间的关系是怎样的？近年来，我国一些教育工作者根据教育阶段性特征鉴别了不同层面的目标水平：教育目标、培养目标、课程目标和学习目标。[①]

由此可见，目标大体可以分为宏观和微观两个层次。教育目标和培养目标，即宏观层面的目标，是一种方向性的总体的概括目标，体现"立德树人"的根本要求；课程目标和学习目标是阶段性目标，即课程实施层面的目标，是教学过程中相对具体的目标。对某一学科而言，目标的界定又可以分为三个层次，即宏观、中观、微观。对于高中化学单元教学来说，化学课程目标是宏观层面的目标，单元教学目标是中观层面的目标，而课时教学目标就是微观层面的"子目标"。

就范围而言，课程目标的特点决定了其范围宽泛，不会涉及具体的教学活动细节，学习目标则直接呈现出了学习后的预期结果。日常教学中，教师注重学习目标，常常淡化对课程目标的深入研究。就时间而言，课程目标需要在较长的时间内实施，表现为学生长期学习的结果；学生的学习目标可能在几天、几课时甚至某一课时便可达成。总之，课程目标对新课程的实施有着指引方向的作用，而学习目标能够实现对学生学习的直接支持，二者相辅相成。

单元教学目标是课程整体目标的具体体现，将课程内容划分成具体内容标准，铺设了课程目标顺利实施与学生学习目标达成的快车道，既体现了课程整体目标的引导作用，又为课堂学习目标的建立提供了科学依据。从范围来看，单元教学目标居于中观层面，对应的是单元教学内容；从时间来看，单元教学计划可用月或周为单位设计。这样一来，单元教学目标就在课程目标和学生学习目标之间架起了一座桥梁，也为下一步课时学习目标的制订提供了依据。单元教学目标既统领学习任务、学习活动，又对各环节进行限定约束。由于教学目标对高中化学单元教学形成总体约束，所以教师在构建单元整体框架时要全面分析课程标准、教材内容、评价方法等因素，根据学生认识水平和教学现状系列设计目标。

由图1-1-2可以看出，"目标导引"是从"教"的视角，以核心素养培养为导向进行单元整体框架的设计。单元教学目标的制订要以课程标准为依据，全面分析、整合单元教学内容，从学生学习的实际起点出发，制订符合教学实际需要的

[①] 崔允漷.有效教学[M].上海：华东师范大学出版社，2009：110.

目标。

首先,要系统研究课程标准的内容,对课程标准中的内容要求、学业质量以及教学活动建议进行分析或拆解。在进行课程标准研究时,遇到课程标准的内容主题与单元主题不一致的情况时,要把课程目标与单元主题分开来分析。因为单元主题是教学过程中的一个片段,而课程标准的内容主题是整个课程的"大单元",二者的视角不同。所以,教师在研究课程标准的同时,还要研究不同版本的教材内容,以拓宽视野、形成整体认识。

其次,要进行内容分析。内容分析包括对课程内容、教材编写体例特点、教材内容结构进行分析,以及对不同版本教材进行比较。对内容的分析要着眼于教材而不拘泥于教材,同时要不断联系实际,进行教学情境的创设。选择合适的大背景开展主题教学能够将知识和能力要求贯穿于教学的整个过程之中,使教学的"知识线""能力线""活动线"并行展开,同时融合"教、学、评"形成立体化教学框架。

再次,要正确把握学情。任何形式的教学设计都是追求教学效果和学习效果的最优化,如果凭空设计教学内容,违背学生实际,那将是脱离实际的教学。设计总体教学目标的重要依据是学生的认知程度和思维方法,原有的知识、方法、情感和障碍点是教学目标设计的重要关注点。只有在单元教学设计前进行学生学情调查,形成单元教学的整体结构并确立教学目标,才能进一步进行教学规划,包括规划课型、课时、任务、作业等。

(1)教学目标研制的基本框架。单元教学设计注重目标研制。教学目标研制可以打开从课程标准要求到课时学习目标的通道,形成基于课程标准的"单元→课时"的目标序列以及"目标统领→课时操作"的路径,构建以核心素养培养为导向的教学框架。制订单元教学目标并不能孤立地局限于单元,要充分考虑到接下来的课时学习目标,以便于课时学习目标的科学制订。教学目标的研制流程如图1-1-3所示。

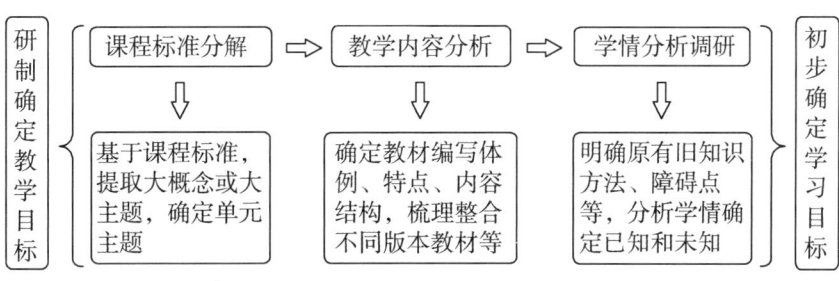

图1-1-3 教学目标的研制流程示意图

全面分解课程标准。做好课程标准分解的前提是通读课程标准和教材内容，在通读的基础上确定单元主题，然后对主题内容进行详细解读。分析课程标准和通读教材的目的是了解课程目标和学业质量要求，熟悉教材知识结构，领会教材编写意图。在具体教学中，教师往往关注教材内容而忽视教材编写体例，尤其是不同版本教材之间的差异。其实，任何版本教材的编写都是紧紧依据课程标准进行的，但又具有自己独特的视角和思考。无论是对教学目标还是对学习目标的制订，目前还存在着流于形式的问题，这在很大程度上淡化了教学目标指导教师教学以及激励和评估学生学习状况的功能。这主要表现在以下几个方面。第一，学习目标泛化。千篇一律地套用学习目标，使得教学目标的制订失去了原有的意义。学习目标泛化，不针对教学实际，看起来好像对任何时候、任何地方的教学都是适用的，但实际上难以激发教学目标的活力。因此，依据课程标准和学情确立有效的、实用的教师教学目标和学生学习目标是很有必要的。第二，对课程标准内容的概括性特点和课程标准的丰富内涵缺乏理解。以传统的"教学大纲"思维方式去理解课程标准，就不可能从新课程的视角全面领会课程标准，也就不能很好地达成课程标准的要求。第三，过分注重知识与技能教学。在制订目标时，教师往往局限于知识与技能碎片化的罗列或梳理，而忽视学生的学习过程，尚不能给予学生实现较好学习结果的有效方法与策略支撑。实际教学活动中，只有真正对课程标准进行逐字逐句的研究，才能找到教学目标或学习目标制订的依据。具体来说，教师要对课程标准进行解读，要理解内容要求中的动词和名词，明确学生学习后要"知道什么""能做什么"。

合理确定教学内容。谈到教学内容，首先想到的是教材。对于教材而言，解读教材中的显性知识是必要的。对于显性知识的认识，通常要基于课程标准明晰核心概念、分析学习方式、确立活动内容、构建知识体系。在研究教学内容时，从总体上思考教学思想和学生学科核心素养的落实是关键，这样才能找到学科核心素养培养目标的落脚点。具体的知识与技能是显性的，而素养培养是隐性的。另外，学业质量水平要求也不是学科课程内容要求的简单重复，不同水平对应着不同的教学内容。课程标准规定的内容要求是按照必修、选择性必修、选修等各个模块的要求确定的，整合了知识与技能、研究方法及其价值，体现了学科大概念。课程标准采用了明确的行为动词，从各方面描述了"学什么""怎么学"，并通过其中的"教学提示""学业要求"从不同的侧面进行了解读，需要教师认真领会、优化实施。制订切实可行的单元教学目标要综合考虑课程标准中规定的"内容要求""教学提示"和"学业要求"，这样才能引导学生以学科知识与技能为载体，不断地积累学科知识与技能，以特定的方式和方法理解、反思学科的概念和原理，在分析、解决问题的过程中整合已有观念和经验，创造新的思路和方法，不断完成新的学习任务，体现内容与目标的一致性，做到"形散而神不散"。

分析调研学情。教师一方面要考虑学生的生活经验，另一方面要考虑学生对知识与技能的掌握情况，从两个维度对学生进行诊断；另外，还要针对学生的现状和需求进行"因材施教""因情施教"。这样，才更有利于落实"以人为本"的教学理念。在制订单元教学目标时，首先要考虑学生学习的整体状况，如学校的自身特点、生源状况、选课情况等；其次要考虑学生的个体水平，如学生的基础、兴趣、潜力、学习障碍点等。教师要在综合分析的基础上规划知识与技能、能力、素养的培养目标，综合设计单元教学评价目标和任务。美国教育心理学家奥苏贝尔曾说："假如让我把全部教育心理学归结为一条原理的话，那么我将一言以蔽之曰，影响学习的唯一重要的因素，就是学习者已经知道了什么，要探明这一点，并据此进行教学。"可见，要使教学目标反映学生预期的学习结果，就必须进行学情分析，准确进行教学定位。

（2）教学目标研制的基本方法。为了更好地理解教学内容和学习行为的含义，引导学生达成课程标准预期的学习结果，教师需要将教学目标具体表现出来，而表现形式就是按照一定的层次分类对目标进行描述。2008年，安德森等人完成了布卢姆教育目标分类学认识领域的修订工作，出版了《学习、教学和评估的分类学》一书。修订版的目标分类学的一个明显变化，就是将原来的一维分类框架，从"知识"与"认知过程"两个维度进行目标分类，希望通过二维的目标分类方式"为教师提供一种普遍的思考方式和方便讨论教学的普遍词汇，帮助教师在与潜在目标相一致的前提下去理解课程、计划教学、设计评估，并最终改善教学"。[①]

依据二维目标分类框架，可以很好地对教学内容进行分析。

首先，要确定教学目标的陈述内容。教学目标的内容包含两个维度：一是知识维度，二是认知过程维度。修订版的目标分类学将原来的"知识"进行了重新划分，分为四个类目，即事实性知识、概念性知识、程序性知识、反省认知知识，使知识成为一个连续的有机统一体。事实性知识是学生通晓一门学科或解决其中的问题所必需的基本要素；概念性知识是能使各成分知识共同作用，是分类或类目性的知识；程序性知识是具体学科技能和方法的知识，是研究方法或运用技能、技术的标准；反省认知知识是一种策略性的认识。将"知识"进行分类不仅可以认识教学

---

① 安德森，等. 学习、教学和评估的分类学：布卢姆教育目标分类学修订版（简缩本）[M]. 皮连生，主译. 上海：华东师范大学出版社，2008：10.

内容的特点，还可以理解不同知识类型之间的关系。修订版的目标分类学对认知过程维度按照认知过程的复杂程度，由简单到复杂划分为六个类目：记忆、理解、运用、分析、评价、创造。这种类目划分，有利于帮助教师理解相关教学内容标准中的内容指向，增加对"学习迁移"目标的广泛理解。具体来说，记忆就是从长时记忆中提取有关信息；理解是指从口头、书面和图画传播的教学信息中建构，并能够解释、举例、分类、推理、说明等；运用是指在给定的情境下执行或使用某种程序。这三个类目的认知过程属于低阶思维的要求。分析是指对材料进行分解并确定各部分材料之间的联系形成总体结构；评价是指依据标准或规格作出判断或进行核查；创造是指将各种要素组合成整体并重新组织成新的模式，从而形成一种生成和产生。这三个类目的认知过程属于高阶思维的要求。根据上述分类方法可以建立"知识-认知过程二维图"，如图1-1-4所示。

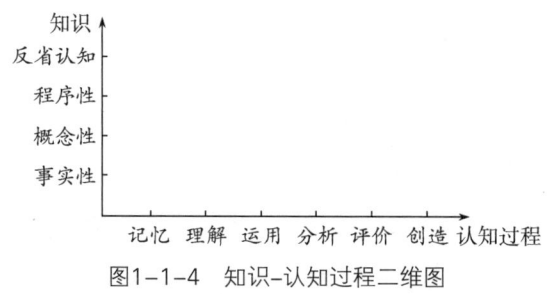

图1-1-4　知识-认知过程二维图

这种分类方法可以帮助教师更好地理解所制订的或所使用的教学目标，更有效地开展教学。在图1-1-4中，横轴与纵轴的交点处就是描述的不同目标，而且所有的目标都可以处在不同的交点处。这样，既可以帮助教师回答"为什么学"和"学什么"的问题，又可以帮助教师回答"如何教"和"如何判断学生的学习程度"的问题，还可以帮助教师回答"目标、教学、评价一致性"的问题。

其次，要合理描述教学目标。从我国颁布的新课程标准来看，应以"学生+动词+名词（或名词短语）"的方式呈现目标结构。那么，如何描述教学目标？一方面，真正理解单元主题所涉及的学习领域，要求对本领域的内容进行分类，对不同类型的学习内容采用不同的描述方式，在对该内容具体解释的基础上分析与之对应描述的认知过程；然后，结合具体的内容标准，抓住关键的"动词"（传统教学目标中经常用到的"动词"是"了解""理解""掌握""应用"等），依照"知识-认知过程二维图"描述教学目标。为此，不仅要对认知过程"动词"进行细化解释，如对"理解"进一步细化为"解释、举例、分类、比较、推论"等方式；还要对认知过程的复杂程度进行分析，分清低阶思维、高阶思维的具体表现。另一方面，要通过表格的形式，结合教学评价描述总体教学目标，再结合单元课时分配分解教学目标制订课时学习目标。课时学习目标的描述同样强调"动词"的意义,但是不局限于图1-1-4中认知过程的六个类目,可以根据具体的教学情境和教学任务,结合自己的理解,用自己的语言进行描述,具体使用形式分别见表1-1-1、表1-1-2。

表1-1-1 教学目标使用形式

教学目标	达成评价	评价方法
1._____ 2._____ ……	1._____ 2._____ ……	1._____ 2._____ ……

表1-1-2 课时目标使用形式

课时	课时目标	过程评价	评价方法
课时1	1.1_____ 1.2_____	1._____ 2._____	1.1_____ 1.2_____
……	……	……	……

2.设定单元教学任务

传统的教学模式是"教师讲、学生听",很明显,学生的学习是被动的;而任务驱动教学的中心思想是让学生化被动为主动,重点、难点可以采用小组讨论形式。这不仅能激发学生的学习兴趣,更能提升学生分析问题、解决问题的能力,使学生与他人协作的能力得以强化。任务驱动式教学体现了"教为主导、学为主体"的思想,突出教师的主导地位,教师成为学习组织者、情境创设者、过程引导者、资源提供者;同时,强调学生的主体地位,注重学生的主动学习、个性学习、自主学习,培养学生分析问题、解决问题的能力。

单元教学任务的设定要特别注重以下三个关键环节。

(1)发挥教师的主导作用。教师要改变教学过程中师生的不平等地位,实现与学生之间的良好互动。教师在教学过程中成为组织者、引导者,不是一味地说教,而是不断提供学习资源、进行问题引导,促进学生完成学习任务。这样,学生就能结合学习任务提出各种假设并加以验证,能够有效地获取他人帮助并展开合作学习。具体的表现是课堂结构优化了,师生的时间分配改变了,活动形式多样了,教学效果具体化了。另外,发生变化的还有教师备课时间发生了前移,学生评价跟随任务持续性跟进等。从教师角度来看,不能仅仅在形式上体现任务驱动,通过调动学生活动形成一种活跃的假象，而是要创造性地设计任务，利用多维的互动式理念完成教学任务。

（2）创设适当的教学情境。通常任务驱动都要基于单元或主题的大背景来进行设计。课前教师就要结合学生知识储备的实际情况，以不同层次的任务创设与当前学习主题相关的学习情境，鼓励、引导学生带着"任务"一步步地达成学习目标。需要强调的是，在实际教学过程中，我们会发现创设符合现实的情境是非常重要的，它直接决定着教学效果的好坏。如果不能激发学生学习的主动性，不论任务设计有多好、知识点有多丰富，任务驱动都无法有效开展。要想激发学生学习的兴趣，唤醒学生已有认知结构中的知识、经验，提升学生发现问题、解决问题的能力，生动直观的任务情境就显得非常重要。适当的教学情境能够营造一种真实的、自然的氛围，有利于学生交流展示，便于学生选择多样的学习方式。为激发学生完成任务的主观能动性，设计一个能激发学生积极主动去完成的情境是任务驱动的前提。

根据情境创设目的的不同，教学情境可以分为不同的类型。教学中常用的教学情境主要有三种。一是问题型教学情境，即针对有关新知识利用问题引入或展示的方式，针对具体的学习任务，选择合乎任务要求的问题情境。这种情境也有利于教学任务的设置、问题的提出、活动的开展。二是探究型教学情境，即以探究型学习为主要学习方式。这种情境的创设需具备"猜想假设、实验设计、操作实施、证据收集、交流合作"等要素。三是合作型教学情境，即创设适合小组合作学习的情境，情境中需要有合作的要素，要保证有小组合作学习的组织，保证有交流的时间和空间。

创设适当的教学情境要从教学的内需出发，经过整合、选择使其成为生动的资源，与教学内容和教学活动相互配合。教师要关注社会生活，通过不断钻研提升自己，有意识地把生产、生活、科学实验中的事件与教学内容联系起来；同时，要不断积累，随时关注时政新闻及最新的科技成果，为情境创设提供资源。情境创设常常从以下几方面着手：联系生产、生活、科学实验以及自然现象来创设情境，借助课堂活动探究新知识创设情境，二者可以通过设置开放性问题，引导学生进行创造性、发散性思维训练；还可以在学生新旧知识的连接点制造认知冲突和矛盾来创设情境，引导学生提出新问题。

（3）制订明确的学习任务。在目标引领下提出任务是单元教学的关键，它决定着一节课中学生是主动学习还是被动学习。教师要站在略超前于学生智力发展水平的高度上设定任务，在教学情境的基础上设置启发学生学习动机的任务。任务驱动教学法可以在教学和实践之间架起一座桥梁，使得"教"和"学"产生必然的联系。由此可见，任务是学生学习的直接动力，是问题提出与解决的外在表现。

首先，学习任务的确定要遵循一定的原则，将学生的思维调动起来，使学生始终处于学习状态之中。学习任务要真实合理，要把对应的学习目标细化为一个个的小目标，把学习内容细化为一个个的小任务。任务设置的目的是让知识成为一个整体，以利于学生达到学习目标。学习任务的确定要密切联系学生学习、生活经验和社会实际，要激发学生的学习动机，让学生感兴趣从而具有学习的积极性。学习任务的确定还要体现层次性和阶段性。设置任务时要考虑学生的个体差异，针对不同水平的学生提出不同的目标。为此，可设计一定梯度的任务，既有针对全体学生的小任务，又有针对部分学生的挑战性任务。另外，设置任务还要考虑难易程度适中，根据不同层次的学生可以设计课堂作业让学生当堂完成，也可以让学生通过合作学习完成；对于综合性的大任务，可以引导学生利用更长的时间通过合作学习课下完成。

其次，要明确任务的不同类型。一般来说，根据任务的大小可分为"大任务""子任务"两种类型，根据任务的开放程度可分为"封闭性任务""半封闭性任务""开放性任务"三种类型。通常是根据任务大小来对任务分类，因为单元设计特点就是在大任务的驱动下，通过多课时完成的。大任务是一个系统、全面的任务，从规划到实施再到应用提升需要经过一定的过程，使学生在这一过程中掌握比较系统的知识与技能。对于大任务来说，任务的完成不是一蹴而就的，需要一步一步地进行，也就是分课时来完成，所以每课时都要承担一些独立内容，这就产生了"子任务"。从任务的开放程度来说，"封闭性任务"是以知识为前提，学生在教师的主导下完成的任务，任务具有明显的指向性，且往往有明确的答案。"半封闭性任务"是指给予学生的限定任务，往往表现为教师示范引领下的延展或变式。这种任务能使学生顺利地解决问题、完成任务，但是还没有脱离思维的限制，思维的创新性和批判性尚得不到充分发挥。"开放性任务"是指学生当前虽然已经具备了大量的知识与技能，但这些知识与技能还没有形成系统，需要教师给出限制条件较少的主题，规划一个任务，让学生通过完成任务使分散的知识与技能系统化、技能化。[①]例如，通过设计探究性方案验证某一结论、设计不同的合成路线制备物质、对生产工艺进行评判改造等，都是开放性任务，教师可以给予学生充分的创造空间，体现探究性学习的特点。

在进入课时教学设计之前的教学设计是宏观层面的设计，它是紧跟在教学目标

---

① 高宏.这样教学很有效——任务驱动式课堂教学［M］.天津：天津教育出版社，2019.

确定之后的一种整体教学路线呈现。这种处于教学目标确定之后的"任务驱动"可以不同的方式呈现，根据单元内容不同的特点进行设计，其目的是形成单元的学习框架或思维路线，如图1-1-5所示。

从学科核心素养培养的视角来看，"教"是基于核心素养导向的目标教学，注重目标设计、目标研制和教学任务设计是"教"的研究领域。为使学科核心素养真正落实到学科教学之中，避免学科核

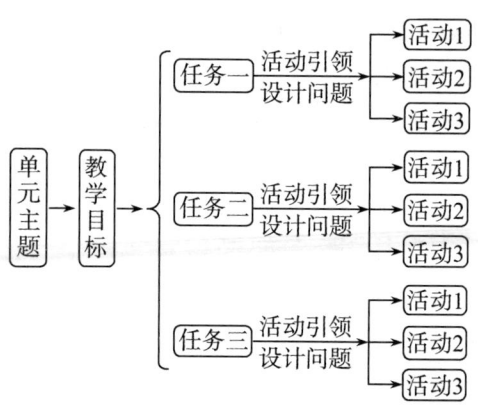

图1-1-5 "任务驱动"单元学习框架示意图

心素养在融入学科教学的过程中走空，就需要将学科核心素养转化为内容标准。这种总体的设计可以促使教师依据课程标准和学科核心素养培养的要求，把握教材，分析学情，提出大主题或大概念，确定大单元目标及学业质量要求，实施任务驱动，创设真实问题情境，开展活动，嵌入评价，进行作业设计等；明确学生"学什么""学到什么程度""怎么学""学得怎么样"，为学生搭建学习支架、铺设学习路径，让学科核心素养的形成在学生身上真实发生。

综上所述，"目标导引·任务驱动"单元教学设计需要站在单元整体框架的高度进行，通过整体的设计思路制订教学规划，以整体的教学目标实现"目标导引"，通过整体的任务设置进行单元的"任务驱动"。这种站在单元整体视角的设计可以结合单元集体备课来完成，发挥团队的力量，形成统一的教学思路，为接下来的课时设计做准备。单元整体架构设计内容如图1-1-6所示。

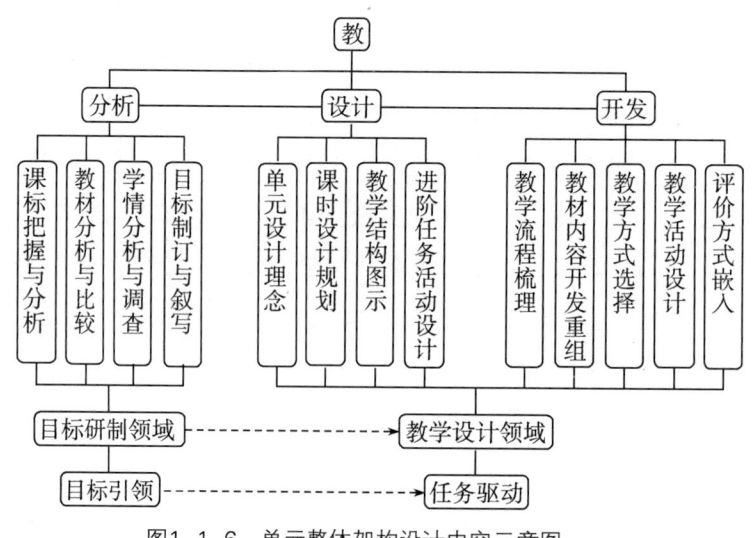

图1-1-6 单元整体架构设计内容示意图

（三）单元整体架构设计示例

1. 单元教学目标确定示例

示例1：人教版必修1第一章第三节"氧化还原反应"单元教学目标

表1-1-3　示例1的教学目标、达成评价与评价依据

教学目标	达成评价	评价依据
从电子得失角度认识氧化还原反应，掌握元素化合价与物质氧化性、还原性的关系，建构氧化还原反应的认知模型。	能认识反应。	① 建立从化合价变化的角度对化学反应分类的思想。 ② 建立新的氧化还原反应观。 ③ 初步了解氧化还原反应的社会功能。
能用双线桥表示氧化还原反应，并能运用氧化还原反应的认知模型去推测典型氧化剂、还原剂间的反应关系，感受反应的规律性，增强化学学习的信心。	能认识物质。	① 能从氧化还原反应的角度认识参与反应的物质。 ② 能判断反应中的氧化剂、还原剂。 ③ 能预测物质是否具有氧化性、还原性。
从微观角度对反应进行认识，培育"宏观辨识与微观探析"等核心素养。	能研究物质。	① 利用氧化还原反应观研究物质。 ② 通过实验探究物质的氧化性、还原性。 ③ 建立思维模型，实现氧化还原反应概念的功能化。
从氧化还原反应的视角分析问题、解决问题。	能解决问题。	① 能运用氧化还原反应原理解释实际问题。 ② 联系实际生产或工艺分析推断核心原理。

示例2：人教版选择性必修1第三章第一节"铁及其化合物"单元教学目标

表1-1-4　示例2的教学目标、达成评价与评价依据

教学目标	达成评价	评价依据
① 了解铁及其化合物的物理性质、化学性质，构建铁及其化合物的"价-类"二维图。 ② 从复分解反应、氧化还原反应原理分析铁及其化合物的转化，运用模型、关系图解释化学问题。	能初步构建铁及其化合物的模型。	① 诊断学生是否形成了认识物质的两个不同角度。 ② 通过讨论和分析，展示对物质及其转化思路的认识。
通过实验探究，在活动过程中体会科学探究的基本思路和方法（制备$FeSO_4$、检验$FeSO_4$、补铁剂与茶水、维生素C等）。	能应用模型进行创新探究。	通过探究，进行交流。教师点评，师生互动，检验对物质性质进行探究的基本的设计水平。
了解铁及其化合物的重要应用，知道铁元素与人体的关系，感受化学的学科价值。	能建构化学价值观。	通过对补铁剂等实际使用时的注意事项的认识，展示解决化学问题的能力，检验对化学价值的认知水平。

2. 单元整体设计思路制订示例

示例3："晶体的结构与性质"单元整体设计

本单元的核心思想是借助四种晶体类型认识晶体结构的周期性特点。真实晶体远比四种晶体类型结构复杂得多，因此可以打破传统的教学习惯，真正实现从课时教学走向单元教学，以晶体学发展为单元主线，围绕晶体结构与性质的基本思维模型展开对晶胞的结构特点分析与简单计算，通过引导学生从物质的微粒种类、微粒间相互作用、微粒聚集程度三个维度对物质聚集状态进行解释，促进学生形成结构决定性质的基本思维模型。"晶体的结构与性质"单元整体设计如图1-1-7所示。①

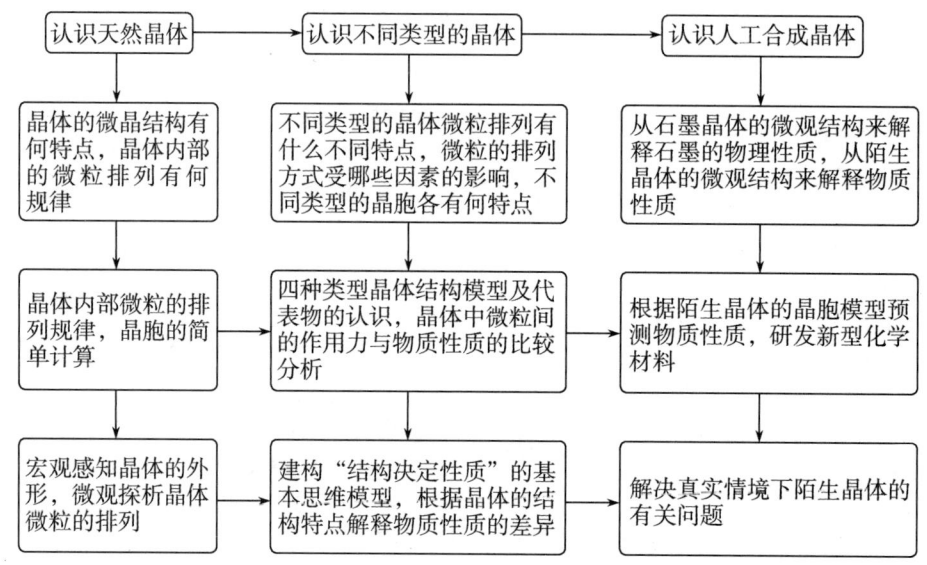

图1-1-7 "晶体的结构与性质"单元整体设计示意图

二、课时局部架构

教学的主渠道是课堂教学，以课时为单元的课堂教学是日常教学中的基本单位。建立在教学评价基础上的教学设计注重学生学习效果的评价，尤其是在真实情境下的任务驱动，需要通过活动来体现，在活动中不断完成课时任务。因此，课时教学更加关注目标的达成，以课时内的教学目标促进学生的学习活动。为此，要把课时教学目标细化为学习目标。

（一）课时设计的主要环节

1. 制订课时学习目标

课时学习目标需要将单元目标细化，保证具有可操作性。制订课时学习目标

---

① 江合佩，王春，潘红. 核心素养下的化学单元整体教学设计［M］. 福州：福建教育出版社，2021：289.

时，要同步分课时设计问题情境、任务活动及评价活动。另外，在教学过程中要基于学习内容调整课时设计，根据学生的学习程度人性化地规划学生的学习时间。当教育教学到了一定深度之后，教学设计要基于人的发展而不是基于统一的规划或标准。在目前的教学中，单元学习之后还是传统的复习、训练、测试、讲评等不同形式的教学课型。单元整体教学背景下的课时设计具有一定的要求，首先要确立课时目标，以任务、情境、主题的形式进行设计；另外，还要加强课时之间的逻辑关系或思维进阶设计。

课时学习目标的制订应该在单元目标的框架下进行。首先进行课时划分，然后厘清课时之间的顺序及逻辑关系，接下来依次设计情境、任务、活动、评价等。这样，从单元的"大目标"到课时教学的"小目标"，再到课时教学的"课中问题"，就形成了层层递进的教学结构以及情境、知识和能力的进阶，有效搭建单元教学的框架，并实现学生知识与技能的迁移，帮助学生自主构建一定的思维模型，实现学科核心素养的提升。

课时目标的分解有多种方法，可以是对单元教学目标的分解，也可以是根据课时教学特点对单元教学目标的重新组织，总体上来说，是根据课时之间的逻辑关系或思维进阶进行课时目标的制订。通过单元教学目标和课时学习目标的制订，既能保证单元教学的整体性，结合课时教学特点制订具体任务与目标，又有利于进行教学评价的设定。课时学习目标的制订一般与单元教学目标同步进行，在进行课时教学设计时再结合具体课时内容进行修正，这样才能达到"目标导引"的目的。

2. 设计课时活动路线

从"教"的视角考虑，教学的关键在于教师的教学过程和教学评价有助于学生达成学习目标。所以，教学设计方向要与学生的学习发展方向一致。因此，教师的教学设计必须以学生真实的学习状况和认知发展规律为基础，以学习目标为导向，以学习评价为参考，为学生搭建自主开放的学习平台。

在教学目标的引领下，任务驱动教学模式的课时设计需要从多个角度进行考虑，主要围绕情境创设、问题引领、任务驱动、效果评价来进行。

（1）情境创设。有符合学情的任务，有学生愿意接受的真实学习情境，才能使学生的学习活动得以顺利开展、学科知识得以直观体现，学习目标才能有效达成。在教学实践过程中，教师根据学科知识以及学生认知水平设置学生容易接受的任务是相当重要的环节，它有着提纲挈领的指导意义，以此为出发点，才能激发学生掌握学科知识、提升学科素养的主观能动性，否则驱动式教学就无法实现。情境创设要以学生原有的知识经验为基础，以当前的学习内容为指向，有效激发学生的联想，让学生体验到所学知识在生产、生活中的应用价值。

进行课时教学设计时，创设情境要从单元教学设计的"大情境"出发，抽取"大情境"之下的某一个细节，配合课时教学目标并激发学生的学习兴趣，致力于引导学生完成课时设计的学习任务，通过分析问题进行知识与技能的学习，在真实情境中联系实际生产、生活进行学习效果的检验和评价。为此，在课时教学设计中要形成学生学习过程的"情境线"。

（2）问题引领。根据教学情境和课时教学内容提出启发性、趣味性或挑战性的问题是引发学生学习动机的重要手段，也是设置学生学习任务的前提。有启发性、趣味性的问题可以为学生创设自主探究、合作学习的平台，激发学生的思维，使他们产生思考问题、解决问题的愿望，为他们主动探究、合作学习提供空间和机会。同时，挑战性的问题还可以促进学生产生多方位的联想，引导他们自觉追求尽可能多的问题答案或解决途径，为他们的创新学习创造条件。在设计问题时，要充分考虑教学内容与学生学情，防止问题与任务、活动的脱节，以至于无法为学生提供合作、交流、协商的学习环境进行综合性活动；另外，还要克服流于形式的盲目活动，依托学习情境形成切实有效的"问题线"。

（3）任务驱动。任务驱动是学生实现学习目标的关键环节。设置恰当的任务能让学生从思想上由"要我学"转变为"我要学"，增强学习的内驱力。教师的"教"，不能是知识的简单复述，教师要站在高于学生最近发展区的高度，从实际出发，设置有利于学生获取知识、培养学科核心素养的好的任务。任务是问题的外在表现，可以在教师的教学和学生的学习之间搭建一座桥梁，让教师的"教"成为学生学习的"支架"，引导学生借助对真实情境中问题的思考与解决，深化对知识的理解，从而提升分析问题、解决问题的能力。由此看来，任务驱动离不开切实有效的"能力线"。

（4）效果评价。课时教学评价要注重方法与结果。在传统意义上，我们注重的是形成性评价和终结性评价，而在新课程实施背景下，需要建立新的教学评价观。我国许多学者认为，表现性评价在测量和探究学生能力方面的优势表现在传统纸笔测试上，这是科学地进行教育评价不可或缺的一部分，是终结性评价无法实现的。评价与课堂教学深度整合成为当前教学与评价的必然趋势。相对于课堂教学中的传统评价方式，新的教学评价观注重知识与现实生活需求的有机结合，注重实际操作与应用能力的培养和评价。在教学过程中，将评价活动贯穿于学生学习的全过程，与学习目标相对应就形成了科学的"评价线"。

3. 开发课时学习活动

任务驱动教学的基本要素是任务设置、学习主动性激发、学习成效性检测。在确定学习任务之后，教学过程就进入教学活动设计的环节。设计教学活动需要明确的问题包括两方面：一是活动的安排，二是教学活动的组织与管理。在任务驱动下，设置不同形式、不同层次的问题，通过不同观点的思维碰撞，可以提升学生解决当前问题的综合能力。活动的形式要多样化，可以是探究活动、讨论交流、查阅资料，也可以是归纳总结、成果展示、小组合作等。

课时活动可以由学生个人完成，也可以由学生分组完成，但要保证活动的主体是学生，防止教师在活动过程中包办代替，否则会失去活动的意义。活动是学习层面上的具体操作，是学习过程的关键环节和重要途径。要保障活动顺利实施，就要克服传统教学中学生跟着教师转的局面，杜绝学生被动接受知识，使学生能独立思考、大胆尝试、自主探索并敢于在课堂上"说出来""动起来"。此外，还要引导学生积极协作，随时展示自己的学习进展状况，在互动中共同进步，在小组内或班级中进行思维成果的分享。这种通过不同层次的学生组成学习小组来完成同一任务的方式，可以缩小学生知识与技能层次上存在的差异，使学生通过合作学习学会表达自己的观点、听取他人的意见、理解他人的想法、学习他人的长处。

（1）活动任务的安排。课程标准是教材编写、教学、评估和考试命题的依据，是国家管理和评价课程的基础，体现的是国家对不同阶段的学生在知识与技能、过程与方法、情感态度与价值观等方面的基本要求，规定了各门课程的性质、目标、内容框架，提出了教学和评价建议。[①]

课程标准的"教学建议"部分对学生学习的主动性、合作性及活动的情境性等方面作出了明确要求。在课时教学设计中，根据任务驱动如何开发出适合学生主动参与的学习环境、如何安排激发学生学习积极性的活动任务是每位教师必须思考和解决的问题。

教学内容的开发如果脱离了现实情境，课堂教学就显得乏味，学生就不感兴趣；将知识融入学生熟悉的情境中，以活动的方式呈现，就会受到学生的欢迎。但是，如果过分强调形式，没有将知识体系融入活动设计当中，活动的开展就只能停留在学习的表层，不能实现学生认知结构的发展，甚至连简单的记忆层次的基本要求也无法实现。教师要积极开发教学资源，依托真实情境安排活动任务，但主要依据仍然是教材内容。全面分析和应用好教材资源是开发教学活动的重要途径，因为

[①] 钟勇为.如何认识教材［J］.教育实践与研究，2005（03）.

教材是学生最容易理解和接受的教学资源，教材中的各种栏目和活动设计也是符合学生的认知基础的。"教材是师生开展教学的主要资源，是学生课外扩大知识领域的重要基础。"①

随着课程改革的不断深入，"一标多本"的局面已经形成，课程多样化、教材多样化的时代已经来临。教师首先要明确教材的功能定位，然后才能最大限度地应用教材，发挥教材的功能，如图1-1-8所示。

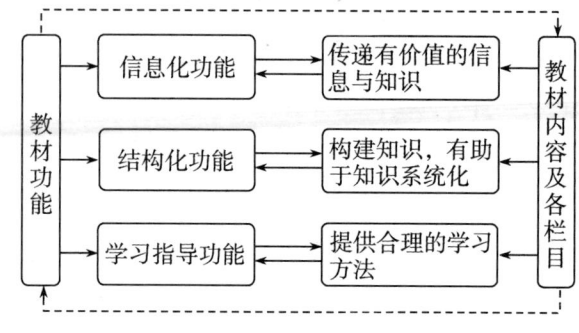

图1-1-8　教材功能示意图

对于教材，到底是"教教材"还是"用教材教"成为新课程实施面临的一大问题。教师针对课程标准、根据学生认知水平使用好教材，开发相应的教学活动是教学设计与实施的重中之重。使用教材要站在学生的角度，因为教材是学生学习的媒介，学生是借助教材进行学习活动的，学生的学习活动是学习主体与教材的"对话"。这就要求教师不要"教教材"而要"用教材教"。教师要对教材进行研究、解释、补充和完善，还要对教材进行开发和创造，实现教材支持下的教学活动创新。教师理解、处理、驾驭教材的能力决定着实际的教学效果。这就要求教师根据实际教学情况合理地修改、添加、删减教材中预设的活动内容。"把处理后的教材内容作为学生学习活动内容可能会更符合学生的实际情况，学习活动才会更加有效"。②

在理解了教材的功能定位之后，教师就可以围绕问题安排学生的学习活动，保证任务驱动教学的顺利实施。活动任务的设计框架如图1-1-9所示。

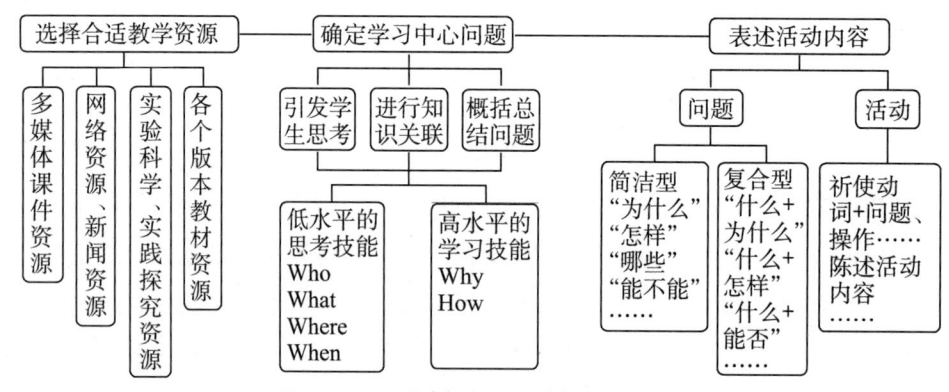

图1-1-9　活动任务的设计框架示意图

---

① 顾明远. 教育大辞典（增订合编本上、下）[M]. 上海：上海教育出版社，2002.
② 崔允漷. 有效教学[M]. 上海：华东师范大学出版社，2009.

（2）学习活动的组织。组织学生的学习活动时，教师需要考虑诸多因素，如活动的意义、组织形式、时间空间安排，还要考虑如何得到学校各部门的协同配合。这里，我们主要从活动的组织方式进行初步探讨。日常教学中，常用的活动组织方式主要有两种：自主学习、合作学习。

教师可以通过实施自主学习组织学习活动。一是激发学生内在的学习动机，诱发学生的学习兴趣，促进学生自主学习。自主学习是建立在主动性和能动性基础上的学习行为。教师在教学过程中可以创设合适的问题情境，使学生产生解决问题的心理需要。二是通过参与实践，促进自主学习。教师要尽量提供时间和空间让学生有较多的自主探索的机会，让学生亲手操作特定的实物材料，通过动手感知、操作体验等获得对事物的感性认识。三是运用多种教学方法，调动自主学习的积极性。这就要求教师充分利用多媒体、网络技术等组织学生积极参与、主动思考。四是巧妙搭建自主学习的平台。教师要创造机会，引导学生经历知识形成的全过程，并结合教学内容给予学生实践的机会，引导学生通过动口、动手、动脑将外部学习活动逐步转化为自身内部智力活动，实现知识和能力协同发展。

合作学习是新课程倡导的学习方式，《基础教育课程改革纲要（试行）》把培养学生的交流与合作能力作为课程改革的具体目标之一，合作学习越来越受到人们的关注。不过，在实际推进过程中合作学习也存在很多问题。作为课堂教学的一种实践行动，合作学习的开展方式、成员构成都是关键问题。目前来看，开展合作学习普遍采用小组合作探究的方式。在进行合作学习前，教师将全班分成若干个学习小组，原则上按照座次的前后左右4~5个学生为一个学习小组，组长和组员围坐在一起。合作学习过程中，要求每一个学生都积极思考、展现自我，对于平时课堂教学活动中不善于表达但思考有深度的学生，一定要因材施教、扬长避短，使这部分学生在教师和小组成员的鼓励下，积极参与到合作学习并展现自我的活动中来。如果条件允许的话，可以按照"组内异质、组间同质、优势互补"的原则进行分组，这样每个小组都能体验探究的过程、提高合作学习的质量。小组合作学习的重点是要把握住合作的机会。一般来说，针对实验探究问题、知识迁移应用问题设计合作学习有利于学生分工合作和思维拓展；抓住学生思维产生碰撞或者急于展现、表达的时机创造合作学习的机会，更有利于满足学生的表现欲望，并且能够节省课堂教学时间。此外，充分利用教材中的实践活动组织合作学习也是一种很好的途径，因为教材中的许多活动栏目都具有很好的操作性、探究性、开放性和趣味性。教学中，教师可以参照课程标准提供的"学习活动建议""情境素材建议"等组织与实施小组合作学习。各个版本教材的学习活动内容各有特点，教学中教师可以借鉴使用。

（二）课时设计的具体要求

1.设置学习任务

学习任务要内容明确、要求具体、时间限定合理。任务的设置要具有递进性，每层任务之下都要对应相应的活动：第一层面是获取必备知识，训练学生通过阅读快速获取必备知识的能力；第二层面是运用第一层面的知识解决具体情境下的问题，培养学生的知识迁移应用能力；第三层面是运用不同形式的评价，检验学生对知识认识的不同程度，提升在复杂情境下解决挑战性问题的能力。课时教学中，任务驱动的模式如图1-1-10所示。

图1-1-10 任务驱动示意图

图1-1-10中，自主学习是指注重独立思考、独立完成；合作交流是指注重交流合作、培养团队意识；展示评价是指注重成果展示，训练语言表达和书面表达能力，增强自信心；巩固训练是指针对重点内容或易错点进行巩固练习，完成作业。

2.量化评价方式

评价量表设置4个一级评价指标、14个二级评价指标，从不同的角度进行课堂评价，具体见表1-1-5。

表1-1-5 评价量表的观察维度与观察视点

观察维度	观察视点	评价
教学设计（20分）	目标设计是否精准，是否符合课程标准要求（5分）	
	教学设计是否符合"目标导引·任务驱动"流程，层层递进，环环相扣，体现以学生为中心的要求（5分）	
	学案设计是否为团队设计，备课组长是否审核（5分）	
	课堂设计是否利用多种课程资源拓展课堂（5分）	
课堂环节（25分）	教学任务是否当堂完成（10分）	
	作业反馈、目标预设、任务驱动、巩固检测等环节是否齐全（15分）	

续表

观察维度	观察视点	评价
任务驱动（35分）	学习任务是否具体、明确（10分）	
	自主学习是否充分、完全（5分）	
	小组交流是否有实效（5分）	
	成果展示是否目的性强（5分）	
	师生点评是否得当（5分）	
	课堂检测巩固是否及时（5分）	
课堂效果（20分）	教学目标是否完成预设（10分）	
	85%的学生是否有收获（10分）	

（三）课时设计的研究示例

1. 课时学习目标示例

示例1：根据"弱电解质的电离"单元教学目标确定学习目标

表1-1-6 示例1的教学目标、课时划分与学习目标

教学目标	课时划分	学习目标
① 通过弱电解质在水溶液中的行为，从微观视角探究弱电解质溶液的组成特点，加深对平衡思想的认识；能用符号表征电解质在水溶液中的行为。 ② 能根据电解质溶液"三重表征"建构电离平衡的认知模型，并能解决实际问题。 ③ 通过实验探究，掌握弱电解质电离平衡的影响因素。 ④ 体验实验数据分析过程中科学探究解决实际问题。	1	1.1 了解强、弱电解质概念，掌握其判断方法。 1.2 从微观视角了解弱电解质在水中存在电离平衡及电离平衡的影响因素。 1.3 理解弱电解质电离平衡的建立过程。 1.4 学会弱电解质电离方程式的书写。
	2	2.1 掌握电离平衡常数的概念、表达式，理解Ka大小与弱电解质强弱的关系。 2.2 理解电离度的概念及有关计算。 2.3 能用电离平衡常数进行简单计算。
	3	3.1 学会用平衡移动原理分析温度、浓度对电离平衡的影响。 3.2 学会利用弱电解质的电离分析、解决实际问题。

2. 课时任务设计示例

示例2："铁及其化合物"（基于教学内容的设计）

根据本节课的学习内容，即$Fe(OH)_3$和$Fe(OH)_2$的制备、Fe^{2+}和Fe^{3+}的相互转化以

及Fe^{2+}和Fe^{3+}的检验等，拟定三个教学任务。

表1-1-7 示例2的任务与内容

任务	内容
任务1	利用已学知识探究$Fe(OH)_3$和$Fe(OH)_2$的制备方法。
任务2	利用氧化还原反应知识探究Fe^{2+}和Fe^{3+}可能与哪些物质反应，怎样才能实现它们之间的相互转化。
任务3	利用已学知识和相关信息归纳Fe^{2+}和Fe^{3+}的检验方法。

围绕教学任务再设计课时学习任务，引导学生自主探究、合作学习，既学习了基本知识，也深化了对氧化还原反应的认识，更获得了研究物质的新思路。

示例3："铁及其化合物"（基于模型认知的设计）

表1-1-8 示例3的课时任务

课时	任务	课时任务
1	基于物质类别视角认识铁元素不同价态物质间的相互转化。	任务1：基于物质类别视角认识二价铁和三价铁的相互转化。
		任务2：基于物质类别视角认识零价铁和二价铁的相互转化。
		任务3：基于物质类别视角认识零价铁和三价铁的相互转化。
2	建构多变价元素不同价态物质间相互转化的认知模型。	任务1：建构铁元素不同价态物质间相互转化的认知模型。
		任务2：建构钴元素不同价态物质间相互转化的认知模型。
		任务3：建构多变价元素不同价态物质间相互转化的认知模型。

示例4："铁及其化合物"（基于认知规律的设计）

根据认知规律，为强化课时之间的内在逻辑，可设计为3课时。第一课时是"价-类"二维分析模型的初步建构，第二课时将科学探究与"价-类"二维分析模型有效融合，第三课时将"价-类"二维分析模型和科学探究应用于真实问题的解决。

表1-1-9 示例4的课时任务

课时	任务	课时任务
1	建构铁及其化合物的"价-类"二维分析模型	任务1：从物质类别、元素化合价两个角度对铁及其化合物进行分类。
		任务2：利用复分解反应、氧化还原反应原理来预测铁及其化合物的化学性质。
		任务3：建构铁及其化合物的"价-类"二维分析模型。

续表

课时	任务	课时任务
2	实验室制备$FeSO_4$	任务1：预测Fe^{2+}和Fe^{3+}的化学性质及相互转化条件。
		任务2：通过$FeSO_4$的制备实验，体会科学探究的基本思路和方法。
		任务3：利用"价-类"二维分析模型归纳物质性质的预测及物质制备的一般思路，建构研究物质性质的思维模型。
3	铁及其化合物的应用	任务1：利用"价-类"二维分析模型解决补铁剂这一真实问题。
		任务2：通过补铁剂的创新实验探究，感受Fe^{2+}和Fe^{3+}相互转化的真实过程。
		任务3：检验补铁剂是否合格，知道元素与人体的紧密联系，感受化学的真实价值。

3.课时活动思路示例

示例5：根据示例4"铁及其化合物"（基于认知规律的设计）进行活动思路设计

针对制订的任务选择合适的教学资源，确立每课时学习的中心问题，表述活动的内容。

第一课时活动思路如图1-1-11所示。

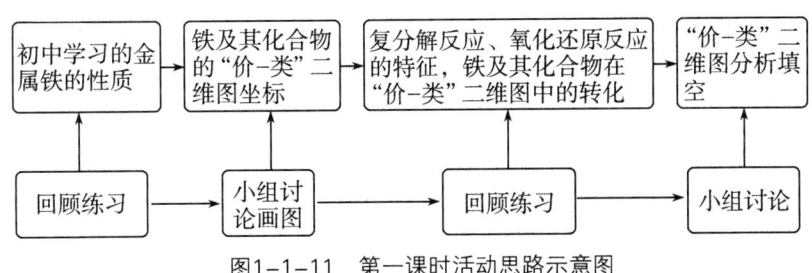

图1-1-11　第一课时活动思路示意图

第二课时活动思路如图1-1-12所示。

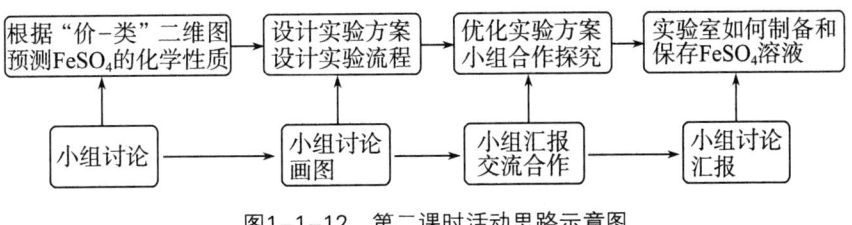

图1-1-12　第二课时活动思路示意图

第三课时活动思路如图1-1-13所示。

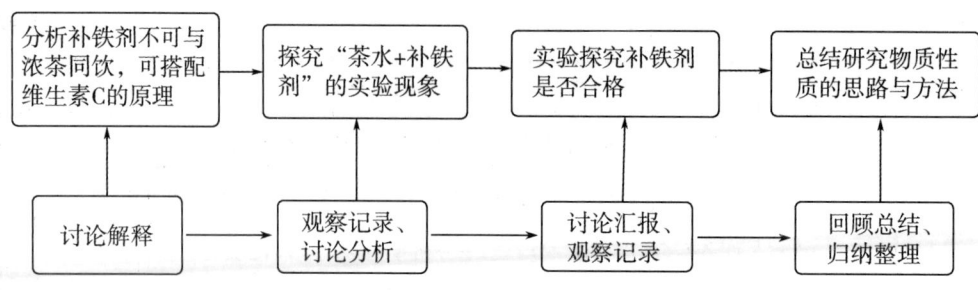

图1-1-13 第三课时活动思路示意图

4.课时情境创设示例

示例6：工业生产中二氧化硫的吸收

表1-1-10 示例6的课时情境

大情境	课时情境
化石燃料煤燃烧产生的环境问题	地狱之口——印尼宜珍火山喷发后的蓝色火焰与pH仅为0.5的酸性火山湖。
	燃煤烟气对空气的污染问题。
	4000年前，古埃及人用硫黄燃烧生成二氧化硫来漂白衣物，现在市场商贩利用二氧化硫漂白木耳。
	"工业之母"硫酸工业生产的演变；接触法制硫酸；工业烟气脱硫。

示例7：二氧化硫性质的探究

表1-1-11 示例7的课时情境

大情境	课时情境
元素周期表	1869年俄国化学家门捷列夫发明了元素周期表，2019年元素周期表迎来了150岁生日。为庆祝他的150岁生日，世界上一个权威的化学组织决定在全世界选出118位优秀的青年化学家，作为元素周期表中的118位元素的代言人。硫元素的位置在哪里？是哪位科学家作为代言人？我国青年化学家姜雪峰在绿色硫化学研究领域中作出突出的贡献。

示例8：基于核心素养的化学平衡教学设计[①]

可以创设实验探究情境：实验1有白色沉淀生成，实验2无明显现象，进行水溶液体系中物质转化程度的探究。

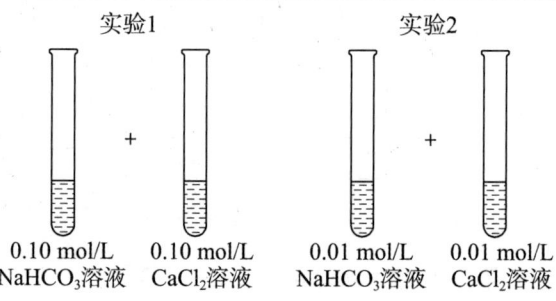

图1-1-14 水溶液体系中物质转化程度的探究示意图

---

① 郑长龙.核心素养导向的化学教学设计[M].北京：人民教育出版社，2021：247.

示例9：基于核心素养的化学平衡主题设计

以"物质转化程度的定量探究"为课题，通过分析可逆反应K、Q之间的关系，掌握判断平衡移动的方法，培养定量计算物质的转化程度（转化率）的能力。创设教学情境包括分别计算三组数据中体系3的体积，从熵视角分析V_3小于20.0 mL。

表1-1-12　物质转化程度的定量探究

组别	体系1	体系2	体系3
1	10.0 mL水	10.0 mL水	V_1=体系$_1$+体系$_2$
2	10.0 mL乙醇	10.0 mL乙醇	V_2=体系$_1$+体系$_2$
3	10.0 mL水	10.0 mL乙醇	V_3=体系$_1$+体系$_2$

5.课时教学设计示例

示例10："电解质的电离"第一课时

表1-1-13　示例10第一课时

第一课时
内容段落
观念形成。 弱电解质电离平衡的建立。
学习目标
目标1.1、1.2、1.3、1.4。
评价任务
（1）完成"小组合作学习1""小组合作学习2"，达成评价目标1.1。 （2）完成"小组合作学习2"，达成评价目标1.2。 （3）完成"小组合作学习3"，达成评价目标1.3。 （4）完成"小组合作学习4"，达成评价目标1.4。
学习过程
【先行学习】 任务1　回顾必修1学习的"电离"的概念，回答下列问题。 【小组合作学习1】 围绕任务1的学习，通过小组讨论，展示评析，学生能够： （1）（略） （2）（略） （3）……知晓自己的表现属于哪个层次，并知道应该达到哪个层次，以及自己存在哪些方面的知识缺陷或不足。 （4）学生自评：

续表

层次	问题认识水平简述	在该任务中的表现	自我评价
1	不知道电解质的概念，无法准确判断电解质、非电解质。	说不出、写不出。	
2	能列举常见的强酸、强碱和弱酸、弱碱。	能完成全部任务，但不能解释说明判断的依据。	
3	知道"解离"却不知道离子在溶液中的行为。	能进行解释说明，并能进行类比判断。	
4	熟悉离子反应方程式的书写，初步认识弱电解质在溶液中的行为。	能指出溶液中的粒子存在情况，并能结合"电离"概念初步分析。	
5	通过分析讨论，能知道强、弱电解质在溶液中的电离情况。	认识到电解质在溶液中的行为，能书写电离方程式，设计实验验证物质在水中的电离情况。	

情境创设：寻找适宜的尿垢清洁剂（资料、视频、图片等）。

任务2 实验探究：根据实验现象、数据测量，感知强、弱电解质的电离。

活动1：向等体积、等浓度的盐酸和醋酸溶液中，分别加入等量的磷酸钙，观察现象；测量等体积、等浓度的盐酸和醋酸溶液的pH，分别向其中加入等量的镁条，观察现象。

问题1：分析上述实验现象的不同，猜测原因是什么。

问题2：尿垢的成分是什么？

【小组合作学习2】

为什么不用腐蚀性较小的醋酸代替盐酸清洗尿垢？

宏观感知：通过讨论、展示，学生能够感受电解质溶液电离程度的不同，是造成实验现象和测量数据不同的根本原因。

问题1：如何选择除去尿垢中的酸？

问题2：醋酸溶于水后，溶液中有哪些微粒存在？

评价：

组别	学习态度（20分）	组内互助（20分）	组内氛围（20分）	组内汇报（20分）	总结表现（20分）	总评
1						
2						
……						

续表

评价方法：学生能通过正确描述实验现象，记录实验数据，初步分析得出强、弱电解质概念的区别。

任务3　从微观角度分析、探究弱电解质的电离平衡。

活动2：讨论冰醋酸溶于水后，溶液中存在哪些微粒。

活动3：观看醋酸溶于水的微观变化过程示意动画，从微观角度分析其电离过程。

【小组合作学习3】

讨论猜测，合作探究，分析冰醋酸溶于水的微观变化过程。

参考如图所示溶液中粒子的表示方法，尝试画出盐酸、醋酸溶液中各种粒子的存在情况。

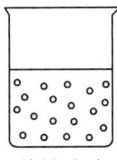
蔗糖溶液

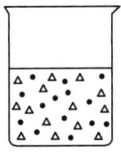
NaCl溶液

评价方法：学生能通过分组合作，查阅有关资料，了解醋酸在水中的变化情况。

任务4　探究电离平衡的图像表示方式，学会书写弱电解质的电离方程式。

活动4：类比化学平衡，画出弱电解质电离过程中的 v–t 图像。结合化学平衡概念，描述电离平衡的特征。

【小组合作学习4】

根据弱电解质电离平衡的特征，写出醋酸、氨水、碳酸、草酸、磷酸的电离方程式。

活动5：讨论磷酸、碳酸中都存在电离平衡，通过定性比较同浓度的两种溶液的酸性强弱，能否定量测定二者的酸性强弱。

评价方法：学生能通过观察画出 v–t 图像，分析电离平衡的特征，能准确写出弱电解质的电离方程式。

后续学习

【作业】

（1）根据"小组合作学习2"的学习体会，画出氨水中各种粒子的示意图。

（2）完成教材中的有关习题。

三、评价关联架构

分解了课程标准、制订了目标之后的教学设计，重点是对"教"和"学"两方面的研究。一方面通过教师的"教"，以目标为导向设计任务，以任务驱动的模式促进教学目标的达成；另一方面根据学生的"学"，即学习任务的完成情况和教学目标的达成度，为教师的"教"提供教学反思的依据。那么，教学目标的制订是否符合教学实际情况？任务驱动的设计是否合理？预期的学习效果是否实现？这一系列的问题就要通过"评价"来解决。国内外教育研究者将研究的焦点放在了"课堂学习评价"上，目前我国一些教育学者有针对性地进行了教师评价素养的研究，提出了"教师应先学会评价再学习上课"的观点。①

传统的评价观念局限于"评判、选拔"的狭隘理解，片面地把评价当作一把尺子去衡量学生的做法，会使学生解决问题的能力被抹杀，也造成了学生情感态度层次上的缺失。其实，评价的真正意义是激励和诊断，重点是检测学生学习过程中各种能力的表现，通过这些表现让学生知道努力的方向、提高学习的主动性，让教师根据学情调整教学思路和方法、找到多种评价工具促进学生学习。

（一）单元评价方案设计

单元评价方案是一个专业化方案，专业化地回答采用何种评价方法、在何种情境下实施、何时评价、谁来评价、怎样评价等一系列教学专业问题。单元评价方案需要教师从目标出发，整体性地思考如何设计不同的评价任务，安排多样化的评价主体、评价时间，采取多种类型的评价实施方式，不断地在本单元学习过程中收集达成目标的证据，借助评价标准对学生的学习进行及时性的记录、汇总，最后生成学生在本单元学习结果的有效证据。②

1. 总体设计单元评价任务

单元设计强调基于整体的教学设计，重视基于课时的局部设计。这两者是总任务与子任务的关系。子任务是根据教学目标将总任务进行分解形成的课时任务，各个子任务之间存在着相互关联或递进的逻辑关系。单元教学过程的科学性和实效性需要以单元评价方案进行评价。评价方案的设计要坚持评价任务与教学目标相一致的原则。因此，对单元整体教学目标要进行分类，根据不同类型的目标确定不同的评价方法。根据布卢姆认知目标分类学制订单元教学目标时，要分清楚目标的类型，有的是"能力目标"，有的是"表现性目标"，有的是"应用性目标"或"情感性目标"等。在进行评价任务设计时要遵循评价任务与目标相对应的原则，根据目标类型设计一对一的评价或二对一、多对一的评价任务。完整的单元评价方案流程如图1-1-15所示。

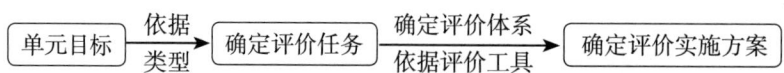

图1-1-15　单元评价方案流程示意图

---

① 崔允漷.教师应先学会评价再学习上课［J］.基础教育课程，2008.
② 于丽萍.基于标准的教学："教—学—评—致性"区域实践［M］.北京：中国社会出版社，2021.

单元总体评价要与单元整体设计同步进行。需要注意的是，单元评价任务与教学目标不一定是一一对应的关系，一个目标可以涉及多个评价任务，也可以用一个任务对应多个目标，或者一个任务对应一个目标。关键的问题是有目标就要有评价，这样才能随着教学过程的开展，通过评价了解、促进和调整教学进程。

由图1-1-15可以看出，"确定评价任务"到"确定评价实施方案"的过程需要确定评价主体。这一过程不能将教师作为学习过程中唯一的评价决策者，要鼓励学生参与评价；学生完全可以记录自己或其他同学的表现，从而形成学生的自我评价或产生相互评价。所以，评价主体不一定是教师。在"确定评价实施方案"阶段，要明确单元目标对应的知识类型和认知过程匹配的评价方法。评价任务的设计是多样化的，如观察、对话、论述、辩论、操作等形式，设计的关键是如何让评价与目标相匹配。评价的形式不一定是表现性任务。对于单元核心目标，居于课程中心的、需要持续理解的核心目标，通常采用真实性、表现性任务来展示学生的理解与迁移应用能力。华东师范大学周文叶博士曾将表现性评价定义为：在尽量合乎真实的情境中，运用评分规则对学生完成复杂任务的过程表现或（与）结果作出判断。表现性任务的设计要关注评价内容与实际生活的接近程度，采用真实情境；当然，也可以根据教学任务对真实情境进行改编，但是要尽可能真实。

2.具体设计课时评价任务

有效的课时教学评价是一个收集证据的过程，不是在课时教学结束时进行评价，而是在过程中使用不同的方法和形式收集证据进行评价。学习目标对学生的要求不同，学生呈现的行为表现就不同，所以学习目标影响评价的方法，或者说决定评价的方法。美国教育专家斯蒂金斯将目标与评价方法进行分类，大致分为"选择式反应评价""论述式评价""表现性评价""交流式评价"四大类别，这在某种程度上概括了课堂层面的评价方法，见表1-1-14。[①]

表1-1-14 课堂层面的评价方法

项目	选择式反应评价	论述式评价	表现性评价	交流式评价
知识和观点	选择题，正误判断题，填空题（考查对知识点的掌握）。	学生能够系统展现各个知识点之间的关系。	评价这种学业目标，优先考虑其他形式。	通过设问，实时评价回答，判断其掌握程度。

---

① 于丽萍.基于标准的教学："教—学—评一致性"区域实践[M].北京：中国社会出版社，2021：226.

续表

项目	选择式反应评价	论述式评价	表现性评价	交流式评价
推理能力	对各类应用具备普遍的推理能力。	复杂应用能力，用文字描述形式，具备较强的推理能力。	使学生达成解决某些问题或推理结果的能力。	学生通过"出声思考"或者讨论问题来提升推理能力。
表现性技能	领会表现性技能，对技能本身还不能评价。	对表现性技能的理解能给予描述。	具备观察和评估这些技能的能力。	适于评价面向全体学生的演讲能力，对基础知识的掌握情况也能进行评价。
情感倾向	应用选择性反应问卷了解学生的情绪情感。	应用开放式问卷观测学生的情绪情感。	根据行为和产品推断学生的情感倾向。	跟学生交流，体会他们的情绪情感。

（二）"目标导引·任务驱动"教学模式下的教学评价

1. 评价方法

课时评价应该实现由"对学习的评价"向"促进学习的评价"转换。教学评价从一开始制订教学目标时就应该考虑，要结合课堂教学合理设计评价方法。

为了展现评价的发展功能，教师在教学活动设计之前要综合考虑教学活动的开展过程以及学生的学习过程，通过组内研讨、课后反思等形式设计评价，从而合理实施评价；借助合理的课堂学习评价及时发现学生学习过程中遇到的问题，不断调整教学活动进程，以达到提高学生学习效率的目的。不同的学习目标要采用不同的学习评价方法。教学设计开始时，首先要明确具体的课时学习目标，依据学习目标确定评价任务、选择评价方法、安排评价活动。评价方法与有关因素的关系如图1-1-16所示。

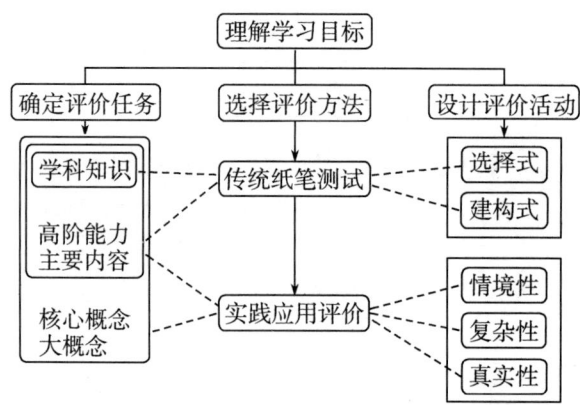

图1-1-16 评价方法与有关因素的关系示意图

（1）选择评价方法要与学习类型相匹配。针对不同层次的学生制订不同的学习目标。学生学习过程中关注的学习要点是不相同的。基本层次的学习目标是以熟悉基础知识、掌握基本技能为主，中层次的学习目标则要求学生具备分析问题、解决问题的能力，高层次的学习目标则需要学生的情感态度和价值观有较大的发展。单元教学大背景下的学习更侧重观念的建构、大概念的形成，需要达成深度理解的学习目标。所以，理解学习目标、分清学习目标的类型是评价的前提。一般来说，评价任务都要结合目标导引下的驱动任务，围绕单元主题或大概念整体规划，依托教学内容的层层递进进行设计，对应的评价方法也要科学合理。

（2）选择评价方法要看能否评价目标中的学习结果。对于记忆性知识或某些理解性内容，选择客观性题目（选择、填空、简答等）进行评价比较合适；如果评价以"为什么""怎么做"为标志的程序性、策略性知识时，选择表现性评价更为合适。评价的设计有多方面的能力要求，包括动手能力、语言表达能力、综合思维能力、理论联系实际能力等。根据学生对知识的掌握情况和课堂教学实际情况选择恰当的评价方法，需要教师综合考虑学生的学情、上课的时间、学习的地点等因素，还要综合分析各种因素对应的学习结果。

（3）选择评价方法要与评价活动、评价任务保持一致。评价方法限制了评价活动的设计安排，选择客观的测试题目与设计复杂的情境性活动有很大的差别。对于概念的学习而言，传统的测验是不能达到评价目的的，这就需要用更复杂、开放、真实的表现性评价来检验目标达成情况。因此，选择评价方法时还要综合考虑与评价方法对应的活动形式。

2. 评价主体

在"目标导引·任务驱动"的"教学评一体化"教学过程中，要充分发挥教师的主导作用，发挥评价的导向作用。学生在完成学习任务的过程中积极参与评价活动应得到鼓励和肯定，即使有的学生任务完成得不理想，也不能对其批评甚至讽刺打击。在明确了探究任务、设计了具体活动之后要放手让学生活动，营造轻松和谐的学习氛围，调动学生关注评价、参与评价的积极性，使学生在评价过程中进行交流、在交流中进行学习。

通过交流与评价，学生可以发现他人优点、看到自身不足。教师在任务驱动教学中，既可以设置教学任务，也可以布置评价任务，让学生进行自我评价和相互评价。

（1）教师主导的评价。传统的客观测试题目在教学过程中表现出的一些缺陷引起了人们的关注，大量的刷题、测试受到批评，也越来越不适应核心素养导向的课堂教学要求，更无法适应新高考评价体系要求。课堂教学中探索新的评价方式势在必行。与考试这种传统的考查方式相比，教师在教学过程中提出一些开放性的问题，既能评价学生对学科知识的掌握程度，又能提升学生对知识的应用能力。如果对深层次的理解进行评价，就要在一定程度上对学生真实性的表现进行研究，这是教师主导评价的表现。

第一，对学生的个人表现进行评价。在对学生个人表现评价时要注意每个人的情感态度，不只是局限于答案的对错，更看重是否积极参与、是否乐于合作交流，要抓住一切可能的机会让学生感受成功的喜悦、充分体验合作的乐趣。

教师对学生个人学习效果的评价不是为了证明而是为了发展，应该重视评价的激励功能的发挥。教师要用赏识的语言对学生进行激励，使他们变得越来越优秀、越来越自信。对学生个体在协作学习中的表现进行观察和评价，可以采用不同的形式，主要通过对学生个体提出意见或建议以及设计量表来衡量其合作学习的效果。

第二，对学生的协作学习状况进行评价。教师要想及时合理地对学生的协作学习作出评价，就要精心组织协作学习，关注学生协作状况，关注学生与他人协作的态度。协作包括组内协作和组际协作，组内协作要求各司其职、互相帮助，组际协作在于树立榜样、调整改进。为做好协作学习评价，可以设计不同类型的评价表或记录表，见表1-1-15、表1-1-16。[①]

表1-1-15　学生参与学习活动的表现评价

参与学习活动的表现	评价等级				
	优	良	中	差	总评
与其他同学协作交流	5	4	3	2	
认真听取其他同学的意见	5	4	3	2	
表达自己的观点和意见	5	4	3	2	
与其他同学共同制订计划	5	4	3	2	
与其他同学共同完成任务	5	4	3	2	
完成自己的任务	5	4	3	2	
帮助其他同学	5	4	3	2	
协调小组成员活动	5	4	3	2	
促进小组学习活动	5	4	3	2	
与其他同学分享学习成果	5	4	3	2	

[①] 高宏.这样教学很有效：任务驱动式课堂教学［J］.天津：天津教育出版社，2019：112-114.

表1-1-16 小组合作学习情况评价

组别	评价内容					总分
	小组内学生分工明确（20分）	小组内学生参与程度（20分）	认真倾听、相互帮助（20分）	合作交流、解决问题（20分）	协作学习氛围（20分）	
1						
2						
3						
4						
5						
6						
总体评价						

（2）学生的自主评价。萧伯纳曾说："你有一种思想，我有一种思想，互相交换，各自得到两种思想。"教师在教学评价时，除了设置教学任务外，还可以给学生布置评价任务，让学生在教师评价的基础上进行自我评价和相互评价。

首先，学生要对个人表现进行评价，通过自我评价进行自我调整、自我完善。这是学生自我反思的过程。教师可以设计"自我评价量表"让学生自己完成，进行自主评价；也可以让学生根据自身表现谈认识、谈体会、谈收获，同时认识自身的不足，促进学生进行自我反思，进一步提升协作学习的效率。例如，学生对"氧化还原反应"前期认识水平自主评价见表1-1-17。

表1-1-17 学生对"氧化还原反应"前期认识水平自主评价

层次	问题认识水平简述	在该任务中的表现	评价等级
1	不能画出原子结构示意图，无法准确判断反应基本类型，没有理解氧化反应、还原反应的概念。	说不出、写不出。	差
2	能准确画出部分原子结构示意图，正确判断半数以上的基本反应类型。	能完成全部任务，但不能解释说明判断的依据。	一般
3	能准确判断反应类型，画出原子结构示意图，但是不能熟练判断元素的化合价。	能准确判断和解释说明，并能进行类比判断。	较好
4	能展示评析学习结果，熟练书写和判断。	能指出四种基本反应类型划分的局限性，能发现从得氧、失氧角度划分氧化反应、还原反应的局限性。	好

续表

层次	问题认识水平简述	在该任务中的表现	评价等级
5	通过元素化合价分析,建立氧化还原反应的概念。	认识到存在元素化合价变化的化学反应是氧化还原反应。	很好

其次,学生要对小组协作进行评价,在自我评价的基础上进行小组成员之间的评价。基于化学学科核心素养的教学评价要求学生积极参与,学生自评和小组成员之间互评相结合,把小组成员之间的评价作为建立学习共同体的一种行之有效的方法,通过互评使学生之间建立起学习中的过程联系。小组成员之间的相互评价,是学生在自我评价的基础上对小组其他成员的评价。通过这种方式,可以使小组成员之间形成良好的心理环境,营造团结合作、互相勉励、共同提高的氛围,有利于学生认知水平和学科素养的提升。

高中化学课程标准把教学建议与日常学习评价放在一起,形成了"教学与评价建议"。这就要求我们在研究、设计或评价每一堂化学课时,不仅要研究、设计或评价教师如何教、引导学生如何学等相关问题,还要认真研究、设计或评价每一个教学环节中教师和学生如何评、如何发挥日常学习评价的保障作用,通过在每一堂课的每一个教学环节来落实学业要求及学业质量标准各水平的要求。[①]

3. 评价途径

教师进行教学设计时需要预测教学的效果如何、学生的表现如何、学生是否实现预期的目标。对于客观性的试题评价,虽然存在一些不足,但是也绝非一无是处,教师从教学活动实际出发进行合理的教学设计以及对学生的当堂检测,对提高学生的课堂学习效果是有必要的、行之有效的。因此,评价方式的转变并不意味着全盘否定之前的评价方法,而是要根据课堂教学的实际情况,选择更科学的评价方法,这样才能减少不必要的教学环节,进一步优化课堂结构。

(1)设置客观性评价。教师自行设计和开发课堂评价是实现课堂教学目标的重要途径。客观性评价是一种传统的评价方式。为了实现课堂评价的真正目的,教师必须根据教学需要设置测验题目,这也是学业质量的要求。为了克服客观性评价的局限性,需要认真研究客观性评价题目的编制,根据教学目标明确对应的知识点,然后确定题目的内容和类型,最后完成题目的选编。客观性评价题目的编制原

---

① 房喻,徐端钧. 普通高中化学课程标准(2017年版2020年修订)解读[M].北京:高等教育出版社,2020.

则见表1-1-18。[①]

表1-1-18 客观性评价题目的编制原则

常见题型	适合内容	编制原则
问答题	课堂语言描述或展示交流。	题干指向明确，适宜语言描述的问题或需要进行开放性表达的预设。
判断题	概念的理解或简单的应用分析。	题干可简化，也可创设情境设置问题，设置干扰选项或陷阱。
选择题	多种类型的知识与水平。	题干往往是一个独立的问题，围绕问题设置不同视角的选项。
填空题	简单、客观的内容，有明确的结果。	题干描述清晰、指向明确，往往限定结果。
匹配题	短时间内测量大量的事实。	题干设置两组选项，分别具有不同的逻辑关系。
探究题	自主学习、协作学习、实验探究、开放性问题。	题干可以是具体的操作内容或设计方案，也可以是开放性情境。

（2）开发表现性评价。传统的评价方式通常是单一的客观性检测，只能检测狭隘的知识领域，往往被当成甄别和选拔的工具，使评价沦为对考试的狭隘论断，学生在学习活动中表现出的学科素养、分析问题和解决问题的能力容易被忽视。

在新课程实施的背景下，新的教育观和评价观应运而生，评价与课堂教学深度整合是一种必然趋势。对于什么是表现性评价，国内外一直以来都有着争议，研究者和学者有着不同的看法。《新课程与评价改革》认为，表现性评价是"教师让学生在真实或模拟的生活情境中，运用先前所获得的知识解决某个新问题或创造某种产品，以考查学生知识与技能的掌握程度，以及解决问题、交流合作和批判性思维等多种复杂能力的发展情况"。由此可见，表现性评价更接近于实际生活，评价的目标是高层次的能力，评价的过程需要学生自我建构，评价的结果可以观察。但是，人们对表现性评价的研究还处于浅表性的研究阶段，对其基本原理或使用原则甚至还存在错误认识。

目前，对于表现性评价的研究只是在某种层面上的尝试。"目标导引·任务驱动"单元教学课堂模式的研究重点就是目标的制订和任务的设置。在开发表现性评价时，可以先从"实践应用评价"出发探索以下两个问题。

一是确立与学习目标匹配的评价任务。简单的纸笔测试可完成具体的知识和

[①] 李锋. 基于标准的教学设计：理论、实践与案例［M］. 上海：华东师范大学出版社，2013：127-131.

观点的评价，不适合表现性评价的设计。对课程核心的复杂性任务需要在真实情境中进行，学生通过建构知识或展示技能才能取得有效的证据进行评价。例如，学生的推理能力可以通过观察学生解决一些问题的过程，或者通过审视他们的成果来推断；学生的表现性技能可以在学生实际操作的同时通过观察来评估。评价任务的类型很多，分类方法也很多，在实际操作中需要进行长期的探索才能全面掌握。根据理科学习的特点，不同任务类型的评价设计过程见图1-1-17。

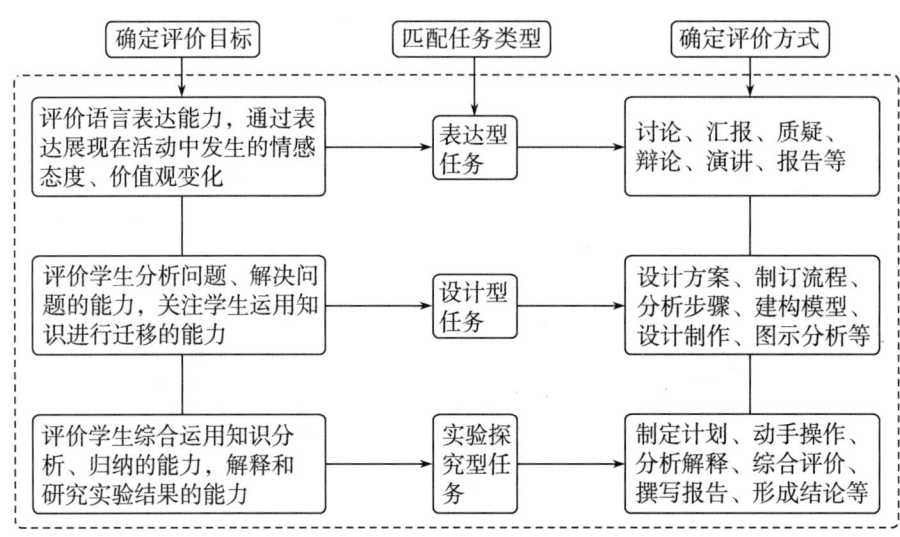

图1-1-17　不同任务类型的评价设计过程示意图

二是设计评价任务的真实情境。崔允漷教授认为："在真实情境中做事，是指向素养目标的关键所在。"只有在真实情境中进行评价，才能让评价真正发生。表现性评价视域下的真实情境具有如下特点：① 真实性，真实的情境素材源于生活、源于经验，新颖真实的情境能够引起学生兴趣，激发探究欲望；② 挑战性，真实情境能够引发学生思维冲突，促成思维进阶；③ 表现性，真实情境能够推动学习过程，引发深度学习，让学习真正发生。基于真实情境的评价设计过程如图1-1-18所示。

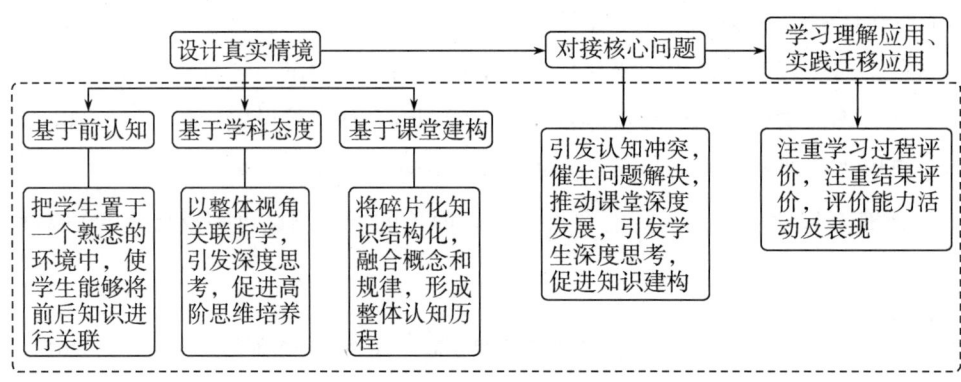

图1-1-18　基于真实情境的评价设计过程示意图

总之，评价的目的是不断改进教学方式，逐渐调整教学策略。新的评价理论认为，好的评价应该是"为了学习的评价"。在课堂教学过程中要不断收集证据信息作为依据，不断调整和改进教学思路，最终达成学习目标。其实，对于评价的研究远不止于此，针对评价信息的处理和基于评价的决策调整也是研究的重点。

基于课程标准的教学设计，需要科学有序地将学习目标、学习评价、学习活动和学习资源整合起来，设计符合学生认知规律的可操作的学习过程，真正实现课堂教学中的"教学评一体化"。基于评价的关联设计是依据课程标准进行的设计，要将教师的"教"和学生的"学"进行关联，真正落实"目标导引·任务驱动"单元教学目的。教学评价关联设计如图1-1-19所示。[①]

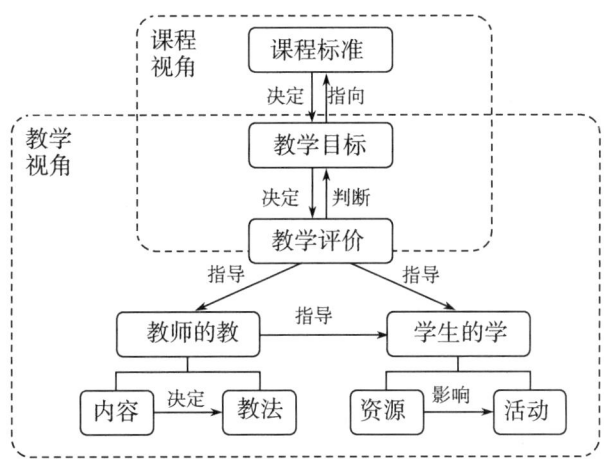

图1-1-19 教学评价关联设计示意图

[①] 于丽萍.基于标准的教学："教—学—评一致性"区域实践[M].北京：中国社会出版社，2021.

第二节 "目标导引·任务驱动"高中化学单元教学的价值分析

"目标导引·任务驱动"高中化学单元教学从教学预期的结果出发，综合设计单元教学和课时教学的目标、任务，强调目标与任务的匹配性以及教、学、评的一致性，是一种符合新课程教育理念的有效教学。实施"目标导引·任务驱动"单元教学的价值与意义，主要有以下几方面。

一、有利于课程标准要求的落实，培养学生学科核心素养

教育是党之大计，国之大计。"为谁培养人、培养什么人、怎样培养人"始终是教育的根本问题。围绕这一根本问题，学校教育必须全面贯彻党的教育方针，培养德、智、体、美、劳全面发展的社会主义建设者和接班人。面对世界发展百年未有之大变局，习近平总书记提出学校教育要培养"有理想、有本领、有担当"的时代新人。为此，作为教师，我们必须认真思考以下问题：我们是否仍在按照原有的观念和思维习惯行事？我们是否做到了引导学生在真实的情境学习中提升发现、分析、解决问题的能力？我们应当怎样培养与发展学生的化学学科核心素养，落实立德树人的教育根本任务？

《普通高中化学课程标准（2017年版2020年修订）》和《义务教育化学课程标准（2022年版）》教育理念先进、时代特征突出、教学指导有力，深入剖析课程标准的研制背景及内容要求，对于全面理解和落实课程标准的要求、培养和发展学生的化学学科核心素养具有重要意义。

（一）从国家政策指令的角度来看

《基础教育课程改革纲要（试行）》第7条指出，"国家课程标准是教材编写、教学、评估和考试命题的依据，是国家管理和评价课程的基础。应体现国家对不同阶段的学生在知识与技能、过程与方法、情感态度与价值观等方面的基本要求，规定各门课程的性质、目标、内容框架，提出教学和评价建议"。

课程标准是国家指令性文件，是课程开发、实施、评价与管理的准绳。它规定了整个课程运作过程的规则，以确保教学活动的最佳效果和秩序。课程标准是教

材编写、教学组织、教学评估和考试命题的依据，是国家管理和评价课程实施的基础。因此，课程标准的要求是教学的基点、轴点和出发点。[①]

教学中对课程标准的落实，可以很好地体现教师的教育思维和课程思维。教育思维重点思考的是课程标准由哪些内容构成、为什么必须由这些内容构成，以及现有的课程标准是否合适或者应该怎样修订等。这样的思考对于保护课程标准研制的正确性，或者对于课程标准实施的恰当性等，都具有重要的意义。课程思维与教育思维不同，需要重点思考的是在课程标准作为学生学习结果已经被规定好的前提下，在"为什么教（学）""教（学）什么"已经明确的背景下，"怎么教（学）"才能更好地落实课程标准。所谓课程思维，不是对"应该是什么"的思考，而是对"做得怎么样"有证据的回应。因此，课程标准落实得怎么样、能提供什么样的证据证明课程标准的落实情况等，成为教师教学中必须思考和解决的问题。站在教师的角度看，课程思维就是要一致性地思考"为什么教""教什么""怎么教""教到什么程度"四个问题；站在学生的角度看，课程思维就是要一致性地思考"我要到哪里去""我怎样到达那里""到达那里需要什么样的资源""我真的到那里了吗"四个问题。

要实现课程思维，需要在课程标准的指导下整体分析学科课程结构、改进教学模式。"目标导引·任务驱动"单元教学注重落实课时教学的"小目标"，这种"小目标"是在单元设计之下的目标，而单元教学目标是在"单元"的规划下设置的，"单元"的划分又是依据课程结构的重新整合。目前倡导的"大概念"教学是超越书本内容、居于学科知识顶端的抽象概念，而不是具体的知识点概念。"大单元"设计是对学科"大概念"的具体实施，是将整个学科内容按照自上而下、逐步细化的方式进行规划。知识的横向划分具有相关性，知识的纵向划分具有梯度性，突出学科知识内容的内在联系和逻辑关系。无论是单元教学设计还是课时教学设计，都要根据课程标准进行确定、依托教材进行内容选择。

（二）从基础教育课程改革的角度来看

课程改革与教学实践要以课程标准这一国家指令性文件为依据，课程标准直接决定着课程实施水平和教育教学质量，由此推动着教育改革。从发展趋势来看，教育改革必然是"一个由课程改革所牵动的整个基础教育的全面改革"。

基于课程标准的教学并不是"标准化"的教学，教师要在深刻理解课程标准理念的基础上，依据课程标准、教材及对学情的分析建构教学目标、设计教学方案、

[①] 莫芮.论国家课程标准应用的研究取向与转化范式［J］.教育科学论坛，2020（01）.

组织教学活动，将课程标准落实到课程教学中。基础教育课程改革是一个持久的过程，是一项艰巨的任务，需要不断总结、深化，依托课程标准不断推进实施。

从教学改革的实质来看，基于课程标准的教学不是课程标准与教学内容的简单对应，不是简单地指某一种教学方法，而是一种全新的教学理念，是一种立足学科素养的教学。课程标准强调学生学习方式的转变，引导学生通过以化学实验为主的多种探究活动，体验科学探究的过程，强化科学探究的意识，激发学习化学的兴趣，能够发现和提出有探究价值的化学问题，养成务实求真、勇于创新、积极实践的科学态度，敢于质疑，勤于思索，这就需要教师进行教学方法的改革。教学改革是对教师教学行为的要求，更是对教学理念更新的一种挑战，也是对学生学习结果的关注，即对教学结果监控的强化，是教学活动与课程标准之间内在关系的体现。教学方法是保证落实课堂改革的前提，教学方法要与课程标准相协调。基于课程标准的教学，确切地说，是指"教学实施过程中，教学目标、教学活动、教学评价与课程标准相一致的教学，其核心是教学实践要符合课程标准的理念和要求"。新课程标准设置了"活动与探究建议"，结合不同的课题引导学生运用实验、调查、查阅资料、讨论等方式开展活动，促进学习方式从"被动接受"到"自主探究"的转变，这有力地冲击着传统的教学理念和学习观念。

基于课程标准的教学，是教师对课程标准拆解与重构的过程，是评价与教学一体化的过程，是教学资源优化与重组的过程。其主要特征有三个：一是基于课程标准的教学目标先于教学内容，教师需要根据先定的教学目标处理教学内容，即教学目标源于课程标准；二是基于课程标准的教学起点是明确学生在学习结束时能做什么、最终判断表现的指标是什么，并对学生作出解释，即评价设计先于教学活动设计；三是基于课程标准的教学是否成功，要根据学生的学习结果来判断，即指向学习结果的质量。[①]

随着课程标准取代了教学大纲，"一标多本"的教科书供广大师生选用，考试改革日益深化。那么，教师的教学依据是什么？在执行层面上，课程标准的建设虽然基本完成，高中课程标准的修订工作已于2020年完成，义务教育课程标准（2022年版）也正式出台，但是在实施层面仍然存在着很大的挑战。教师对课程标准的认识不足，很多一线教师将课程标准看作教学大纲，沿用传统的思维方式使用课程标准，这就导致教师对课程标准的误读，进而导致课程标准的实施受到阻碍。目前，

---

① 于丽萍. 基于标准的教学："教—学—评—致性"区域实践［M］.北京：中国社会出版社，2021.

山东省高中学业水平等级考试的依据除了《中国高考评价体系》之外，还有等级考试题目本身。对于起始年级的教师来说，课程标准的研究和学习还不深入，培训力度和方法还不到位，这就导致课程标准在教学中难以实施，教学活动仍然是"单纯教教材"。课程标准虽然已经颁布了很长一段时间，但是不少教师的教学活动仍然浮于话语层面，并没有将课程标准的要求真正落实到课堂教学实践中。

课堂教学是课程实施的主要环节，教师在教学设计和教学组织上，要依据学科核心素养要求，全面考虑"为什么教""教什么""怎么教"等问题，明确教学应达到的预期学习结果（学生的学习成就）。在教学过程中，教师要关注"学生学会了什么""是否达到了预期的学习结果"，从而真实地评价教学效果，以便调整下一步教学，进一步提高教学实效。如果课堂教学只管"教什么""怎么教"，不问结果，就会出现为教而教、为活动而活动的偏向，图热闹、走形式，课程实施就会偏离课程设计的目标和理念。[①]

（三）从学科核心素养培养的角度来看

从化学教学取向的发展来看，教学取向经历了三个不同的阶段：知识取向阶段、能力取向阶段、素养取向阶段。三个不同阶段的发展如图1-2-1所示。与教学取向对应的教学价值追求实现了由知识本位向素养本位的升级，素养本位取向的化学教学在目标、内容、活动、情境、评价和策略等方面都有着独特的价值追求，一个具体的表现是教学目标发生了变化，如图1-2-2所示。

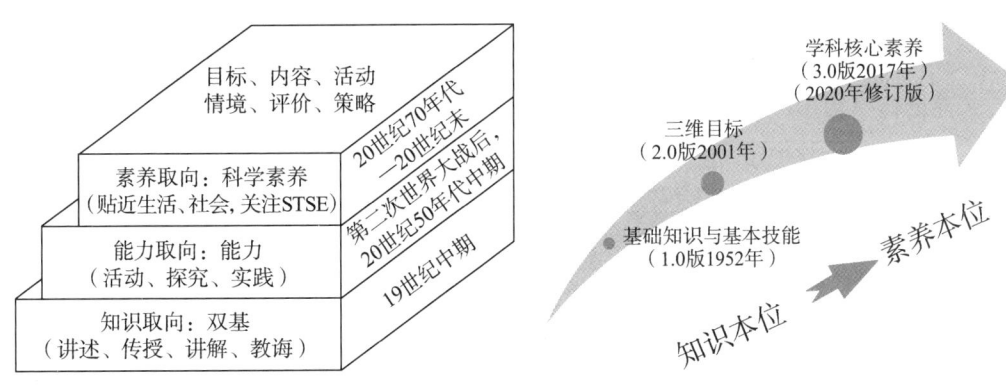

图1-2-1 化学教学取向发展示意图　　图1-2-2 化学教学目标价值取向示意图

相较于双基目标，三维目标揭示了学科知识是三个维度的。三维目标中的"过程

---

① 王云生. "教、学、评"一体化的内涵与实施的探索［J］. 化学教学，2019（05）.

与方法"指的是知识形成的过程及知识学习运用的方法，"情感态度价值观"也是嵌入"知识与技能""过程与方法"之中的。在三维目标的框架下，教师和学生会创造出新的目标，这种新目标可能超出了既定的目标，甚至是对学习内容的质疑和否定。三维目标较双基目标具有更开阔的思维，有利于培养学生的过程性思维和批判精神。

学科核心素养培养目标来自三维目标又高于三维目标。学科知识只是形成学科核心素养的载体，并不能直接转化为学科核心素养，学科学习活动才是学生形成学科核心素养的渠道。学科学习活动的进行意味着对学科知识进行深度加工、消化、吸收，并在此基础上进行内化、转化、升华。这其中，三维目标中的"过程与方法"起着重要的作用，但是"过程与方法"毕竟不是素养本身，它是素养形成的桥梁。本次高中课程标准修订用"学科活动"来调整三维目标中的"过程与方法"以及学习方式中的"自主、合作、探究学习"，目的是强化学生的实践能力，聚焦学科核心素养的形成。教师在设计和开展教学时必须以学科核心素养为导向，充分体现学科的性质和特点，使学科教学过程成为学科核心素养形成过程。①

化学课程标准根据学科素养不断发展和深化，提出了新的概念——化学学科核心素养，这就是新时代课程改革的先进性和创造性的重要体现。高中化学学科的五个核心素养具有不同的功能定位，可以通过五个素养的功能建立其素养之间的相互联系。"宏观辨识与微观探析""变化观念与平衡思想"，反映的是化学学科思维方式；"证据推理与模型认知"，反映的是化学学科思维方法，属于化学科学认识范畴；"科学探究与创新意识"，属于化学科学实践范畴；"科学态度与社会责任"，属于化学科学价值范畴或化学科学应用范畴。基于此，可对五个化学学科核心素养进行结构化，如图1-2-3所示。②

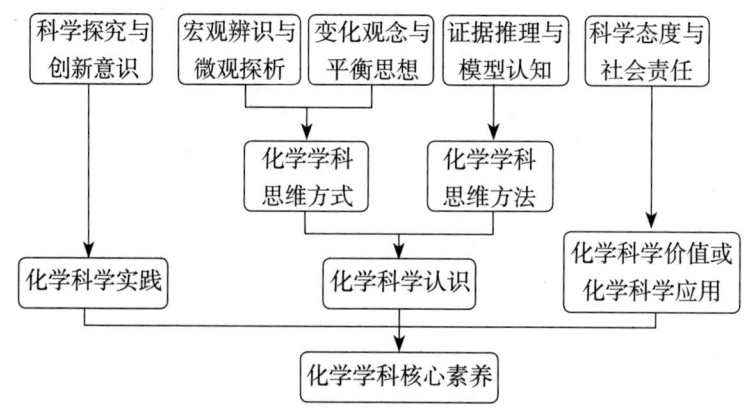

图1-2-3 高中化学学科核心素养结构化示意图

---

① 余文森.核心素养导向的课堂教学[M].上海：上海教育出版社，2017.
② 郑长龙.核心素养导向的化学教学设计[M].北京：人民教育出版社，2021：12.

由图1-2-3可以看出，基于素养功能，化学学科核心素养是由化学科学认识、化学科学实践和化学科学应用等要素构成的有机整体，每一个要素都具有独立的素养功能，其区别是它们在问题解决的不同阶段发挥作用。

首先，要弄清三维目标与五个核心素养之间的区别和联系。三维目标中的任何一个维度都不能达成学科素养的培养目标，只有三个维度相互融合共同发挥作用，才能发展学生的学科核心素养。从整体上看，化学学科核心素养与三维目标之间不存在一一对应关系，但是，每一个素养都可以用三维目标的形式进行表达。需要注意的是，如果将每个素养分别以三维目标的形式设计，就会将问题割裂开来，所以不能将三维目标与素养进行关联。因此，传统的课时教学目标是孤立的，具有相对的独立性，无法将学科核心素养完整地体现出来，受课时内容与形式的影响只能将目标片面地局限于教学内容或教学形式之中，无法体现课时之间的思维进阶与关联评价，真正实现素养培养落地。基于"大概念""大主题"的单元设计或"大任务"下的项目式教学设计，能够依据课程标准，将学科知识与学科核心素养进行有机结合。这样，无论是单元教学还是课时教学，都能从化学科学认识、化学科学实践、化学科学应用角度进行学科核心素养的培养。通过研究课程标准不难看出，课程标准围绕五个核心素养建构了高中化学课程目标体系。课程标准目标体系的建构源于化学学科核心素养，更加深刻地反映了三维目标，学科指向更强、内容更具体。

其次，要理解素养导向下的课堂教学结构。单元教学设计注重教学的整体设计，以评价关联教学目标和教学任务，能有效落实核心素养培养目标。教学的实施是以课时为单位的，新课程标准下化学课堂设计要有明晰的结构。化学课堂结构大体分为三个层次：第一个层次是居于核心的化学知识，指的是具体的学科内容，包括课程标准规定的学科核心素养、教材内容等；第二个层次是指启发和调动学生运用适当的方法学习知识，这一层次解决的问题是如何认识化学知识，属于认识方式和方法的问题；第三个层次是指如何有效地认识化学知识，是在第二个层次上的提升，属于教学方式和方法的问题。在化学课堂教学结构中处于中心的核心知识是客观的知识，如物质的结构、性质、反应原理、变化规律等。课堂教学的认识层面和实践层面是保证教学有效性的重要层面，两者好比是为基础穿上了两层"外衣"，一节课的教学要体现不同层次的考量才能把学科核心素养培养逐步渗透到课堂教学中。

再次，要明确化学学科核心素养的水平划分。化学学科核心素养将化学知识与技能的学习、化学思想观念的建构、科学探究与能力的发展、创新意识与社会责任的形成等多方面要求融为一体，体现了化学课程在帮助学生形成未来发展需要的正确价值观念、必备品格和关键能力中所发挥的重要作用。在实际教学中，还需对课程标准进一步分解，依据不同时段、不同内容对应不同水平进行细化、解读、变通。例如，表1-2-1列出的是"宏观辨识与微观探析"学科核心素养水平。①

表1-2-1 "宏观辨识与微观探析"学科核心素养水平

素养水平	素养1 宏观辨识与微观探析
水平1	能根据实验现象辨识物质及其反应，能运用化学符号描述常见简单物质及其变化，能从物质的宏观特征入手对物质及其反应进行分类和表征，能联系物质的组成和结构解释宏观现象。
水平2	能根据实验现象归纳物质及其反应的类型，能运用微粒结构图式描述物质及其变化的过程，能从物质的微观结构说明同类物质的共性和不同类物质性质差异及其原因，解释同类的不同物质性质变化的规律。
水平3	能从原子、分子水平分析常见物质及其反应的微观特征，能运用化学符号和定量计算等手段说明物质的组成及其变化，能分析物质化学变化和伴随发生的能量转化与物质微观结构之间的关系。
水平4	能依据物质的微观结构，描述或预测物质的性质和在一定条件下可能发生的化学变化，能评估某种解释或预测的合理性；能从宏观与微观结合的视角对物质及其变化进行分类和表征。

从表1-2-1可以看出，从水平1到水平4，素养所反映的能力要求不断提高。水平1"能根据实验现象辨识物质及其反应"，属于观察和辨识实验现象；水平2"能根据实验现象归纳物质及其反应的类型"，要求根据实验现象归纳反应的类型；水平3"能从原子、分子水平分析常见物质及其反应的微观特征"，要求深入微观去分析常见的反应；水平4"能依据物质的微观结构，描述或预测物质的性质和在一定条件下可能发生的化学变化"，则要求从微观本质入手去预测可能发生的反应。显然，不同水平对应的任务难度逐级增大，学生完成任务所需的能力要求也随之提高。另外，可以采用不同的形式进行认知，从不同的角度对学科核心素养进行划分。山东师范大学毕华林教授曾用"三重表征"做过详细的解读：基于宏观对物质及其变化的认识，称之为"宏观表征"；基于微观对物质及其变化的认识，称之为

---

① 中华人民共和国教育部. 普通高中化学课程标准（2017年版2020年修订）[M]. 北京：人民教育出版社，2020.

"微观表征";基于符号对物质及其变化的认识,称之为"符号表征"。从宏观表征,到微观表征,再到符号表征,反映了化学学科特有的一种认识方式,也被称为"三重表征",如图1-2-4所示。①例如,对电解质电离的认识,可以设计成以下三个板块,如图1-2-5所示。这种教学设计体现了化学学科三重表征的认识方式,这种思路可以建立起"宏观辨识与微观探析"素养的认知途径。在教学过程中如何体现素养的表现和发展,应根据学科特有的认识方式来判断,所以教学设计是课堂教学的关键,学科核心素养是教学设计的依托。②

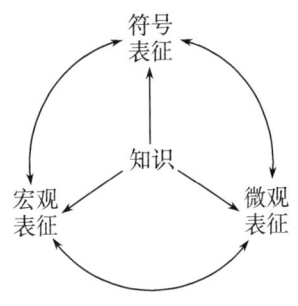

图1-2-4　化学学科"三重表征"示意图

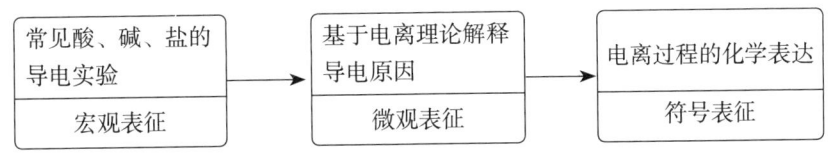

图1-2-5　对电解质电离的认识板块示意图

课程标准对学业水平的要求进行了具体划分,不同水平的要求需要不同的评价标准,而素养水平只有进行拆解、分析,通过实践、解读,才能确立教学评价的基本思想,然后在教学过程中建构化学学科核心素养的教学评价机制。对于学科核心素养的水平认知至关重要,这也是课程标准研究的难点,需要持续不断地进行研究。例如,"三重表征"认知中"符号表征"还可以进一步划分,因为化学符号是化学学科核心素养中不可或缺的重要工具,可以用来认识物质及其变化。人们在长期的化学科学实践中,形成了一套完整的化学语言,对物质及其变化进行刻画和描述。化学符号是有特定意义的,基于对化学意义的识别、描述和选择三个水平的划分如图1-2-6所示。

---

① 毕华林,黄婕,亓英丽.化学学习中"宏观—微观—符号"三重表征的研究[J].化学教育,2005(05):51.
② 郑长龙.核心素养导向的化学教学设计[M].北京:人民教育出版社,2021:18.

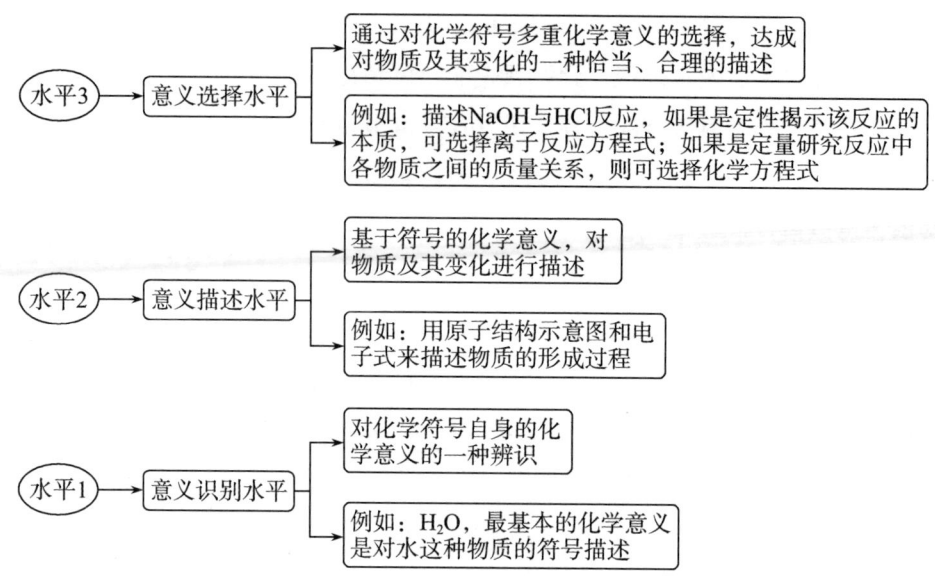

图1-2-6 基于对化学意义的识别、描述和选择三个水平划分化学符号示意图

二、有利于课堂教学评价的引入，实现"教学评一体化"

新的学习方式要求新的教学设计，无论是单元教学设计或课时教学设计都面临着一个不可回避的问题，那就是教学评价。在传统的教育评价视野中，评价主要被理解为价值判断，用以判断学生的学习结果。所以，传统评价往往被当成甄别和选拔的工具，评价者运用评价工具对学生进行"评判、选拔和甄别"。如此一来，评价沦为了对考试的狭隘论断，学生的整个学习表现和教师的教学成果用一把生硬的尺子度量高低，学习主体在所有学习活动中表现出的解决问题等能力中途夭折，还包括认知领域尤其是情感态度层次上的缺失，完全忽视了评价在学生学习过程中强调实际表现和历程"激励和诊断"的功能。这样的评价，只见整体不见个人，只见结果不见过程，只见教师不见学生。[①] 目前的教学中，教师过多地关注教学内容的选择和教学活动的组织，对于如何评价学生的学习效果不够重视。为了引导学生实现学习目标，在教学活动设计之前，深入分析课程标准的内容要求是必然的前提；同样，思考如何评价学生学习结果的达成来指导教学，也可以作为促进学生学习的一种工具。"评价的实质在于促进人类活动的日趋完善，是人类行为自觉性与反思性的体现，实际上评价就应是渗透于人类有意识的活动之中，是活动的一个有机组织部分。"[②]

---

① 杨向东，崔允漷.课堂评价：促进学生的学习和发展[M].上海：华东师范大学出版社，2012.
② 张华.课程与教学论[M].上海：上海教育出版社，2000.

研究教学评价，需要深入研究学业质量评价对学科教学的导向作用。基于学科核心素养培养的教学评价是一种"以建构为核心"的教学评价方式。由于学习是在一定情境下通过人际间的合作与交流活动而实现的意义建构过程，因此，建构主义学习理论认为"情境""合作""交流""意义建构"是学习的四大要素，其中"意义建构"是学生整个学习过程的最终目标。这里的"意义建构"能够促进学生化学学科核心素养的形成，达成学业质量标准的要求。"以建构为核心"的化学教学评价如图1-2-7所示。①

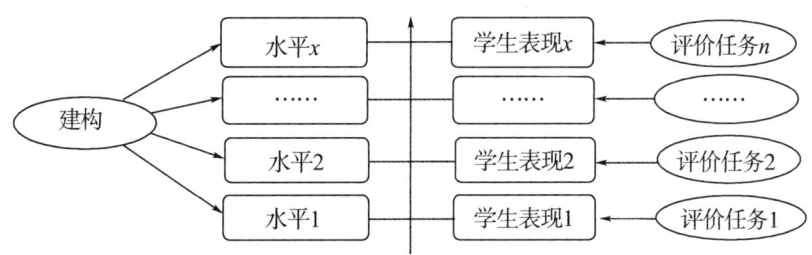

图1-2-7　建构评价任务与学生表现的关系示意图

由图1-2-7可以看出，纵向箭头左边体现的是建构理论，"建构"即核心素养；右边体现的是评价操作的具体方式，即通过设计科学、恰当的评价任务情境，观察学生在完成任务中的具体、有意义的表现以获取证据，并基于证据推理来评价学生化学学科核心素养的水平层次。

课程标准明确了学科核心素养培养应该达到的水平，学业质量的评价标准又是根据各种水平的关键表现制订的。教学过程中实施的阶段性评价、学业水平考试和升学考试等，其命题都要依据课程标准。一方面，单元教学可以依托某一主题或大概念实施，完成任务后的评价测试就要依照课程标准的要求进行，阶段性的纸笔测试就是一种客观性评价；另一方面，基于学科核心素养培养的教学与评价还是要渗透到日常的课时教学中，从课堂教学层面考虑评价显得更为重要。

在新课程背景下，学习评价的重要性越来越受到人们的关注，评价改革也成为深化新课程改革的重要推动力量。通过评价，教师不仅能够及时掌握学生的学习现状，还可以从中分析推测学生的思维习惯和认知障碍，获得指导和改进教学的实证依据。在基于课程标准的教学中，要利用学习评价及时把握学生的学习过程和成果，就必须制订学生的学习目标，在目标导引下评价分析学生的信息，判断学生的

---

① 房喻，徐端钧. 普通高中化学课程标准（2017年版2020年修订）解读［M］. 北京：高等教育出版社，2020：215.

学习情况，通过反思及时掌握教学设计的推进实施状况并作出调整。这种教学和评价的相互渗透，既能对学生的学习进行判断，也能根据学情调整教师的教学策略和实践方法。经过这样反复的操作，教学和评价来回转换，教师的教学就会不自觉地落实课程标准的要求了。

随着教育评价的改革，教育评价方式正在发生转变，学业成就评价领域的转变更为明显。为此，我们必须明确的两个概念是"对学习的评价"和"为学习的评价"。当前对学习的关注已经成为热点，这是课程改革的表现，是教育评价改革的反映。多年来的认证性、选拔性评价一直处在重要地位，监测性评价得到很大的发展。随着课程改革的不断深化，"对学习的评价"没有削弱，反而在逐步加强。但值得注意的是，在教育评价领域中关注更多的还是"为学习的评价"。"为学习的评价"往往发生于相对不受控制的情境中，传统的纸笔测试、相对死板教条的评价越来越不适应新的课程改革，核心素养培养导向下的课程改革使得如何评价学生学习成为推动新课改向纵深发展的首要问题。基于课程标准的教学注重从根本上改革学生评价，使评价成为真正有利于学生学习、促进学生健康快乐成长的动力。

我国一些教育学者有针对性地进行了教师评价素养的研究，提出了"教师应先学会评价再学会上课"的观点，国内外教育学者也将研究焦点放在了"课堂学习评价"上。这样看来，通过评价促进课堂教学，将评价和教学有机结合起来已成为共识。

（一）课堂学习评价是现代评价理论的具体表现

《基础教育课程改革纲要（试行）》指出："评价不仅要关注学生的学业成绩，而且要发现和发展学生多方面的潜能，了解学生发展中的需求，帮助学生认识自我，建立自信。发挥评价的教育功能，促进学生在原有水平上的发展。"评价不再局限于对教学、学习的判断，而成为促进教学和学习的工具。传统的评价以"筛选"为目的进行设计和实施，其核心功能是区分和甄别。客观性的纸笔测试成为评价手段，评价更多的是在阶段性教学结束后进行（如期中考试、期末考试等），人们更关注的是评价结果（或考试分数）。这种评价游离于教学过程之外，成为凌驾于教学之上的一个孤立环节。评价测试的"排名"也给一部分学生带来了过度的焦虑和不安。所以，这是一种"对学习的评价"而不是"为学习的评价"。

近年来，教育界针对传统评价提出了新的评价理念，以全面反映学生的学习情况。新的评价理念主要表现在以下两个方面。第一，评价的根本目的在于促进学生发展。评价不仅是为了筛选出优秀的学生，更应是激励每一个学生的发展。教师通过评价活动为学生提供一个展示自我的平台和机会，鼓励学生展示自己的努力和成绩，使得评价成为促进学生发展的工具。第二，评价的过程是与教学并行的同等重要的过程。评价不只是学习后的一次测验，而是与教学一起进行的持续过程。可见，评价和教学本来就是一个统一的整体，评价始终贯穿于教学活动的整个过程，评价的视角应发生转变，从"对学习的评价"逐渐转变到"促进学习的评价"。[①]

为了实现评价的发展功能，教师应在实施教学活动之前积极地思考和设计评价，在教学活动中合理实施评价，通过课堂学习评价及时发现学生学习过程中的问题，调整学生的学习活动，提高学生的学习效率。当评价的形式由原来的追责、排名、敲打逐步转变为鼓励、建议、改进、商讨等形式时，评价就能更好地促进学生学习活动的开展。

（二）课堂学习评价注重不同的对象和形式

新的课程方案和课程标准倡导综合评价、多元评价的思路，对学生进行综合评价，包括对平时的表现、学习活动中的探究表现等进行评价，以此决定学生是否达到合格水平。对学生学习效果评价要以学生发展为目标，采用科学的方法对学生的学习过程进行评价，评价内容包括学生学习的质量和水平。

课堂学习评价在课堂教学中大多伴随着任务驱动的展开而呈现。从学生角度来看，评价从实际任务出发，能大大提高学习效率和学习兴趣，以及独立思考、开拓进取的自学能力。学生通过完成任务获得满足感、成就感，激发求知欲。伴随着一个又一个的成就感，加之教师对其能力的肯定，学生就会体会到成功的快乐，保持良好的学习势头。从教师角度来看，评价成为学生之间交流的工具。评价更能促进学生之间的合作学习。合作学习的实施可以促进学生在相互交流中彼此得到启发和补充，使不同类型的学生结合不同的知识结构相互提醒，分享同伴之间不同的思维方式。同样，教师也能从中获得信息，从学生多样的展示中得到启发。为此，教师要充分发挥课堂学习评价对任务驱动教学中学生自主学习和合作学习的促进作用，使其成为检验教学质量的一种手段。

1. 要对学生在学习过程中的参与程度进行评价

一是面向全体学生，为所有学生创造尽可能多的成功的机会。要用合适的评价语言，以多样的手段和方法，使学生能够品尝成功的喜悦，不断增强学习的信心；要抓住机会鼓励学生，从而形成良性学习循环。二是评价学生参与的程度。为防止学生参与活动流于形式，实现对问题深层次的思考，从解决一般问题到深层次问题的思考，需要引导学生深入参与学习。只有这样，才能培养学生主动探究、积极思

---

① 李锋.基于课程标准的教学设计研究［D］.华东师范大学博士论文，2010（03）.

考问题的多种方法的能力。深度学习评价，可以促使学生从解决一般问题到能够发现和掌握新的方法和策略，使学生学会不同思维方式方法的共用，实现创新能力的提升。三是对学生参与的主动性进行评价。学生参与不能局限于外表，不能只看学生说和做，而是要深层次地发现学生是否动脑、有没有进行积极的思考。这一点很重要，如果把课堂设计为"活跃"的表演，看上去学生参与了，实际上学生的参与程度很低，无法发挥评价的作用。

2. 要对学生合作学习中的交流意识进行评价

现代教育理论认为，教学不仅是一个认识过程，也是一个协商与合作的过程。同伴之间的互助交流会使彼此之间产生影响；学生的学习不应该被动听取教师的讲解，而是要不断建构自己的思维模型，形成自身体验。因此，教学过程是一个学生主动学习的过程。具有良好的合作学习意识的学生，可以很好地进行学习调节，取得最佳的学习效果。要做到这一点，对于教师来说，最重要的是做好教学设计，在课堂上舍得"放手"。

3. 要对学生的思维过程进行评价

思维活动程度的强弱决定于一个人的思维品质和逻辑推理能力。对学生的思维过程进行评价，不仅要关注学生是否积极主动地独立思考，而且要关注他们在任务完成过程中所表现出的学科思维策略、水平和品质。具有独立性思维品质的学生，不但善于独立地提出问题和解决问题，而且能够恰当评价和自觉检验自己的思维活动，修正错误，不断改进和提高思维活动的质量；同时，善于评价别人分析问题、解决问题的思维活动，做到对于结论性的东西不盲从、不轻信，有独立的见解。[①]

（三）课堂学习评价讲求一定的方法与策略

进行课堂学习评价的设计要求教师依据学习目标确定评价要点，选择评价方法，安排评价活动，因此，学习评价是在制订学习目标的基础上进行的。核心素养培养取向的化学教学，在目标、内容、活动、情境、评价和策略等方面都有着独特的价值追求，所以化学课堂教学的评价更加注重评价策略的研究。

《普通高中化学课程标准（2017年版2020年修订）》在每一个主题的"教学提示"中都有"教学策略"，强调核心教学策略的运用。那么，什么是核心教学策略呢？所谓核心教学策略，是指对完成教学任务发挥不可或缺作用的策略，如化学演示实验策略和化学理论解释策略等。核心教学策略直接关系到化学核心素养功能的落实，在确定核心教学策略时应当与学科核心素养、教学内容相结合。

---

① 毛金军.重视过程评价 关注和谐发展［J］.小学教学研究，2012（01）.

课堂学习评价讲求一定的方式。美国学校管理者协会认为，大部分孤立的、脱离情境的测验考查传统的基本技能，但对于21世纪十分重要的高级思维并不有效。[①]

钟启泉教授曾指出："探索以表现性评价为代表的新型评价模式，是基于核心素养的课程发展直面的挑战。"在课堂教学中选择具体的评价方式时，最重要的一条原则就是看它能否直接评价学习目标中反映的学习结果。化学课堂教学评价中，如果评价的学习结果是一些事实性的知识（如物质的颜色、状态、密度以及仪器的名称等），那么选择客观性的题目类型（如选择、填空、简答等）就比较合适；如果评价的学习结果是学生解决问题的能力（如设计实验验证盐酸、硅酸、碳酸酸性的相对强弱），那么选择表现性的任务更合适。评价方式的选择要根据学生的学习状况和课堂教学的实际情况来进行，要综合考虑学生学习风格、课堂教学时间、教室空间布局等因素，然后根据评价方式设计不同的教学任务。

什么是表现性评价？新课程实施过程中培训问题研究课题组在《新课程与评价改革》一书中指出，表现性评价指的是"教师让学生在真实或模拟的生活情境中，运用先前所获得的知识解决某个新问题或创造某种东西，以考查学生知识与技能的掌握程度，以及解决问题、交流合作和批判性思维等多种复杂能力的发展状况"。在《现代汉语词典》中，"表现"有两种含义：一是做动词，表示出来、故意显示出来；二是做名词，表现出来的行为或言论等。由此可见，"表现"既可代表过程也可代表结果，表现性评价可以理解为针对结果和过程的多维评价。

到目前为止，国内外专家对于表现性评价在学生素养目标的实现、高阶思维的形成、学力的转化等领域的重要作用已经达成共识，为深化课程改革、优化教学过程、激发学生学习动机提供了新思路。表现性评价是指通过一个个鲜活的表现性任务使学生内在的能力可视化，即将"看不见"的学力转化为"看得见"的行为表现，并通过使用评价量规等工具将学生外在的行为表现诠释出学生能力水平的评价范式，如图1-2-8所示。[②]

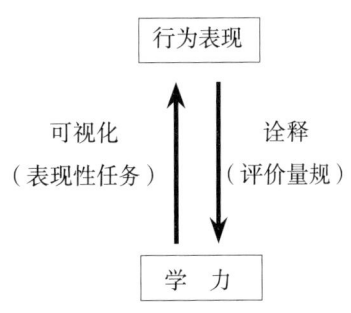

图1-2-8 表现性评价释义示意图

---

① 周文叶.中小学表现性评价的理论与技术［M］.上海：华东师范大学出版社，2014.
② 于丽萍.基于标准的教学："教—学—评一致性"区域实践［M］.北京：中国社会出版社，2021：122.

与传统评价相比，表现性评价有着明确的视域转向，即表现性评价体现"完整的学习历程"。一是评价的手段和内容不同。传统评价主要以选择性题目为主，只能测量学生能做什么，较为抽象、单一。表现性评价必须在真实的或者接近真实的情境下通过具体的表现性任务来解决实际问题，能够引发学生的真实行为。生产、生活中的实际问题就可以作为教学情境，在此背景下设定表现性任务。表现性评价是将学生置于能够产生一定情感反应的教学情境中，使学生能够积极主动地进行学习建构，而不仅仅是简单地获取知识。表现性评价注重结果，更重视过程，兼具质性评价和量性评价的特点。通过表现性评价可以比较好地实现"教学评一体化"。这种过程不仅能发现学习任务的结果，还可以观察到学习历程。学生的表现能暴露学生思维的缺陷，掌控学情可以克服客观性评价滞后的问题。二是评价的主体不同。教师不再是课堂主导者和引领者的角色，而是课堂的"活动设计者"和"观察者"。教师评价、自我评价、小组评价等多元结合，教师不再是主角。对学生而言，要在课堂中找到自我、实现自我，就要注重自身素质提升和自我学习习惯的养成，真正成为学习的主人。三是评价的目的不同。传统评价只是教学目标达成度的一种反馈，是教学结果的一种评判，评价范围窄，对教学很少有促进作用，评价和教学是"两张皮"。表现性评价是"为了学习"的评价，其目的更注重反馈和改进，评价的核心是促进学生的学习。

评价本身也是一个动态的过程。随着评价活动的开展和教学情境的需要，应时时关注评价过程，及时生成新的评价目标，并适时调整评价设计。这种评价镶嵌于整个教学过程，能够起到诊断和激励的作用。

新的课程背景下，新的评价方式要求课堂教学关注学生的全面发展，这就对课堂教学提出了新的要求。

第一，要体现学生的主体性。通过激发学生的学习兴趣，培养学生的学习能力，把学习的权利与责任真正给予学生。以学科核心素养培养为导向的课堂教学必须从学的角度进行推进，从对近年来高考试题的解读中不难看出学习方式转变的重要性。伴随着新高考的不断变化，高考内容和形式的改革都以课程标准为依据，要求学生转变学习方式，以提高化学学科核心素养为导向。为此，教学改革要正本清源，将教与学恢复到其本义上来，即把凸显学的地位和作用作为教学改革的目标。传统的课堂教学中，教师占据主体地位，起着决定性作用，而学生处于次要地位，如同提线木偶一样在教师的指导下被动学习。这种"要你学"的教学形式，严重违背了建构主义学习理论的基本原则，不能让学习呈现知识的主动建构过程。真正的学习不是由教师把知识简单地传递给学生的过程，而是由学生自己主动建构知识的过程。未来社会发展的需要，决定了教师在课堂教学中必须转变原有的思维模式，要通过学生的自主学习活动，促使学生发挥主体作用，打造体现学生主体性的课堂教学。①

第二，要强调学生对知识的应用。传统的课堂教学，学生仅仅是学习理论知识，重在背概念、记公式，而忽视了对知识的实践应用。这种教学方式的后果就是培养出相当多的"书呆子"。很多学生走向社会后，不能将知识与实践结合，无法在实践中应用所学知识，进而造成能力的缺失。社会发展对实践应用能力的要求决定了课堂教学要激发学生的兴趣，帮助学生在各种环境中将理论知识与实践结合起来，从而为服务于社会做好准备。

第三，要突出对学生创新能力的培养。富有创新精神是未来社会人才的重要特征。这就要求教师研究学生的心理和发展特点，认识不同学生之间的差异。在研究学生的心理和发展特点时，面对不断发展变化的学生个体，教师应灵活调整培养模式，并借助多种教学手段和教学方法培养学生的创造性思维，引导学生将自己所掌握的知识转化为创新能力。②

基于学科核心素养培养的化学教学，十分重视评价在教学中不可替代的积极作用，强调评价是与教学过程并行的同等重要的过程，是教与学的重要组成部分，应贯穿于教与学的每一个环节。这一观点不仅揭示了教、学、评三者在课堂中融为一体、不可分割的基本属性，而且明确地告诉我们，最能促进学生发展的教学评价实践应该发生在课堂上，并且在课堂教学的每一个环节之中。这就要求教师在研究、设计和评价每一堂化学课时，不仅要研究、设计和评价教师如何教、引导学生如何学等问题，还要研究、设计和评价在每一个教学环节中教师和学生如何开展评、如何发挥日常学习评价的保障作用，通过在每一堂课的每一个教学环节来落实化学学科核心素养各水平要求、学业要求及学业质量各水平要求等。③

"教学评一体化"作为一种理念，倡导教师在课堂教学中把教、学与评价整合起来，重视开展日常学习评价，以评价促进学生的学习；把评价用作教学工具，使学生的学习行为、教师的教学行为、学习评价行为融为一个整体。这样，才能使评价不再游离于教学之外，而是紧密地融合在师生的整个教与学的活动中；此外，教

---

① 汲飞龙，李爱娟. 任务驱动教学法在教育心理学教学中的应用——以高校教育技术学专业为例［J］. 现代交际，2012（07）.
② 高宏. 这样教学很有效——任务驱动式课堂教学［M］. 天津：天津教育出版社，2019.
③ 房喻，徐端钧. 普通高中化学课程标准（2017年版2020年修订）解读［M］. 北京：高等教育出版社，2020.

师也能及时、有效地了解教学效果，调整教学策略，提高学生的学习目标达成度。

"教学评一体化"强调教学、学习、评价是三位一体的，评价不是孤立的，是持续地镶嵌在教与学全过程之中的，与教师的教、学生的学紧密地交融在一起，相互影响，相互促进。"教学评一体化"中的教学评价主要指的是形成性评价而不是终结性评价，不是教学之后的一个独立环节，不是由教师、学生之外的第三者来进行的。①

"教学评一体化"在实际操作中首先要依据课程标准设计评价目标。学业质量要求反映学生通过学科学习达成的学业成就。学业成就就是核心素养培养导向的总体学业质量在特定主题上的表现，与学习内容具有较高的一致性。依据课程标准设计评价目标是实现"教学评一体化"的重要条件。另外，要加强过程性评价，这是实现"教学评一体化"的重要途径。过程性评价以激励和促进学生的学习为主，可灵活运用活动表现、纸笔测试和学习档案评价等多样化的评价方式，如开展项目式实践活动评估学生的能力发展情况、进行单元测试检验学生的知识学习情况、编制观察量表评估学生的课堂学习情况等，并基于过程性评价结论及时调整下一阶段的教学，实现及时反馈，全面发挥教学评价的激励、发展功能。从课程标准的要求来看，考试评价是教学质量监测的重要手段，基于学科核心素养培养的教学不仅涉及高考，而且涉及不同课程模块的结果性评价和课堂教学的过程性评价。②

学科考评可以很好地保障学科核心素养的培养。新课程实施要求教师在教学中落实学业质量标准，实现教学与考评的一致性，整合过程性评价与终结性考试，建立评价体系对学生进行全面评价，促进核心素养的发展。日常的客观性评价和考试影响教师学科教学的方向和内容，要实现学科核心素养真正落地就必须建立以学科核心素养为导向的考试评价体系。考试评价改革也需要以目标为导向的教学来实施。基于核心素养水平考查的考试命题强调"立意""情境""设问"三方面。命题的"立意"旨在改变以学科知识点为纲、以知识点掌握为依据的质量观，树立以核心素养培养为目的的学业质量观；命题的"情境"要求创新设计，注重学生信息处理能力的提升，试题素材联系实际，突出考查学生的实际应用能力；命题的"设问"侧重于信息的有效提取和迁移应用，具有一定的综合性、开放性。

---

① 王云生．"教、学、评"一体化的内涵与实施的探索［J］．化学教学，2019（05）．
② 毕华林，张羽．指向学科核心素养的化学学科育人体系构建［J］．中学化学教学参考，2022（05）：1．

三、有利于目标教学的实施，切实提高教学效率

教育目标在教学中起着至关重要的作用，教育目标研究也是教育研究领域的一个基本问题。需要注意的是，目标有不同的表现形式，还有不同的制订方法。"教学评一致性"是基于目标展开的具有教育专业特质的教学实践。判断教学实践过程是否具有一致性的基本依据是教师的教和学生的学是否围绕目标展开，评价的结果是否能够客观地反映学生的达成目标，以及是否能够给予教师的教以科学合理的建议。[①]

课程标准是制订目标的依据，在理解课程标准的基础上分析教学资源和学生特点才能合理地建构学习目标，从而创造性地开展教学。不同的目标有着不同的作用。课程目标是一种概括性目标，其实施需要较长的时间和过程。学习目标是较短时间能完成的预期结果，通常意义上的单元教学目标或课时学习目标都是学习意义上的目标。依据对课程标准的理解，可以设置不同形式的目标，从一般到具体、从内隐到外显、从单元到课时等不同形式的目标有着不同的作用。

教学过程中教师更加关注学习目标，因为学习目标比较具体，是短时间内的状态，也是教学中教师面临的最多的问题。课程标准立足于课程总体规划，综合课程的整体目标和阶段性目标还兼顾具体的教学内容，是一个相对"抽象"或相对"具体"的标准，但是学习目标的制订要以课程标准为依托。教育工作者根据教育的阶段性特点还要制订高层面的"教育目标""培养目标"。不同的目标有着不同的形式、发挥着不同的作用，所以，理解课程目标和掌握内容标准是教学的前提。

（一）目标问题是课程与教学论中的一个基本问题

在教学过程中，目标既能表达学习结果又能作为评价结果的标准，是评估教学结果的重要依据。对于某一学科的单元教学或课堂教学而言，为使得课程实施符合课程标准要求、更加具有针对性，就要求对课程目标进一步分解或分层，逐步将课程目标落到实处。通过课程目标和学习目标的制订，可以使课程参与者、教学实施者更加清楚明白所担负的责任和任务。这种宏观目标有利于教师认识高中化学教学的宗旨和意图，所陈述的是宏观事实，为教师提供了他们所追求的某种价值。作为新课程实施者的高中化学教师，务必要明确课程目标，只有这样才能防止"只见树木，不见森林"这一现象的发生。

---

① 于丽萍. 基于标准的教学："教—学—评一致性"区域实践 [M]. 北京：中国社会出版社，2021.

（二）内容标准是课程目标的一种具体表现

从课程目标与课堂学习目标层次的分类来看，内容标准处于中间位置。与课程目标相比，内容标准较为具体；与教师安排的日常课堂学习目标相比，它又较为一般。内容标准是一座桥梁，一侧连接着课程目标，一侧连接着课堂学习目标。内容标准为课程实施的质量提供了保障，又为教师创造性教学留有了余地，为学生的个性化发展留下了较大的空间。[①]

课程标准对教学内容作出了整体要求，分别对必修、选择性必修的课程内容作出分析。《普通高中化学课程标准（2017年版2020年修订）》就每个主题在原有基础上进行了修订。因此，在研究课程标准的内容标准时，要在每个主题下对照内容标准和学业要求对教材进行分析，对相关内容进行整合，对学科核心素养要求进一步明确，还要看修订版课程标准是否有内容删减、是否调整了大概念界限、是否降低了要求等。只有在此基础上进一步结合教材结构和内容分析，才能够深入理解课程目标，为制订相应的教学目标和学习目标提供有力的依据。内容标准通常作为研究课程和单元的依据，要防止片面地把教材作为内容标准。内容标准通常在教学目标和学习目标中呈现出来，其确定对目标教学具有限制和导向作用。因此，"目标导引·任务驱动"高中化学单元教学注重单元教学和课时教学的目标制订。

内容标准可以采用行为性目标的描述方式，也可以采用表现性目标的呈现形式。前者适合"知识与技能"领域的描述，其特点是可测量、易评价，通常指向结果化、可量化的课程目标；后者适合"过程与方法""情感态度与价值观"领域的描述，更适宜于学科核心素养领域的陈述，所以，这种目标往往是过程性或体验性的，是无须结果化或难以结果化的描述。

当然，内容标准也可以从学科核心素养的视角进行陈述，但是学科核心素养往往不是孤立的，不可以机械地或牵强地套用学科核心素养作为陈述内容。学科核心素养着重于发展学生的能力，将创新精神与学科知识结合起来，培养学生"举一反三"的迁移能力，通过引发他们深入思考与拓展迁移，广泛迁移他们的认识视角和认知思路。在对内容标准进行陈述时，无论采用上述哪种形式，都要结合学科核心素养的培养来综合考虑。

（三）学习目标是基于课程方案的单元目标

教师可以根据课程标准、教材内容以及学生的实际水平制订学习目标。明晰的学习目标是指导教学和促进学生学习评价的主要依据，也是教学内容选择与组织的

---

① 李锋.基于标准的教学设计：理论、实践与案例［M］.上海：华东师范大学出版社，2013.

基础。

"当教师能详叙学生学习后所期望反应的细节，清楚地指出期望的学习结果，这些学习结果的描述也就可以作为学生学习后评价的准则，可以确认学生学习后的具体表现。"可见，不同的学习目标需要不同的教学内容和教学方法来支持。学习目标具有一定的现实性。由于不同教师对课程标准理解的不同、班级学习情况的不同、个别教学经验的不同，即使面对相同的教学主题，学习目标也会存在着差异。这种现实性的问题，要求教师能够根据课程标准和教学实际情况制订适合当前学生发展的学习目标。

学习目标的建构需要特定的方法。课堂学习目标是某一节课（或某一单元）对学习结构的预期，建构课堂学习目标是从微观层面解决"学到什么程度"的问题。相对于内容标准，课堂学习目标比较具体，更关注学生学习的真实状态。因此，教学过程中教师就需要根据实际情况、依据课程标准表述学习目标，通过对学生学习目标的指导和评估教学实现"教学评一体化"。

根据美国课程论专家舒伯特的观点，课程与教学目标大体可分为"普遍性目标""行为性目标""生成性目标""表现性目标"，四种不同类型的目标具有不同的价值取向，如图1-2-9所示。

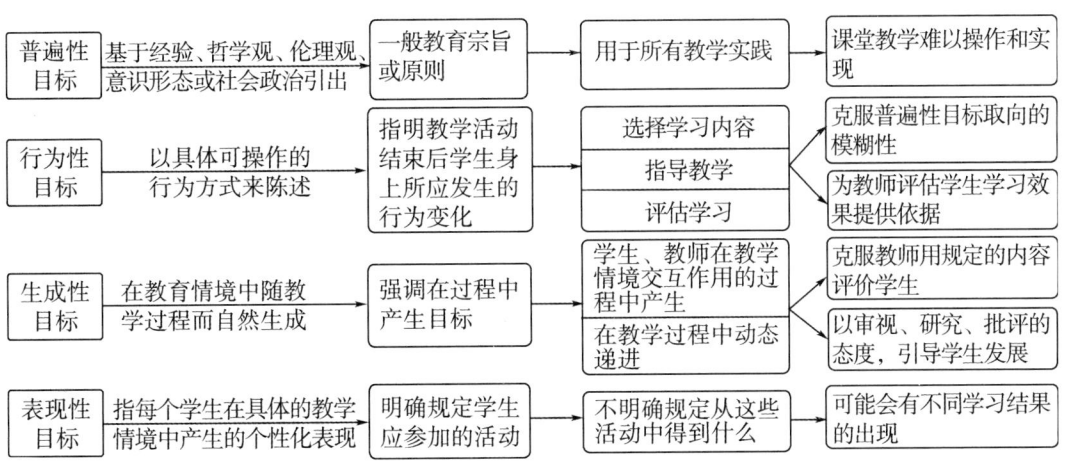

图1-2-9 四种不同类型目标的价值取向示意图

实际教学中还是以"行为性目标"和"生成性目标"两种目标取向为主流。这两种目标也并非绝对对立，实际教学中也不会完全忠实地去执行学习目标。就教师教学实施而言，在教学设计阶段，预期的学习结果是教师进行教学准备和教学评估的关键因素，教师需要根据实际情况认真思考教学后的预期结果，从根本上避免在课堂上随机生成目标开展教学。

（四）教学目标是单元教学设计的要求

单元教学设计是以单元教学中的教学内容以及承载的核心素养要素为载体，制订相应的教学目标和学习任务，综合利用各种教学方式和教学策略而进行的教学设计。基于发展学生核心素养的化学单元教学设计要根据一定的主题内容，确定教学单元，建构知识体系，从学科素养的内涵和发展水平出发，寻找合适的认识角度、认识思路以及相应的认识方式，形成学科特定的思维方式和思想方法，以发展和培养学生核心素养为目标设计的教学活动。[1]

单元教学设计是介于宏观课程设计与微观课时设计之间的一种教学设计理念，是对单元教学目标和单元教学过程进行筹划的过程性设计。为使单元教学设计更能发挥学科素养培养的功能，并远远超过以往的单课教学所产生的教学效果，要求教师站在课程设置的高度，跳出知识的局限，高瞻远瞩，前后关联，整体谋划，头脑中有一个完整的"教学蓝图"。单元教学设计注重单元教学目标，课时教学设计注重课时学习目标。制订单元教学目标，要从学科角度出发，理解学科的概念原理，把握知识的前后联系，识别核心的学科思想与学科脉络，形成结构化知识；要从方法角度出发，进行超越事实的抽象思维，有序开展学科思维和技能方法的学习；要从情感角度出发，始终考虑"激发和保持对化学的兴趣和热情"。在实际教学中，教师也可以根据教学需要，将有关内容进行适当整合，落实核心素养为导向的课堂教学；根据教学目标，以"单课"形式进行教学设计，从不同的角度以不同的形式进行教学设计，制订课时教学目标。

理解和确立了教学目标的地位以后，教师进行单元教学设计时需要发挥单元教学目标承上启下、前后关联的作用。单元教学目标能承接课程目标、课时目标。做好单元教学目标的研制有助于加强课时目标之间的关联，增强课时设计的逻辑性；有利于学生建构结构化的知识体系，引导他们灵活地进行迁移应用。因此，教师要注重单元教学目标的研制。

为发挥单元教学目标的统领作用，首先要建立以学科核心素养为上位的课程目标。为此，要以课程标准作为立足点，不能凭主观经验降低学生的认知水平、缩小学生的学习范围，更不能人为降低或拔高教学目标而造成无效或低效教学。另外，要把教材作为单元教学目标设计的着眼点，但不能把教材内容等同于教学内容"拿来就用"；要精心研读教材，分析教材各栏目的设计意图，同时比较不同版本教材，发现不同版本教材对课程标准的理解与呈现方式，找出差异，取长补短，这样

---

[1] 黄国乐. 基于发展学生核心素养的化学单元教学设计实践探索［J］. 中学化学，2022（07）.

才能决定学生具体学什么、怎么学、怎么评等问题。

制订单元教学目标的关键是要把握住学情。基于学情的目标常常依据下列问题：如何基于学情划分课时？如何选择学习主题内容？如何根据学情分配时间？如何动态管理和评价？基于学情的教学设计才是有效的设计。学习目标反映的是学生预期的学习结果，要想准确定位，必须进行学情分析。教学实践中，每一个学生都是浸润着以往学习知识和经验的个体，只有真正了解其现有知识经验和心理认知特点，才能确定学生在不同领域、不同学科和不同学习活动中的最近发展区，才能设计出最适切的教学目标。[①]

学科核心素养是学生个体在面对复杂的情境而综合运用学科知识、观念和方法解决现实问题时所表现出的必备品格与关键能力，是教学的终极目标。因此，三维目标不是教学的终极目标，而是核心素养培养的要素和路径。

首先，落实学科核心素养培养目标，就要将素养目标落实到课程实施、单元教学、课时教学目标中。当前，课堂教学需要确定学科核心素养的单元教学目标、课堂教学目标，需要设计基于核心素养培养的课堂学习任务及任务之下的学习活动，需要建构和实践基于学科核心素养培养的课堂教学评价。"目标导引·任务驱动"高中化学单元教学的单元设计很好地解决了这些问题，使得学科核心素养培养形成了一个立体的框架。前面介绍的单元教学整体框架中各个因素之间的逻辑关系就充分说明，单元教学设计都是以学科核心素养培养为目标的。

其次，核心素养培养导向的教学要求重新建构教与学的关系。新的教学理念重视学习主体的作用。学是先于教的活动，教是为学服务的。在这种理念指导下，要真正落实学生的主体地位，以学定教，实现少教多学、教学相长，才是基于学习的教学。从现实来讲，"深化课堂教学改革是十多年来新课改一直强调的，但现在改革进入全面深化阶段以后，课堂教学改革的重点和核心在哪里？答案是教与学关系的根本性调整。从总体上来说，目前课堂教学还没有普遍地实现根本性的转变，我们所期待的那种新型的课堂还没有普遍地建立起来，根本问题就在于——还没有有效地调整好教与学的关系，课堂还没有从根本上实现由以教为主向以学为主转变"。[②]

"目标导引·任务驱动"高中化学单元教学是以教学目标为导向、以学习任务

---

① 于丽萍. 基于标准的教学："教—学—评一致性"区域实践[M]. 北京：中国社会出版社，2021.
② 田慧生. 落实立德树人根本任务 全面深化课程教学改革[J]. 课程·教材·教法，2015.

为动力的教学模式，要根据过程性评价及时把握学生的学习状态，合理调控教学设计。教学设计和教学活动以教学目标为导向，以学生学习为主线。这种以学习为主线的课堂被称为"学习中心课堂"，在形式上将不同的教学组织结合起来，同时体现学生个体学习（自学）、小组学习（互学）、全班学习（共学）等，打破了传统的课堂模式。这种教学不是"填鸭式"教学，而是激发学生的潜能，引导他们创造性地学习。因为最好的教育是自我教育，没有学生自我参与的教育只是一种外在的灌输，无法达成培养学生学科核心素养的预期目标。

第二章
"目标导引·任务驱动"高中化学单元教学的理论基础

研究并实施教学设计，除了要优化影响教学实践的客观要素外，还要从教学原理出发，认真学习和领会国内外教育理论与实践倡导的各种教学思想和方法，做好理论与实践的结合，更好地实施新课程改革，落实以核心素养为导向的课堂教学的各项任务。

本章第一节《逆向教学理论》主要论述逆向教学理论的内涵与模式，并结合目前高中化学教学设计的应用，分析展示有关研究实例，分享对该理论的学习体会，旨在通过对逆向学习思想的研究，强调学习结果及其评价的重要性，从而巩固"目标导引"的功能。

本章第二节《深度学习理论》，则根据有关理论阐释"深度学习"的含义，简要分析"深度学习"的实践策略，结合高中化学单元教学设计对深度学习进行拓展研究和分析，为将该理论渗透到单元教学设计中奠定基础。

第一节　逆向教学理论

美国教育家格兰特·威金斯和杰伊·麦克泰于1998年提出了"追求理解的教学设计"（UbD）。该教学设计的重点是"理解"和"逆向设计"，强调进行"由终至始"的逆向单元教学设计。这一理论简称为UbD理论。

UbD理论提出的"由终至始"的逆向设计是从长期的学习结果出发，经历预期结果、提供证据、学习计划三个教学过程的教学设计。这样的设计可以避免"覆盖教材内容"和"活动导向教学"的弊端，避免教师成为学生学习内容和活动的"供应商"，改变了传统意义的"搬运式"的教学思想。概括而言，逆向教学设计摒弃了内容导向的逻辑起点，把获取知识当作方法而不是作为最终目的。

UbD理论以认识心理学和神经科学为基础，将学生的"勤学苦练"转变为"理解运用"，将"死记硬背"转变为"学习迁移"，将"现成答案"转变为"重要观点"；同时，强调"大脑感知""体验学习"以实现"长期记忆"，强调"真实情境"以实现"主动建构"。

顾名思义，"以理解为目的的逆向教学设计"强调的关键词是理解和设计。那么，什么是理解和设计呢？理解不是复述，不是简单的知道，也不是知识在真实情境中的应用。理解的含义是多方面的，其目标涉及更复杂的教学环境及其评价。明确了理解为先的目标，才会专注于设计教学评价、设置教学活动，这就是设计。逆向设计的三阶段"预期结果""提供证据""学习计划"支持理解的观点。这里的三阶段又可以表述为"明确目标""落实评估""安排活动"，以学习目标作为出发点和归宿点统领设计的各项要素，使其相互关联形成大概念、大单元。因此，逆向设计旨在规划课程单元，具体的课时教学是在完整的单元设计背景下得以实现的。

怎样简单地说明"以理解为目的的逆向教学设计"呢？除了将其认定为一种思考方式外，还可以有一种全新的认识，即我们不以内容为起点，而以期望学生掌握内容之后能够做什么为起点。如此看来，逆向教学设计就好像是在汽车上安装定位系统。

一、逆向教学设计的基本思想、教学价值与主要优势

（一）基本思想

逆向教学是达到最终目标的一种手段，教学规划要体现在教学之前。基于理解的教学设计一开始就要明确学习结果，还要有学习真实发生的证据。逆向教学设计过程旨在规划单元教学，因此，基于理解的教学还涉及复杂的教学环节及其评价。

基于对有关资料的分析，逆向教学经历发展过程见表2-1-1。

表2-1-1 逆向教学经历发展过程

时间	有关人员或团体	有关逆向教学研究
1945年	美国数学家波利亚	发表著作《怎样解题》，指出希腊人早就提到将"逆向思维"作为解题的策略。
1948年	美国教育家拉尔夫·泰勒	聚焦将"逆向思维"作为有效教学设计。
1949年		出版《课程与教学的基本原理》，被誉为"现代课程理论的圣经"，提出"泰勒原理"。
1977年	罗伯特·加涅	指出如何分析不同的学习结果和相应的学习类型。
1988年	罗伯特·马杰	
20世纪80年代	美国教育	"成绩评价运动"成为热潮。
1994年	威廉姆·斯派迪	推广从结果出发的"逆向设计"。
1998年	美国教育家格兰特·威金斯和杰伊·麦克泰	第一次出版Understanding by Design，正式提出"逆向设计"，并进一步描述其操作模板、过程和案例。
2001年	华东师范大学闫寒冰等	开始翻译Understanding by Design。
2017年		出版《追求理解的教学设计》，成为广大教师的研究热点和教学尝试的依据。
2003年	浙江大学教育学院盛群力等	关注UbD理论，撰写有关章节、论文等。
2005年		出版《教学设计》教材，阐述当代教学设计十大模式。
2018年		出版《理解为先模式——单元教学设计指南》，为各级各类学校校长、教师以及教研部门、督导部门、培训行业提高教学质量提供便利。

逆向教学设计看起来似乎是显而易见的概念，其实它的一个很大的特点就是明确短期目标和长期目标，提出更恰当的评价方法，教学目的性更强。逆向教学设计

强调从长远的学业表现为出发点设计教学，而不仅仅是从零散的、碎片化的知识记忆出发设计教学。这种从预期学生改变出发的逆向思考的方法，要求我们认真寻求学生学习发生的证据。

逆向教学设计是一种"以终为始"的设计，是从学习结果开始的逆向思考，它由以下三个阶段组成。

阶段一：确定学习目标。 首先需要了解教学目标，审视课程标准的目标并充分解读，明确课程实施的期望，思考以下问题：什么学习内容是学生应该知道、理解的？什么学习任务是学生有能力做到的？我们期望学生掌握哪些大概念？这些问题的答案实际上存在于单元目标中，从学习目标出发，获得学生必须理解的大概念，依据大概念进行主要问题的设置，让学生在问题探究中理解与应用这些大概念、掌握相关的应知所能。

阶段二：设计评价活动。 该阶段要求我们能够回答：如何知道学生理解了？这实际上是要求我们先于教学活动设计评价活动。基于学习目标指向设计评价活动，对于理解类高阶学习结果来说，往往需要设计表现任务或其他评价任务来收集评价学习效果的证据。①

阶段三：制订学习计划。 该阶段要求从学习角度列出主要的学习活动，需要教师把握学生学习活动中的一系列问题。②

UbD理论强调单元教学设计，在单元规划和设计过程中制订什么样的"设计标准"成为UbD理论要解决的核心问题。如何使学生积极参与、主动学习、收获颇多，使他们在学习过程中获得理解呢？评判性评价的体现，就是在课程规划和单元设计中采用自我评价和互相评价结合的办法。逆向设计逻辑顺序如图2-1-1所示。

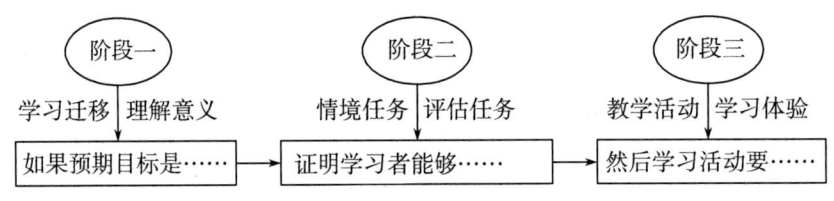

图2-1-1 逆向设计逻辑顺序示意图

---

① 邵朝友，韩文杰，张雨强.试论以大观念为中心的单元设计——基于两种单元设计思路的考察［J］.全球教育展望，2019（06）.

② 江合佩，王春，潘红.核心素养下的化学单元整体教学［M］.福州：福建教育出版社，2021.

（二）教学价值

日常教学中过分注重获取简单的结果，不注重长期的理解，这种做法很容易导致学生用一种低级的、刻板的方法来学习，不能进行深入的探究。理解为先的教学模式能够克服这些固有的套路。教师的教学旨在使学生理解可迁移的概念和过程，将知识和内容应用到真实的情境中，学生通过主动建构（即理解）来巩固所学的知识和技能。

基于理解的教学旨在发展学生的学科核心素养。教育的目的不是知识本身，而是以知识的获取为载体，重在理解知识的本质及其蕴含的学科思维和能力，在这一学习过程中获得学科之外的能力和价值，这就是学科核心素养培养。要落实"立德树人"目标任务，就要将学科核心素养渗透到学校教育教学中，课堂就是学科核心素养培养的主阵地。由此可见，基于逆向教学设计的单元教学承担着学科核心素养培养的重要责任。要实现"立德树人"根本目标，发展学生的学科核心素养，就要落实课程目标，将学科核心素养落实到课程规划中；在单元教学设计时要渗透学科思想观念和思维方法，并在课时教学中逐步实施。基于理解的教学设计承载着核心素养发展的功能，在教学中逐步实现教学目的的转化，其转化关系如图2-1-2所示。[1]

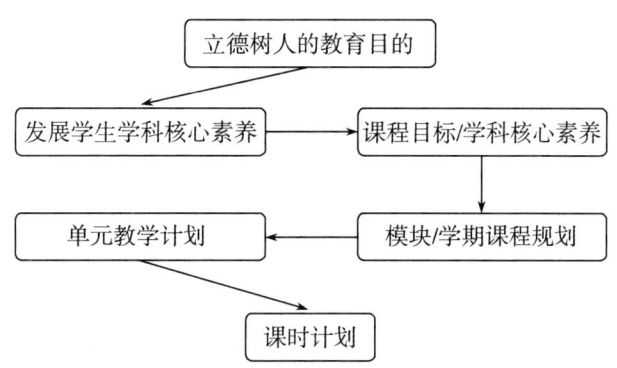

图2-1-2 基于理解的教学设计示意图

逆向教学设计要求本身有明确的目标、评价及活动，这就是单元教学的要求。这样的教学策略是对教师的极大挑战，要求教师设计一系列连贯的、有重点的生成性学习，防止将动手和动脑相混淆；同时，要杜绝"覆盖教科书"唯教材论的片面做法，合理安排教学内容，明智审慎地使用教科书。这样的设计会逐渐促进教师教学立场和角色的转变，促进学生学科观念的形成，落实学科核心素养的培养。

---

[1] 张旭东，孙重阳. 由峰至原：中学化学逆向教学设计的探讨与实践［J］. 化学教学，2019（03）.

(三)主要优势

逆向教学设计要求教师从"输出端"开始进行教学设计,对于学习结果要有明确的预期,在这一过程中教师要充分思考"什么样的评价活动可以证明学习目标的达成""达成这些目标的证据是什么"等问题,确保所有教学活动都是在以预期的学习结果为导向的情况下有序进行的。①

基于UbD理论,单元教学设计要关注三个问题:我们要到哪里去?我们怎样才能到达那里?如何证明我们到达了那里?与之对应的分别就是教学目标、教学活动、教学评价。这种"目标""教学""评价"三位一体的教学设计模式成为单元教学设计的最重要的模式。

转变教学行为,有助于学生达成学习目标。逆向教学设计改变了平均用力的教学思路,注重教学行为和教学内容设计的层次性和先后顺序。传统的教学设计的两大误区是"活动导向教学""覆盖教材内容",前者忽视学习目标的作用,后者无法以大概念统领教学。对此,格兰特·威金斯设计了优先次序框架,如图2-1-3所示。

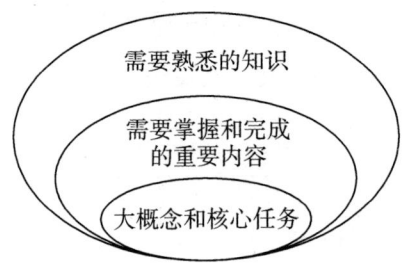

图2-1-3 教学设计优先次序框架示意图

由图2-1-3可以看出,教师要以大概念、大主题为核心对教学内容进行取舍整合,对教学内容、教学活动进行设置,在教学活动的实施过程中关注学生认知水平和观念的形成,并及时进行调整,从而形成恰当的教学行为。

二、逆向教学设计的应用模板

从微观层面分析,UbD逆向教学设计关注评价证据。教学实践中的"进阶"都需要评价证据的支撑,这就提醒我们要根据目标、思维、方法等的"进阶"收集学生在知识、思维、大概念理解发展层级中的具体表现,进而形成明确的、连贯的评价证据,实现精准评价、以评促学。

从宏观层面分析,UbD逆向教学设计明确了操作模式,更重要的是突出了大单元教学设计、聚焦大概念,更加关注学习活动。这正是核心素养培养路径的全面外

---

①刘英琦. 以深度理解促进学生学科核心素养发展的教学研究[J]. 中学化学教学参考,2021(03).

显，对于落实学科核心素养培养为目的的课堂教学给予了强力支撑。这种设计可以重建以学科核心素养培养为导向的教学观，重建教学关系。[1]

预期的学习目标要以国家课程标准为依据，不可脱离实际或学生的认知发展要求。在逆向教学设计的阶段一，仅仅考虑以上因素还是不够的，要制订基于理解的学习目标，把掌握知识与技能当作达到终极目标的手段。另外，学习的主体是学生，切不可站在教师的角度衡量学习的重点。

在确定评价方式时，绝非传统教学中单一的试题检验，而是将评价内容、评价任务、评价方法等多种要素融入教学评价的设计过程之中。在制订相关计划时，教师要考虑多方面问题：学生需要获取哪些知识或技能？这些知识或技能获取又需要何种支撑材料或学习活动？然后在此基础上设计教学框架及整体教学计划。对此，逆向教学理论具体解释了三个阶段的内涵，有关范例见表2-1-2。

表2-1-2 基于理解的逆向单元教学设计的范例

阶段一：确立学习目标	
既有的学习目标。 这项课程设计工作处理哪些相关的目标（如学科课程标准）？	
理解： 学生将会理解…… ①哪些大概念？ ②期望学生理解的具体的大概念有什么？	主要问题： 有哪些启发性的问题可以增进探究、增进理解、增进学习迁移？
学生将知道……学生将能够…… 通过本单元的学习，学生将知道什么？能做什么？ ……	
阶段二：评价设计活动	
表现性任务： ①学生将通过哪些真实的实践任务来表现期望的学习结果？ ②理解能力的实际表现会以哪些标准来判断？	其他证据： ①学生将通过其他哪些证据（如随堂检测、正式检测、开放式问答题、观察报告、家庭作业等）来表现达成期望的学习结果？ ②学生将如何反思及自我评价其学习？

---

[1] 余文森.核心素养导向的课堂教学[M].上海：上海教育出版社.2017.

续表

阶段三：制订学习计划
学习活动： 哪些学习活动和教学活动能使学生达到期望的学习结果？课程设计需要回答以下问题： ① W=如何帮助学生知道这个单元的方向和对学生的期望？帮助教师知道学生之前的知识和兴趣（Where）？ ② H=如何引起（Hook）所有学生的兴趣并加以维持（Hold）？ ③ E=如何使学生做好准备（Equip），帮助他们体验（Experience）关键概念的学习并探索（Explore）问题？
① R=如何提供机会使学生重新思考（Rethink）及修正（Revise）他们的理解和学习？ ② E=如何促进学生评价（Evaluate）自己的学习及学习的含义？ ③ T=如何根据学习者的不同要求、不同兴趣、不同能力进行因材施教（Tailor）？ ④ O=如何组织（Organize）教学活动，使学生的专注和学习效能达到最大限度并得以维持？

这些范例显示，教师在确立学习目标阶段，要围绕课程标准，对学习结果进行多元化、多方位描述；在评价设计活动阶段，要将任务方式多样化并且补充其他证据类型；在制订学习计划阶段，则要围绕综合WHERETO七个要素，设计学习活动，提升学习体验效果。[1]

通过与传统教学案例的比较分析，可以加深对UbD理论的理解。对教师而言，这是有很大帮助的，那就是可以发现这些范例的价值所在，同时发现传统学习设计的不足之处。

三、逆向教学设计的研究现状

UbD理论逆向教学设计使教师关注学生的理解，重构教学设计思路。逆向教学设计根据预期结果设计教学目标，主张优先考虑预期的学习结果；与传统教学相比，在开展教与学的活动之前，先思考经过学习后学生要达到什么样的学习目标，关注期望的结果，然后进行合适的教学设计。近年来，许多一线教师认真研究"追求理解的教学设计"，并不断实践探索，逐渐形成了一些成果，值得广大教师、教学研究者借鉴学习。

（一）聚焦核心素养的落实

基于UbD理论的内涵，首先，聚焦大概念，更加强调教学目标和学习活动的一

---

[1] 张旭东，孙重阳. 由峰至原：中学化学逆向教学设计的探讨与实践［J］. 化学教学，2019（03）.

致性；其次，逆向教学设计强化目标指向、具化达成证据、活化教学流程，依据课程标准，从学生学情出发，注重过程性评价，同时强调学习体验和学习进阶。逆向教学设计实现了由"导教"到"导学"的转变，落实学科核心素养培养。山东淄博高新区实验中学徐迎春、淄博市博山中学靳辉老师在《基于UbD理论的化学反应质量守恒教学》一文中，列出了UbD三阶段逆向设计与学科核心素养培养的关系，如图2-1-4所示。[①]

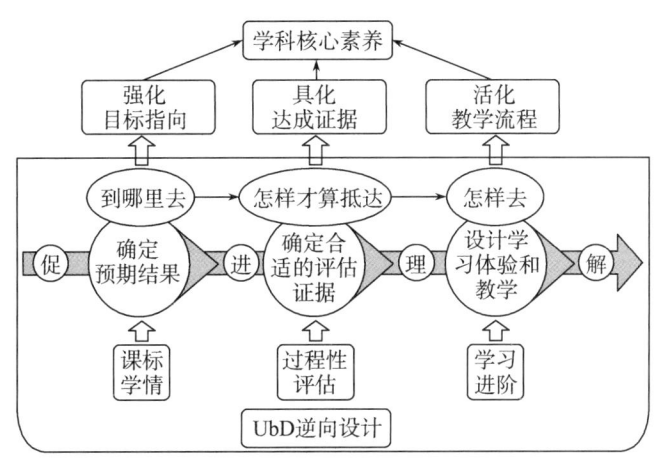

图2-1-4　UbD三阶段逆向设计与学科核心素养培养的关系示意图

追求理解的教学设计对于理解的层次进行分类，进而促进深度学习，落实学科核心素养培养。学科核心素养培养的教学要以学科大概念和核心任务为统领，深度挖掘化学知识蕴含的认识功能和素养发展功能，有效组织单元主题教学。深圳第二外国语学校刘英琦老师在《中学化学教学参考》分别就学科核心素养发展的教学研究发表了三篇文章，其中《以深度理解促进学生学科核心素养发展的教学研究》一文对于"四层四环"综合教学模式，阐明了学科知识、学科核心素养以及"四个基本教学活动环节""四个理解层次"的相互关系和运行机制，构成了"四层四环"综合教学模式，如图2-1-5所示。[②]

---

① 徐迎春，靳辉.基于UbD理论的化学反应质量守恒教学［J］.中学化学教学参考，2021（11）.
② 刘英琦.以深度理解促进学生学科核心素养发展的教学研究［J］.中学化学教学参考，2021（03）.

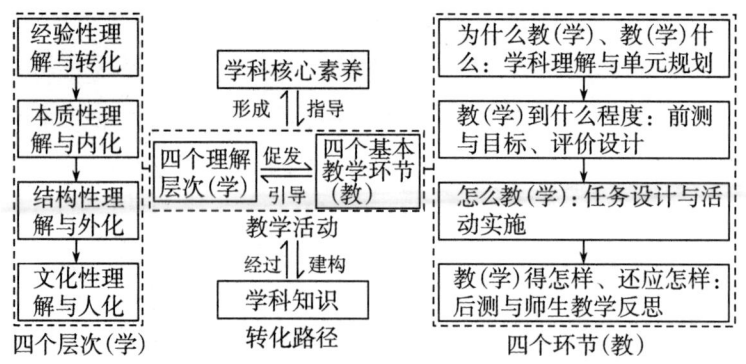

图2-1-5 "四层四环"综合教学模式示意图

（二）注重教学模式的建构

学习目标是促进核心素养培养目标落地的关键因素和有效抓手，实现从学科本位到以人为本的转变。制订学习目标不能仅仅从教材出发，而应该围绕学习主题，基于课程标准和学情等系统地思考学习情境以及学科核心素养培养要求，结合课程标准制订学生需要理解的学习目标，建构理解框架，这一过程可以帮助教师深度备课，也有利于教师判断学生已有的学习经验和学习目标之间的距离，为引领学生深度学习做好铺垫，从而更好地建构教学模式。合理的、明确的学习目标可以帮助教师寻找达成学生学习目标的学习支架，进一步设计符合学生认知特点、目标指向明确的探究活动，使活动过程成为发现证据、接近目标的过程。

从这一立场出发，学习目标也可以驱动教师不断进行逆向教学设计的研究。在教学设计过程中，教师要从备课环节就开始思考教学的设计问题，为给学生提供达到更高层次的理解水平的学习支架做好准备，破除传统的机械学习、碎片学习、被动学习。这种"以终为始"的设计可以从长期的预期学习结果出发，避免"以教为主""全面覆盖教材内容"的弊端，避免出现学习目的不明确、重点不突出等现象。逆向教学设计模式从课程标准、学习目标、学习评价、教学活动、学情分析方面建立了相互关联，使教学设计成为一个整体，如图2-1-6所示。①

---

① 胡清. 指向深度学习的逆向教学设计——以"构成物质的微粒"为例[J]. 中学化学教学参考，2021（02）.

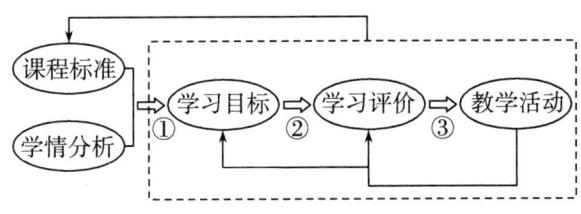

图2-1-6 逆向教学设计模式示意图

与传统教学相比，逆向教学明显的特点是克服了"备课→上课→评价"的教学设计思路，以预期结果为出发点，结合课程标准建构理解框架，开展持续性的评价活动。UbD三阶段逆向设计思路与传统教学设计思路对比具有明显的不同，根据该理论可以建构新型的教学模式，如图2-1-7所示。[①]

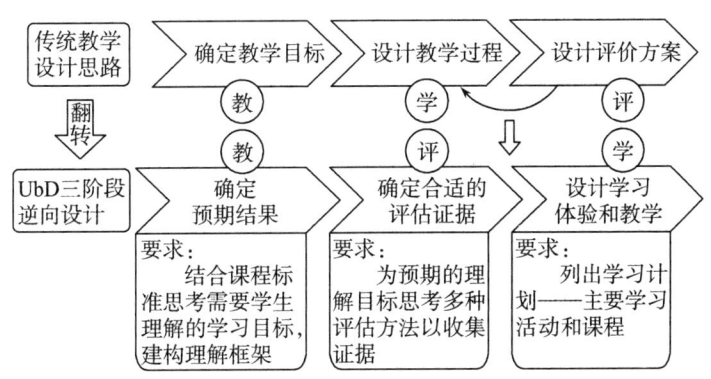

图2-1-7 UbD三阶段逆向设计思路与传统教学设计思路示意图

四、逆向教学设计的学习启发

我国许多教育工作者多年前就开始接触UbD理论，并通过大量的翻译工作对格兰特·威金斯和杰伊·麦克泰合作的UbD理论进行研究。早在20多年前，华东师范大学闫寒冰教授、浙江大学盛群力教授等就开始关注并翻译有关书籍，近年来整理出UbD图书和若干网站资料，翻译出版多部书籍。浙江海洋大学何眸在10多年前就对UbD模式做过专门梳理和相关论文翻译，并发表多篇论文。目前，随着课程改革的不断推进，人们对大单元教学、深度学习的研究逐步深化，UbD教学理论又成为人们学习和研究的热点。

UbD教学理论倡导"逆向设计"原理，同时明确三阶段教学目标，即"掌握知能""理解意义""实现迁移"。这三种目标具有不同层级的意义，各个目标层级环环相扣。我们所认识的这一教学模式还只是冰山一角，要对这一教学模式具有较为透彻的理解与掌握，还要进行深入研究与实践探讨。

[①] 徐迎春，靳辉.基于UbD理论的化学反应质量守恒教学［J］.中学化学教学参考，2021（11）.

（一）接受一种新的教学思想

明确教学设计要从基本问题出发。教学设计的关键是从预期结果出发，规划评价方案，设计教学活动。那么，单元教学设计的原动力是什么？教学的核心观点或基本问题是什么？怎样规划评价的措施与方法？

一种新的思想是"为理解而教就需要我们的设计和方法能够促进持续性地开展质疑"。所以，单元教学就必须是基于理解的教学，也就是说，不能局限于掌握知能。那么，似乎我们之前设计的许多问题不是基本问题，而只是在寻找正确的答案，不是提出一些开放性的质疑。至今，教师和学生都习惯于学习就是一个习得的过程，但真正的基本问题是值得提问的——并且是一问再问，如"如何服用补铁剂""怎样配制不同的消毒剂""吃什么食物可以预防青春痘""为什么化学反应是可以控制的"……

基本问题的形式常常是开放的术语，如"为什么……""通过何种形式……""怎样才有可能……"。由此可知，创设真实情境进行教学设计是一个必然方向。但是，问题的形式不是目的，问题要紧紧与活动和评价的形式结合在一起。目前倡导的大单元（大概念）教学、项目化学习的设计都离不开问题设计。如何验证自己所拟的问题是知识性问题还是基本问题，可参考表2-1-3。[①]

表2-1-3　验证自己所拟的问题是知识性问题还是基本问题

知识性问题	基本问题
有具体的、直接的、毫无疑问的答案。	用来探索、讨论、持续复习与反思。
被用来促进事实性复述而不是产生持续性质疑。	拥有多种貌似正确的答案，并且这些问题的答案总是能够激发一些新的问题。
更有可能是由教师或教科书所提出的，而不是某个好奇的学生或现实世界里的人。	会鼓舞或引发思考，并且能够激发学生参与持续性的质疑和思维拓展。
更注重修辞而不是实际意义。	反映了那些真实的人在工作或生活中严肃的实际问题，而不仅是那些被教师问及的问题。

（二）明确目标与知识的类型

UbD单元包含四种不同的学习目标：理解、迁移、知识、技能。进行逆向教学设计时，对于知识、技能目标而言，我们非常熟悉，这两个目标属于传统意义的"习

[①] 格兰特·威金斯，杰伊·麦格泰. 理解为先模式：单元教学设计指南［M］. 盛群力，沈祖芸，等译. 福州：福建教育出版社，2018.

得",它们不同于理解,更不是新情境中的迁移,属于"习得"的低阶水平,而理解、迁移属于"习得"的高阶水平。对于这两种不同水平的目标,可以类比驾驶中的驾驭目标分类进行理解,见表2-1-4。

表2-1-4 驾驭目标分类

目标类型	低阶目标		高阶目标	
	知识	技能	理解	迁移
驾驶示例	交通规则 道路规划 车辆特征、性能 维护 ……	刹车、转弯、停车 安全驾驶 及时反应 ……	防御性驾驶 预见性保护 适应天气、路况、交通 ……	文明驾驶 避免风险 应对困难 评估路况 ……

UbD理论认为,知识是指掌握事实、定义和基本概念(陈述性知识),技能是指能够熟练操作某一动作或过程(程序性知识)。对于知识的分类有必要进一步分析和研究。浙江大学盛群力教授在"单元教学设计非常6+1表"中所说的"明类型"就是要明确知识分类,将知识分为三种类型,即"是什么"知识(事实+概念)、"如何做"知识(程序+规则+步骤)、"为什么"知识(动力+策略+原理)。这种分类方法不难理解,教师在教学中可以据此对某单元内容进行分类研究。

布卢姆教育目标分类学将知识分为四种类型:事实性知识、概念性知识、程序性知识、元认知知识;同时,将知识的认知维度分为两个层次:低阶水平(记忆、理解、应用),高阶水平(分析、评价、创造)。布卢姆认知目标二维框架见表2-1-5。这种二维框架是布卢姆等人通过不断修订目标分类之后的结果,以此为依据可以进行学习目标的制订。[①]

表2-1-5 知识维度与认知过程维度

知识维度	认知过程维度					
	记忆	理解	应用	分析	评价	创造
事实性知识						
概念性知识						

---

① 孙金凤. 高中化学变化观念与平衡思想的教学实践探索——以"化学平衡"为例[D]. 四川师范大学博士论文,2021-06-07.

续表

知识维度	认知过程维度					
	记忆	理解	应用	分析	评价	创造
程序性知识						
元认知知识						

（三）界定单元教学设计概念

单元应该是包含一系列意义丰富、相互联系的学习活动，这些活动可以激发一般教学中所没有的预期成果。单纯将课时目标分散，形成的是片段教学和短期学习。

单元教学设计就是在原来的教学设计基础上进行修改，或者像一张白纸一样，从头开始设计都是可以的。首先，单元教学设计过程总是比想象的要复杂得多。这与根据烹饪书中的食谱做菜不同，读者依照食谱做菜就省去了钻研食谱时反复推敲的过程。单元教学设计是一个复杂的反复修改设计的过程，可以克服原来只关注事实或无关紧要的内容等方面的不足，强调学习结果，关注学生心理认知的特点，注重科学思维规律。单元教学设计要求开发与单元主题相关的引人深思的基本问题，这些问题可以促进持续性的质疑。所以，单元教学设计需要持续编写或修改、尝试，无论以前沿用的是什么思路或教学模式。科学地进行单元教学设计，就要深化对逆向教学理论的研究。在单元教学设计实践中，要不断学习、持续改进，不能有"拿来主义"的思想，更不能图省事、走捷径，试图一蹴而就。

（四）重新审视教材的地位

教材是教学的主要依据。在传统教学中，按照教材的编写顺序及知识体系推进课时教学，辅助阶段性的检测是教学常态。但是，无论教材的质量多么好，它们的呈现方式都不是逆向设计的，这一点明显与UbD理论冲突。

教材内容具有以下特征。一是根据主题进行编排，而不是以迁移目标为依据编排，提供的是一套完整的、符合逻辑的内容以及围绕主题的零散的活动。二是重视掌握知能，忽视理解和迁移。如果根据教材开展课堂教学，还需要确立理解和迁移目标，并为其制订合适的评价办法和评价活动。三是教材不一定适合课堂上各种学习风格、兴趣和能力的学生。不同的地域、学校、班级，不同的群体、个体，不同的时段、年龄等都具有不同的学情，对教材的使用除了要对有关内容进行取舍外，还要进行相应的改造或创造，真正做到"用教材教"。

鉴于新课程实施背景下实行"一标多本"，我们要用教材教而不是教教材，教材应该作为目标资源为单元设计服务。目前，高中化学教材有人教版、鲁科版、苏教版三个版本，通过比较分析可以借鉴互补、理解通用。受到教学进度、阶段性检测等影响，教师在教学中对不同版本教材的比较和研究往往不充分。尽管单元教学设计不一定依照教材的内容顺序进行，但实施单元教学还是要加强对教材的研究。当然，研究教材的前提是做好新旧课程标准的对比分析。

（五）理性看待功利测试

受应试教育的影响，功利性的"问责考试"制约了课程标准的实施，制约了课堂教学中学科核心素养的培养。顾明远先生认为，教育的本质是"提高生命的质量，提升生命的价值"。目前教学中存在"牺牲大多数人的利益，成就少数人的利益"等不合理现象，追求升学率和分数排名是客观存在的，也是学校、学生挥之不去的痛。

有些教师对实施课堂教学改革有一些顾虑，那就是担心影响分数。实践证明，不进行课程改革，忽略学科核心素养培养的落实，仍一味地追求分数，不仅不能提高高考分数，反而会使自己的教学越来越被动。

逆向教学设计将学习目标贯穿于教学的整个过程，通过对评价的预先设定保证了学习目标与学习经验的一致性，通过过程性评价的开展确保学习目标的有效落实。逆向教学设计一个重要的特征就是评价设计先于教学活动设计，它是一种动态的方式，为保证教学有序、动态地开展，将目标、评价、学习经验组成了一个有机的整体。逆向教学设计能将松散的教学整合为一个有机的整体，所以越来越受到人们的关注；即便是对于高中复习课、讲评课等课堂教学，也可以尝试逆向教学设计，甚至对某个题目的解析、某个专题的突破都可以渗透逆向教学思想。

第二节 深度学习理论

一、深度学习概念诠释

（一）什么是深度学习

1. 深度学习是国际视域的学习理论

美国国家研究委员会在主题为"为生活和工作而教育：培养21世纪可迁移的知识和技能"报告中指出，深度学习的本质是形成可迁移的知识，能够让学生将从一个情境中习得的知识应用到其他情境中。

美国迈克尔·麦克道尔在《为迁移而教》中将学习迁移的发生分为三个层次：表层学习、深度学习、迁移学习，如图2-2-1所示。对三者的描述及回答的问题见表2-2-1。

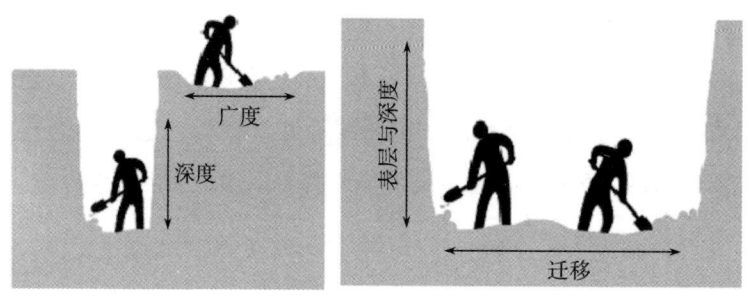

图2-2-1 麦克道尔学习迁移三层次示意图

表2-2-1 麦克道尔关于学习迁移三层次的描述及回答

比较项目	复杂性描述	回答以下问题
表层学习	我可以定义并标记想法和应用技能，但我不能把这些想法和技能联系在一起。	我需要理解的关键属性或理念是什么？ 关键技能是什么？ 我如何解决这个问题？
深度学习	我能够将想法和技能联系起来，但不能把这些想法和技能应用到不同的情况中。	这些想法和技能是如何联系起来的？ 为什么要应用某种策略来解决问题？ 为什么这是最有效的方法？

续表

比较项目	复杂性描述	回答以下问题
迁移学习	我能够将这些想法和技能应用到不同的情况中。	这些想法和技能在什么时候、什么地方、什么条件下适用？ 在这种情况下，我们是否应该采取某些策略？ 我们在哪种程度上缺少额外的信息来解决这个问题？ 谁会受到这个问题的影响？

对于学习迁移的层次可以这样理解：表层学习是单独理解一个或多个概念，即回答"是什么、如何做"的问题；深度学习是将各种观念联系起来，回答"为什么"的问题；迁移学习就是在不同的情境中将各种观念联系起来，回答"在什么时候、什么条件下适用"的问题。对于迁移学习，要分清包含的成分：表层知识与技能（能理解一个或多个概念，但难以在概念之间建立联系）；深度知识与技能（能建立起概念之间的联系，但难以在一个或多个情境中应用概念）；情境化知识（理解问题所涉及的情境要求）；解决问题的途径（将策略或方法应用于不同的情境中，同时能够确定如何解决问题）。

对于深度学习还有一种界定方式是判断学生发生深度学习之后所具备的能力与素养，即从学生的角度阐述深度学习的内涵。美国卓越教育联盟于2011年5月发布的《深度学习时代：让学生为变化的时代做准备》指出，要培养学生运用知识进行批判性思考和解决复杂问题能力、合作交流能力、自我反思能力。"深度学习新教学法"项目全球主管迈克尔·富兰等人在《走向新目标：促进深度学习的新教学论》中将深度学习定义为一系列的技能，包括思想品德、公民素养、有效沟通、批判性思考和问题解决、协作力、创造力及想象力等。美国学者格兰特·威金斯直接将"理解"分为解释、阐明、应用、洞察、神入和自知六个不同的维度。这六个维度是"理解"的不同的角度，相当于布卢姆教育目标分类由浅入深的学习层次，如图2-2-2所示。[①]

---

① 徐迎春，靳辉.基于UbD理论的化学反应质量守恒教学［J］.中学化学教学参考，2021（11）.

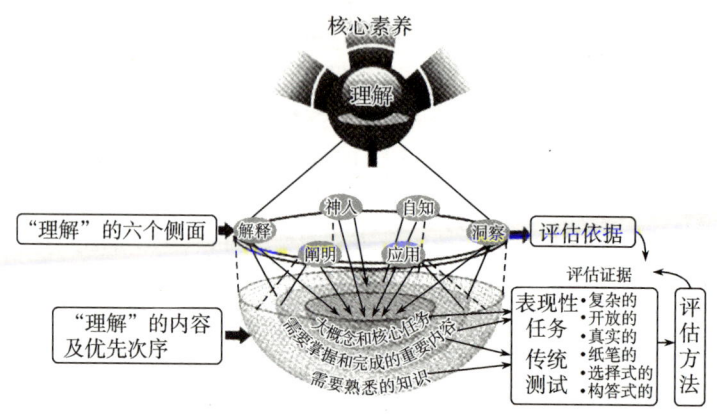

图2-2-2 "理解"的六个不同维度示意图

2. 深度学习是学科核心素养的培养途径

《礼记·大学》曰："心不在焉，视而不见，听而不闻，食而不知其味。"由此不难想到学习的目的是什么。新课程的学科教学以培养和发展学生的核心素养为根本，引领学生的全面发展。教师、学生、知识三方面结合，将知识关联在一起，使学生主动、愉悦地获取知识正是深度学习的意义所在。

深度学习理论的提出是为了引导教师深入探讨教学方法、总结教学规律、研究学生学习规律，从而完成学生学科核心素养培养的任务，真正帮助学生成长，绝不能认为这是增加了一种新的教学模式。深度学习是教学规律的具体体现，强调的是教师主导下的学生主动参与、积极建构的学习。

教育部有关文件指出："所谓深度学习，就是指在教师的引领下，学生围绕着具有挑战性的学习主题，全身心积极参与、体验成功、获得发展的有意义的学习过程。在这个过程中，学生掌握学科的核心知识，理解学习的过程，把握学科的本质及思想方法，形成积极的内在学习动机、高级的社会性情感、端正的态度、正确的价值观，成为既具独立性、批判性、创造性又有合作精神、基础扎实的优秀的学习者，成为未来社会历史实践的主人。"[①]

从以上对深度学习的定义或者分析不难看出，深度学习的主要对象是学生，强调的是学生的有意义的学习过程。这里所说的"有意义的学习"是相对"机械学习""浅层学习"而言的。现在，学校教学仍然存在着这样的现象：教师尽职尽责、身心疲惫，成为"教书匠"；学生被动接受、死记硬背，成为"接受知识的容器"。深度学习，无论是对教学目标、教学内容、教学方法的确定，还是对师生之

---

① 刘月霞，郭华. 深度学习：走向核心素养［M］. 北京：教育科学出版社，2018.

间的互动，都注重培养学生的关键能力、必备品格和正确的价值观。

深度学习定义了学习的目的和任务，即学习是将人类已有的经验转化为学生主动学习的活动，通过学生的实践将已有知识转化为个体的内在动力。北京师范大学教授郭华指出："教学的意义，就在于它能够通过对人类历史实践成果的学习，使每个年轻人能够进入人类历史长河中，了解人类曾经的努力与成就，帮助每个年轻人有能力、有力量、有信心、有毅力去接力人类实践的步伐继续向前，成为连接过去与未来、推进人类历史向前发展的主人。"[1]

对教师而言，具备广博的知识才能使教学游刃有余、左右逢源，具有独到的真知灼见才能在平凡中见新奇、进行创造性教学，对问题理解得入木三分、一针见血方可挖掘出知识的内涵。优秀的教师还必须具备对学科知识研究的热爱和执着。教师只有深爱所教的学科，才能不断对知识和技能进行感悟、提升自身的学科素养。

同样，教师的教育素养也是必不可少的，这就要求教师尊重学生的学习规律，信赖学生的潜能，欣赏学生的人格等。新课程实施要求教师的素养应跟上时代的发展。从专业发展的角度来看，教师要有获取信息的意愿，并且能对信息不断加工、灵活支配；要对教育具有挑战心、好奇心，营造教学的创新过程；要全面提升学科素养，细心钻研跨学科知识，有意识提高实践层面的知识；要积极参与社会活动，不断提升自我管理素养。

3. 深度学习是教学理论的升华提炼

（1）实现知识与学生个体经验的转化。知识与学生个体经验的转化既指学生学习方式的转化，也指不同学习方式对于学习内容（学习对象）处理方式的转化。知识不是词语的简单堆砌，只有在具有内在联系的结构与系统中才能显示出真正的意义。知识的"联想与结构"主要是强调人类知识和个体经验不是对立的，在深度学习过程中它们是相互成就、相互转化的。建立事物之间的联系，就是在学生的已有经验与新知识之间建立联系，从而使学生与所学习的知识建立起思维逻辑关联。教师在教学过程中教授给学生的是有逻辑的、有体系的结构化知识。学生所学的知识不是零散的、碎片化的、杂乱无章的信息，要结合当前的活动去激活以往的经验，以融会贯通的方式组织学习内容，从而形成个体的知识结构。

"联想"是以学生的个体经验为基础，充分重视学生的个体经验。"结构"是通过教学活动对经验和知识进行整合，实现结构化。所以，深度学习的重要特征是对于某学科的知识以联想与结构的形式去学习。[2]

---

[1] 郭华. 树人是学校教育的根本 [N]. 中国教育报, 2018 (01).
[2] 郭华. 深度学习的五个特征 [J]. 人民教育, 2019 (03).

教学内容结构化是将教学内容按照一定的逻辑顺序组织起来,并根据这个线索串联起来形成一个逻辑整体。除了关注不同内容主题的结构化研究外,教师还要关注认知思路、核心观念对教学内容进行结构化处理。例如,高中有机化学教学内容"乙烯"结构化形式如图2-2-3所示。

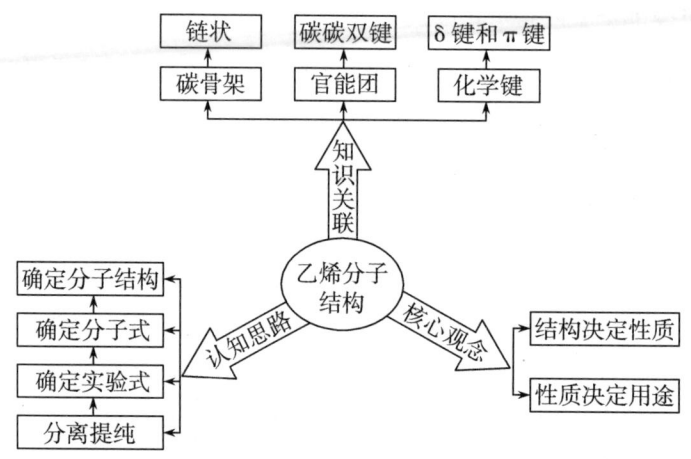

图2-2-3 "乙烯"结构化形式示意图

由图2-2-3可以看出,可以从乙烯分子碳骨架、官能团、化学键三个视角关联乙烯衍生其他方面的教学内容,其中化学键属于更加微观的层面。基于认知思路认识有机物的结构,考虑极少数有机物是以纯净物的形式存在而多数有机物以混合物的形式存在,因此想要确定实验式,首先要进行分离提纯,然后对纯净有机物的结构进行研究,对有机物的元素组成进行定性到定量分析,确定实验式,再用质谱法测定相对分子质量以确定分子式,最后通过红外光谱、核磁共振等波谱分析确定分子结构,从而得出有机物的结构。这样,基于核心观念的认识,将有机物性质的分析路径和认识过程概括为"结构决定性质"这一抽象观念,即通过结构来分析性质,通过分析"性质决定用途"提炼有机物用途的认知思路。

对于处在"知识关联"结构化水平的学生,教师要引导他们总结核心概念,形成"认知视角",启发他们通过知识的内在关联发现"认知思路"。对于处在"认知思路"结构化水平的学生,则需要教师提供一定的学科观念以提升"核心观念"结构化的水平。①"联想与结构"需要学生将零散的、碎片化的、杂乱无章的信息,通过调动记忆、理解、关联能力以及系统化的思维和结构能力整合起来,将其整理成有逻辑、有结构、有体系的知识,并且通过建构的方式形成自己的知

---

① 刘丽珍,邓峰,陈泳蓉,林颖.高中有机化学教学内容结构化[J].化学教学,2022(10).

识结构。当然，这一过程需要教师的整体规划和设计，在"单元设计""学习任务""过程评价"的各个环节都要从这个角度来思考。

（2）以主题活动激活学生的内心体验。学生不是被动接受知识的"容器"，他们作为学习的主体，就需要亲身经历知识的形成过程。"体验"来自学生在学习活动中产生的内心感受，是一种理性与高尚的体验，要在有意义的社会活动中生发。要使深度学习正常运行，强调"活动与体验"的教学机制尤为重要，这样可以防止将知识传递本身当作目的，避免直接将知识"注入""灌输""平移"给学生。这正如北京师范大学郭华教授指出的，"学生认识的直接对象并不是客观事物本身，而是对客观事物及其联系进行描述的符号及符号系统；准确地说，是透过符号及符号系统去认识客观事物。同时，在符号及符号表达的客观世界之外，人类认识成果的发现与发明过程本身，也是学生的认知对象，是学生思考与质疑、批判与评判、分析与推理的对象"。[①]

知识必须经过亲身经历来获取。教学活动中，教师要引导学生经历知识形成和发展的过程，成为学习的主体。这种学习活动并不是让学生经历漫长的研究过程去实现，而是要求他们在教师的引导带领下积极主动参与学习活动，通过听讲、讨论、实验等方式弄清问题以及材料所蕴含的原理，即通过自己深入学习活动，内化文字结论及其背后隐藏的意义，对已有知识产生新的体验，提升认知水平，促进自身成长。

学科核心素养的形成是学生在具体的学习任务驱动下，通过多样化的学习活动逐渐实现的。因此，基于学科核心素养发展的课堂教学特别强调学习活动的设计，通过主题任务下的学习活动激活学生的内心体验。不同学习活动的划分依据、活动行为、活动类别对照见表2-2-2。[②]

表2-2-2 不同学习活动的划分依据、活动行为、活动类别对照

活动划分依据	活动行为	活动类别
学习过程	预习、听课、笔记、练习、作业、考试	一般学习
认知过程	观察、实验、调查、查阅	收集资料和事实
	表格化、线图化、符号化	整理资料和事实
	科学抽象、建立模型、提出假设、验证假设	得出规律和结论

[①] 郭华. 带领学生进入历史："两次倒转"教学机制的理论意义 [J]. 北京大学教育评论, 2016（02）.
[②] 孙金凤. 高中化学变化观念与平衡思想的教学实践探索 [D]. 四川师范大学博士论文, 2021（06）.

续表

活动划分依据	活动行为	活动类别
活动方式	实验探究、实验设计、鉴别、分离、配制、测定、推断	实验类活动
	调查、收集、参观、查阅、考察	调查类活动
	交流、合作、提问、讨论、汇报、比较、解释、辩论	交流类活动
活动性质	科学观察、科学实验、科学调查	科学实践活动
	描述、比较、分类、预测、假设、推理、解释、说明、设计、评价、选择	科学思维活动

教学过程中的活动都是基于任务的大背景设计的。在"目标导引·任务驱动"高中化学单元教学中，核心任务的确定是单元教学设计的出发点。围绕教学目标将核心任务细化为课时教学中的子任务，可以很好地将任务与不同层级的目标结合，也可以更好地根据任务类型、任务特点设计具体问题。这也就形成基于某个主题的活动。开展主题活动要与这种教学模式紧密联系，使主题、任务、活动、情境等融为一体。高中化学教学中的任务包括"挑战性任务""驱动性任务""验证性任务"，它们的特点和问题设计方式见表2-2-3。

表2-2-3 高中化学教学任务的特点和问题设计方式

任务内容	任务类型	任务特点	问题设计
实验探究维生素C在人体中的作用。	挑战性任务：感受氧化还原反应的存在。	情境导入、提出问题、实验探究、总结原理。	饮料中为什么有维生素C？维生素C在饮料中起什么作用？
探究氯气的漂白原理。观察过氧化钠与水的反应。比较氯气和氨气在收集方法上的异同点。	驱动性任务：探究元素化合物的性质。	实验设计、实验操作、问题和要求明确。	行为动词+内容要素。
氯化钠溶液、氯化铵溶液、醋酸钠溶液酸碱性的原因分析。	验证性任务：盐溶液呈现不同酸碱性的原因分析。	方法要素、素养导向。	模型建构导向。

（3）从不同视角对学习对象进行深度加工。学生学习的根本目的是能够抓住教学内容的本质属性，深层次把握知识的内在联系，而不是简单记忆碎片化的知识

点或掌握更多的事实性知识。发生深度学习的学生能够掌握教学内容的本质属性，对于知识的内在联系具有清晰的认知，能够对学习对象进行深度加工并能够由本质推出若干变式。①这个特征还强调教师要对教学内容进行转化，向学生提供具有典型意义的教学材料。在把握本质与变式过程中，教师、学生与知识之间的关系如图2-2-4所示。

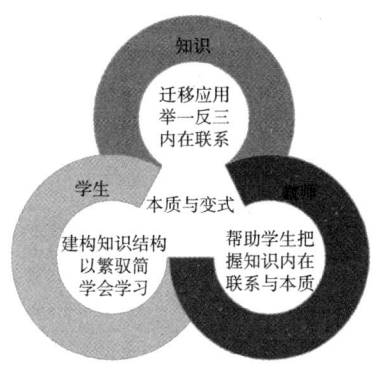

图2-2-4 教师、学生与知识之间的关系示意图

对知识的深度加工涉及对知识本身进行举一反三、迁移应用，教师和学生在该过程中发挥着重要作用。教师要引导学生从不同的侧面和角度探索物质及其性质，从不同的视角认识问题。这对教师的专业素养提出了更高的要求。

化学视角对培养学生化学学科思维方式具有重要作用，不同的化学视角能够将不同类型的知识联系起来，便于学生学会学习。高中化学课程标准中的"学业要求"，要求学生能从物质类别和元素价态变化的视角描述物质的转化关系。例如，根据课程标准，对"物质的组成"有着不同的认识视角，这些视角之间存在"物质→元素→微粒"的层级关系，如图2-2-5所示。②

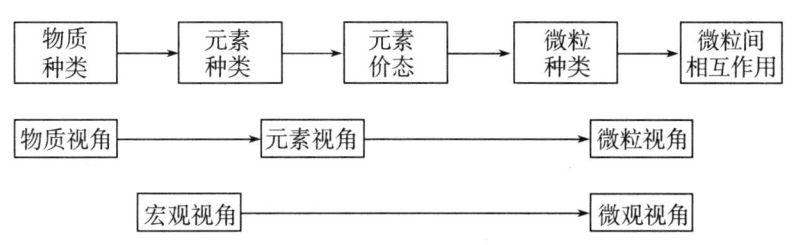

图2-2-5 "物质→元素→微粒"的层级关系示意图

---

①郭华.深度学习的五个特征［J］.人民教育，2019（03）.
②房喻，徐端钧.普通高中化学课程标准（2017年版2020年修订）解读［M］.北京：高等教育出版社，2020.

化学视角的形成会帮助学生学会学习，启发学生建构思维的新方向。课程标准特别强调在化学教学中培养学生的化学认知视角，其"学业要求""学业质量标准""学科核心素养水平划分"分别对"物质的组成"进行了描述，见表2-2-4。

表2-2-4　化学认知视角的"学业要求""学业质量标准""学科核心素养水平划分"叙述

内容	学业要求	学业质量标准	学科核心素养水平划分
"物质的组成"能力要求	学生能从物质类别和元素价态变化的视角说明物质的转化路径。	学生能从不同视角对典型的物质及其主要变化进行分类；能从原子结构视角说明元素的性质递变规律；能从构成物质微粒、化学键、官能团等方面说明常见物质的主要性质，能分析物质性质与用途的关系。	学生能从不同的视角认识化学变化的多样性，能运用对立统一的思想和定性定量结合的方式揭示化学变化的本质特征。

（4）学会知识的迁移与应用。知识的迁移与应用要解决的是如何将间接经验由外化转变为内化的问题，即将所学知识转化为学生内在的综合实践能力的问题。这既需要学生自身有意识地提升综合能力、创新精神，也需要教师通过多样性的学习活动有意识地培养学生的综合能力、创新意识。[①]知识的迁移与应用提醒教师，要注意模拟社会实践中形成积极的社会性情感、态度与责任感的模式，以通过学科实践活动、跨学科活动、综合实践活动等方式实现知识的迁移与应用。知识的迁移是学习发生的重要标志，知识的应用则是迁移的重要表征之一。

在深度学习中，迁移与应用是重要的学习方式，它不仅仅应用在对学习结果的检验上。迁移是经验的扩展与升华；应用是将内化的结果外显化、具体化的过程，是将知识活学活用的标志。基于学科核心素养培养取向的化学教学，不仅重视大概念在相似、相近情境下的迁移（近迁移），更重视大概念在陌生情境下的迁移（远迁移）。所以说，学科核心素养的特质是一种创新。在教学过程中，要实现深度学习需要结合具体过程与方法不断建构新思路。[②]

例如，对于"在观察K的焰色反应时常用的钴玻璃是掺杂了Co^{2+}的一种玻璃。从元素价态看，钴元素与铁元素相似，试设计得到Co^{2+}的两种可能方案并加以比较，写出化学方程式"这一问题，在教学中教师要基于铁元素不同价态化合物的相互转化关系（"铁三角"模型），引导学生抽提出多变价元素不同价态化合物相互转化的"价三角"模型。对于钴玻璃，学生并不陌生，但有的只是日常经验；而钴及其

---

① 郭华. 深度学习及其意义［J］. 课程·教材·教法，2016（11）.
② 钟勇为. 如何认识教材［J］. 教育实践与研究，2005（02）.

化合物的知识，对于学生来说又是完全陌生的。因此，该问题属于"价三角"模型的远迁移，对学生具有较大的挑战性。①

（5）以促进人的成长为宗旨关注学生学科核心素养的形成。学生学科核心素养的形成体现的是教学的终极目的及意义，进一步说明教学是培养人的社会活动，要以人的成长为旨归。学生成长最重要的表现就是能够对周围的人物、活动、事件作出价值判断，能与他们（教师、同学及其他人）有效地沟通与合作，从而进行反思与改进。②

知识是个体成长的精神食粮，知识的获取过程是教育个体价值得以实现的一个必要过程。以核心素养为导向的深度学习，注重不同类型的知识相互补充，共同作用于个体，促进个体的德、智、体、美、劳不断发展。德国哲学家、教育学家爱德华·斯普朗格指出："与人的生活和个体精神没有关联的知识是无生命的知识，知识必须转向人的内在精神才有意义。"所以，在教学活动中，教师要自觉引导学生有根据地评判在教学活动中所遇到的人、事物与活动，并结合自身的体验、感受以及对心灵的冲击形成正确的价值观、世界观，不断增强责任担当意识，培养热爱生活、尊重生命、乐于助人、敢于挑战的品格。例如，学生对于"防腐剂的发明与使用"的学习，不仅仅是纯粹的关于化学知识的学习，还要能够有根据地给出自己的态度与判断，与知识建立起意义关联，使自己成为能够评判与选择知识的主体。

（二）深度学习的重要意义

1.深度学习是时代发展的迫切要求

随着科技的进步，人类已经进入了信息大爆炸的时代。世界之复杂、变化之迅捷已迫使人类改变生活方式，对未来人才的需求也会随之改变。2020年7月9日，新闻报道了关于"脑机接口"的重大突破。国外某公司也适时推出了"世界上最具活力的人形机器人"，其灵活度是人类的10倍，被认为是"最有可能取代人类的机器人"。

在美国未来学家雷·库兹韦尔的理论中，奇点是指人类与其他物种（物体）的相互融合，是指电脑智能与人脑智能兼容的神妙时刻。未来世界将会是"与机器共舞"的世界。有人曾对未来作出猜想："2035年起，出现全息旅游和全息游戏，出现视觉、味觉、嗅觉全方位体验的虚拟世界。""2035年起，机器人广泛应用于交互游戏。交互游戏以打印技术、眼睛科学、机器人定制为三大根基。""2035年之后，语言的障碍完全清除。""2038年起，人工智能量化生产。""2038年以后，

---

①郑长龙.核心素养导向的化学教学设计［M］.北京：人民教育出版社，2021.
②陈雁飞.高中体育与健康课程"深度学习"基本特征的再认识［J］.中国学校体育，2022（05）.

机器人可以像手机一样广泛使用（2030年之后手机将成为历史）。"

目前，智能互联的机器和整个社会体系的高速发展，从可再生能源到量子计算，从基因测序到纳米技术，各领域的技术突破层出不穷。依赖于更强大的技术的产生与发展，人类寿命得以延长，癌症治愈成为现实……这些都在呼喊着新时代的创造者。

创新人才培养与国家未来发展息息相关。习近平总书记强调，我们要抓住机遇、超前布局，以更高远的历史站位、更宽广的国际视野、更深邃的战略眼光，对加快推进教育现代化、建设教育强国作出总体部署和战略设计，坚持把优先发展教育事业作为推动党和国家各项事业发展的重要先手棋，不断使教育同党和国家事业发展要求相适应、同人民群众期待相契合、同我国综合国力和国际地位相匹配。党的二十大报告从"实施科教兴国战略，强化现代化建设人才支撑"的高度，首次把教育、科技、人才进行"三位一体"统筹安排、一体部署，并强调科技是第一生产力、人才是第一资源、创新是第一动力。

为适应新时代对社会劳动力的需求，面对新技术时代的挑战，在教学中我们应该通过深度学习，为培养具有中国学生发展核心素养的创新型人才而努力奋斗。

2. 深度学习是基础教育的必然选择

2017年9月，中共中央办公厅、国务院办公厅印发《关于深化教育体制机制改革的意见》，明确提出要建立以学生发展为本的新型教学关系。2019年6月，国务院办公厅印发《关于新时代推进普通高中育人方式改革的指导意见》，对高中教育提出了目标要求。2019年7月，《关于深化教育教学改革全面提高义务教育质量的意见》提出了以促进学生全面发展、健康成长为目的的基本思路，聚焦提高课堂教学质量，并提出了四个方面的具体措施：一是优化教学方式，二是强化教学管理，三是完善作业考试辅导，四是促进信息技术与教育教学融合应用。

我国基础教育课程改革至今最大的成果是实现了从"双基"到"三维"再跨越到"学科核心素养"，基本形成了与国际接轨的基础教育课程体系。新课程的实施传播了先进的教育理念，积极推进了人才培养模式的变革，一些学校主动创生新的教学模式，教师的教学观念和行为也随之悄然变化。2011年，一项面向教师的网络调查结果显示，74%的教师认同"合作、自主、探究"的课改理念，52%的教师以启发式教学为主，26%的教师以小组讨论教学为主，以讲授为主的教师仅为22%。[1] 未来，教育的含义、教育的目标、学习的概念、知识的意义面临着重新定义。

---

[1] 21世纪教育研究院. 2011年教师评价新课改的网络调查报告[R]. 北京："新课堂、新教育"高峰论坛，2011.

经济合作与发展组织2017年7月发布的《影响教育的趋势聚焦》重新定义了教育，即教育内容多样化、学习方式多样化、学习视角多样化；《21世纪未来人才必备的关键能力》指出，教育的目标要培养创新思维能力、批判性思维能力、解决问题能力、写作能力；世界银行发布的《2018年世界发展报告》强调，学习要注重综合性学习、实践性学习、混合性学习；联合国教科文组织2015年发布的《反思教育：向"全球共同利益"的理念转变》指出，知识的内涵包括信息、理解、技能、价值观、态度。

根据新时代对劳动力的需求，人们需要重新思考学校的功能并培养学生未来生存所需的技能，深度学习也就应运而生。教育部基础教育课程教材发展中心于2013年着手研究和推进深度学习教学改进项目，对学习活动要以理解为基础进行探究，在活动中教师要引导学生对不同情境中的问题进行解释、举例、表达、解决等，充分理解新知识，并将其建构在已有的知识之上。[①]研究表明，深度学习方法比传统讲授模式更有效。针对我国当前中小学课堂教学存在的关键问题，立足实践经验，借鉴国外相关成果，形成一系列理念框架和实践模式，成为培养学生核心素养的重要事实路径。

目前，变化比较明显的是中小学课堂教学实现多样化。走向云端的课堂是"正在变大的课堂"，具体表现为教学的结构被打破、教学的空间被打破、教学的时限被打破。

朱永新在《未来学校》中指出，未来教育将是三分天下的格局，即学校教育、校外教育、线上教育。"互联网+"引发的学习空间"升维"成为教育变革的关键力量，教师不再是班级授课制下一人一科包到底的"主播"，而是一名知道如何找到优质可靠学习资源、如何综合运用多种学习方法的学习者。

3. 深度学习是课堂改革的重要表征

《关于新时代推进普通高中育人方式改革的指导意见》明确要求进行创新教学组织管理，深化课堂教学改革："按照教学计划循序渐进开展教学，提高课堂教学效率，培养学生学习能力，促进学生系统掌握各学科基础知识、基本技能、基本方法，培养适应终身发展和社会发展需要的正确价值观念、必备品格和关键能力。积极探索基于情境、问题导向的互动式、启发式、探究式、体验式等课堂教学，注重加强课题研究、项目设计、研究性学习等跨学科综合性教学，认真开展验证性实验和探究性实验教学。提高作业设计质量，精心设计基础性作业，适当增加探究性、

---

① 王素芳，孙阿龙. "氯气的制备与性质探究"实验教学［J］. 中学化学教学参考，2022（02）.

实践性、综合性作业。积极推广应用优秀教学成果，推进信息技术与教育教学深度融合，加强教学研究和指导。"①

深度学习对中小学教师提出了更高的要求，教师的专业发展和提升是关键。教师首先要成为一个学习者，能够面对和顺应改革；要向专家和书本学习，主动进行自我反思。目前，广大教师正面临越来越多的外在和内在的压力。那么，如何突破层层重围，做新型教师？内在动力来自教学理念的认知冲突和一次次的实践探索，外在体现就是持续的课堂教学改革与探索。教师持续地进行"学习—研究—实践—改进"，就会实现不断提升；学生将"讨论—反思—评价—纠错"等学习行为不断地应用于实践，就能促进深度理解，这就是实现深度学习的必经阶段。

然而，当前的状况是应试教育的影响仍然较深，学生为应试而机械地学习、记忆、训练成为常态。这种学习导致学生难以将知识迁移应用，不会解决真实问题。教师的讲座式教学方式难以真正实施新课改倡导的自主、合作、探究学习方式，个性化学习方式和实践性学习无法落实，学生的学科核心素养难以培养和发展。无论从改革的趋势出发还是从学生的需求来看，深度学习的研究与实施势在必行，立足于课堂教学研究是课堂改革的必由之路，课堂教学改革也成为深度学习的重要表现。

二、深度学习实践策略

（一）体现学科特点，选择教学情境

教师在教学活动中充分体现任教学科的特点，选择正确的教学方法，设置适当的教学情境，都要围绕并服务于特定学科的特点。学科的教学魅力还来自学科知识背后所隐藏的学科精神和文化底蕴，教师的教学活动渗透学科精神和文化底蕴，才能展示学科教学的特有魅力。

根据深度学习的要求，概念的建立过程需要创设情境；同样，规律的探究、问题的解决都需要实际情境。真实、具体、富有现实意义的问题解决情境是学生学科核心素养形成和发展的重要载体，在问题解决过程中也为学生学科核心素养提供了真实的表现机会。情境的创设要连接思想道德教育要素，引导学生树立正确的价值观，这有利于培养学生勇于创新、求真务实的思想品质。此外，创设情境还要尽可能联系最新的科技前沿。高中化学是一门以实验为基础的学科，通过设计探究活动

---

①国务院办公厅.国务院办公厅关于新时代推进普通高中育人方式改革的指导意见：国办发〔2019〕29号.

可以创设可观察、可体验的情境，通过科技或生产工艺流程创设情境可以增强教学的实用性、真实性。例如，化学教学中的新能源的开发利用、能量转化的新型装置等素材，都可以结合相关主题的工艺流程进行设计，从不同角度联系实际工艺生产流程创设相应的情境，包括环境领域中污染源的成分分析和含量检测、污染源的成因分析、污染的防治和消除等都可以作为素材。

（二）聚焦核心知识，促进深度互动

从知识的角度来看，教师必须对学科知识进行量的压缩和质的精选，因为课堂教学的时间和空间都是有限的，要聚焦学科的核心进行简约的教学，实现深度学习。按照美国教育心理学家布鲁纳的看法，任何学科的教学都必须将学科中最广泛、最强有力的适应性观念教给学生。我们认为，学科中最有价值的知识就是所谓的核心知识。顾名思义，如果把课堂知识比作"内核+围绕带"结构，那么，核心知识就位于中心圈层。因此，核心知识具有统摄性，它是整个教学活动的母体、一个单元的统领者，它能够把零碎的课堂知识串联起来，使之融为一体。

在课堂设计时，教师要围绕核心知识设计具体的实践活动，使学生由一种实践的获得迁移到一类实践的获得，同时在课堂知识体系和具体实践的对接中产生一系列的新知识。因此，在实践中通过互动才能实现深度学习，深度学习就发生在设计方案、发表意见、讨论修正、争论辨析、实践探索、结果分享的过程中。

实现课堂教学的深度互动对教师提出了更高的要求。首先，在学习过程中，学生要完成具体的任务，要经历问题解决、成果交流的过程，这就要求教师必须设计富有挑战性的学习任务将学生带入学习情境，激发他们的学习兴趣和强烈的学习动机。其次，教师要指导学生完成任务，增加学生与教师的互动。核心素养培养导向的课堂教学使得教师的角色发生了转变，教师要由原来的知识传递角色转变为学生的同伴、导师，善于引导学生分析问题、讨论交流、展示成果。教师还要搭建平台，通过多种形式组织学生研讨和交流，增加学生之间的互动，因为学生通过互动会感到轻松、产生共鸣，对意见分歧达成共识，也能把若干活动串联起来形成一个系统。对于这一过程，有人称之为"师生互动""生生互动"。2016年，以季清华为代表的研究团队在学习方法分类学上取得了突破，获得美国教育心理学会和教育研究学会大奖。成果显示，学习方式越主动，学习层次越深入，学习能力就越强大。该团队研究的ICAP学习框架列举了"被动学习""主动学习""建构学习""交互学习"四种不同的学习类型，并从学习的过程、状态、结果的角度进行了分析，发现最有效的学习方式是"交互学习"。ICAP学习框架如图2-2-6所示。

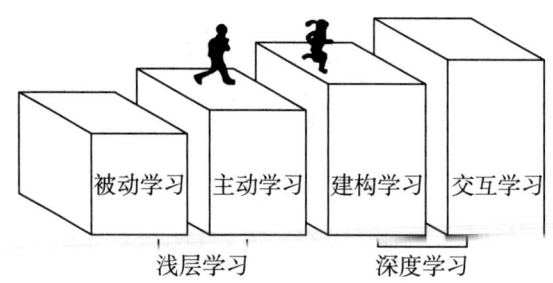

ICAP学习结果：交互＞建构＞主动＞被动

图2-2-6　ICAP学习框架示意图

（三）倡导问题导向，鼓励多元思维

发展学生的学科核心素养，要倡导学生在真实情境中面对各种复杂多样的问题时，在有意义的、开放的任务和活动中，利用自己已有的知识和经验，进行质疑、实践、讨论和反思，解决各种复杂和陌生的问题。这是真正以学生发展为中心的实践性学习，重视基础知识、基本技能的学习，强调思路方法的建构、打破及重构是提升学习力的有效措施。这需要教师关注学生的学习过程特别是思路方法的形成过程，让学生内隐的思维显性化是一个重要的策略。[1]

问题是学生思维的引擎，在课堂上学生的思维就是基于问题展开的。因此，课堂上问题的质量（深度）就至关重要，当然学生的思维仍是核心。特别需要提出的是，应该创造条件让学生在学习过程中将内隐的思维外显出来，给学生自主思考、辩论的时间，让学生发表自己的见解。例如，可以通过学生自我分析、展示自己的过程，让思维外显；可以通过学生质疑辩论，引导他们独立思考、互相批评，鼓励质疑；可以通过教师连续追问，引发学生产生更多的想法，让其思维有更大的发展空间。思维的种类和方法有多种，其中批判性思维是一种有效促进深度学习的方式。

批判性思维通过问题教学激发和培养学生的辨识能力和思维方法，是深度教学的突出表现。质疑是一种批判性思维的途径，不论对别人的观点或是自己的观点，都要有质疑的意识。除此之外，还要通过不同形式的思维训练，引导学生认识和承认自己的局限性，对复杂的问题要有好奇心和耐心，以开放的心态平等对待不同的观点。

三、深度学习研究启示

深度学习要求教师不断更新观念，对教学内容进行二度开发，集中精力从事创

---

[1]刘月霞，郭华.深度学习：走向核心素养［M］.北京：教育科学出版社，2018.

造性活动，建立学科核心素养培养与学科核心内容之间的关系，增强学习过程的互动性，让学习在活动中完成，让学习成为一种生成性活动，实现"教学评一体化"。

深度学习也依托于单元教学。开展单元教学有四个重要环节，即选择单元主题、确定单元目标、设计单元活动、开展持续评价。这也是深度学习理论模型的四个要素。深度学习理论模型如图2-2-7所示。①

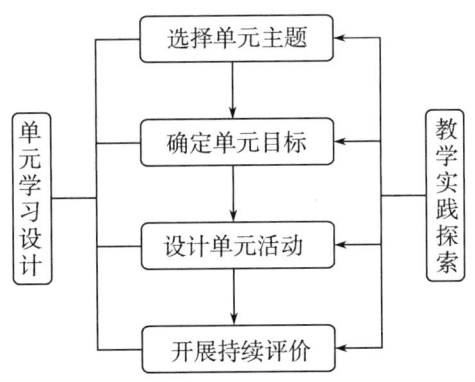

图2-2-7 深度学习理论模型示意图

（一）推进教学改革

1. 实施课程规划

长期以来，我们的教学都是按课时分配知识点的。因此，教师会分课时把一个知识点、一个技能、一个小主题等作为一个单位设计教学，甚至将一个课时分为两个课时单位，设计成两份教案组织学生进行知识学习和习题训练。这样的设计必然会导致目标窄化、细化、浅化与孤化，直接影响到学科育人、课程育人的效果。

新课程目标要求教师的教学设计单位从"一个一个知识点"转向"在什么情境下运用什么知识解决什么问题或完成什么任务"。这样的教学设计单位，用课程的话语表达就是"单元"。崔允漷教授提出，课程单元指的是以学科核心素养为目标，以"大任务、大观念、大问题、大项目"的名义组织或结构化要学的知识、技能、问题、情境、活动、评价等，使之成为一个完整的学习经历或思维认知过程。②

以素养培养为导向的单元教学设计是结构化、情境化、凸显学科大概念的教学设计。单元主题要依据课程标准，围绕某一核心知识进行组织。单元内容之间要有一定关联和逻辑关系。单元是知识结构化的具体表现，单元教学是深度学习

---

① 刘月霞，郭华. 深度学习：走向核心素养［M］. 北京：教育科学出版社，2018.
② 崔允漷. 新课标新高考如何建构"新教学"［N］. 中国教育报，2019（08）.

的关键突破口。有人将单元设计比喻为建造房子：如果学科核心素养培养的学习目标是高楼大厦，那么，单元设计（或单元教学）就是某一个楼道（梯），一个楼道（梯）是由若干水泥、钢筋、门窗等构成的，这些因素可看作并列知识点1、2、3，而单元设计下的课时设计涉及的知识点1、2、3就是建造楼房用到的建筑材料，见表2-2-5。

表2-2-5 "建筑单元"与"学习单元"的比较

比较项目	建筑单元	学习单元
性质	是房子，即建筑，不是建材。	是课程，不是知识点、内容。
意义	为住，满足用户需求。	为学，指向素养目标。
组织方式	以楼梯或电梯来组织水泥、钢筋、门窗等建筑材料，成为一个相对独立或完整的建筑。	以大概念、大问题、大任务、大项目来组织目标、情境、知识点、活动、评价等，成为一个相对独立或完整的学习单位。
结构	一幢建筑有单元1，必有单元2。	一个学期有单元1，一定还有单元2。
进阶	楼梯或电梯的高度。	任务串、问题链的难度。

如何根据课程方案、课程标准和教材内容进行单元教学设计？由于学科特点的不同，地区、学校之间的差异，单元教学设计有不同的思路。按照教材章节的内容组织，选择与教材编写或章节一致的单元学习主题，比较适合深度学习的初步的研究者，如图2-2-8所示。这种方式操作简单，课程标准、教材的单元内容比较明确，没有必要再改变教材章节的安排。这种设计思路可以解决客观的教学进度和纸笔测试问题，但是无法实现跨学科或跨单元设计，无法将相关内容进行整合并按照学科核心素养发展的进阶进行设计。

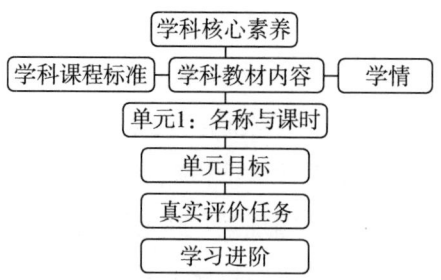

图2-2-8 按照教材章节的单元学习主题示意图

由图2-2-8可以看出，选择以教材单元为主的设计主要依据四个方面。第一是学科课程标准。因为课程内容是划定的学习区域，整体呈现了学段的学科课程内容和具体内容之间的关系，结构性强。第二是学科教材内容。教材内容是教师选择教学内容、组织教学活动的重要依据，教材知识结构化且设置多种栏目，可以直接作为教学设计、组织教学的范本。第三是学情。教无定法，学无定法。单元教学设计不是唯一的，可根据学生差异，调整学习单元的大小、学习任务的结构、学习时间的安排。第四是学科核心素养。学科核心素养的发展在不同阶段有不同的表现，深度学习的单元设计以学科核心素养的进阶发展为目标，体现学习目标、任务、活动、评价的一致性。

基于以上认识，体现"教学评一体化"理念的课堂教学，必须从课程规划的角度规划单元教学，这是对教师的基本要求。首先，要打破传统观念，克服"教教材"的思想。其次，要认真研究课程方案，学习先进经验，借鉴优秀实践案例作出尝试。"目标导引·任务驱动"高中化学单元教学是基于单元教学的一种初步尝试，为适应新课程、新教材、新高考的要求，大胆创新，不断探索，在力求课程规划合理的前提下推进课程改革。

2. 优化课堂教学

孔子曰："学而不思则罔。"学习是一个思考的过程。对教学活动而言，深度学习的关键是结合具体知识和教学情境设计高质量的问题进行学习。苏霍姆林斯基认为，真正拥有知识，就是对知识有深刻的理解并多次反复思考。要想达到深刻思考的目的，可以设计高质量的问题，引导学生通过发现问题、分析问题和解决问题进行学习。这就要求教师进行高阶思维问题的设计与训练。高阶思维是可以进行培养的，这个过程是一个循序渐进的过程，是在课堂教学中持续发展的过程，也是课堂教学不断优化的过程。美国教育心理学家戴维·珀金斯认为："日常思维就像我们普通人的行走能力一样，是与生俱来的。但是，良好的思维能力，就像百米赛跑一样，是一种技术与技巧训练的结果。短跑运动员需要教练教授他们冲刺的技巧，同样，良好的思维也需要经过相应的良好的教学实践和练习才能获得。"

传统的教学方式抑制了学生的思维，只要求听讲和死记硬背，这其实是对学生智慧的扼杀。捷克教育家夸美纽斯曾指责中世纪的学校变成了学生才智的"屠宰场"。恩格斯曾批评英国某中学流行着一种非常可怕的背书制度，认为这种制度只需半年时间就能将一个学生变成傻瓜。毛泽东也曾批评旧的教育制度摧残人才和青年，使学生越来越笨……[①]

布卢姆教育目标新分类法将思维划分为低阶思维和高阶思维，如图2-2-9所示。

[①] 余文森. 核心素养导向的课堂教学[M]. 上海：上海教育出版社，2017.

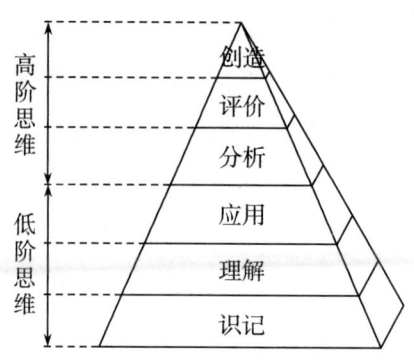

图2-2-9 布卢姆教育目标新分类法示意图

课堂教学只有设置高质量的高阶思维问题，才能使课堂以学生为主体进行教学。教师在高阶思维的课堂角色中处于次要位置，在"分析"层级主要以提问、观察、组织、评价的形式引导学生，在"评价"层级通过说明指导对学生进行点拨，在"创造"层级主要创造条件促进学生进一步评价或操作。学生是课堂高阶思维的主角，他们需要面临或解决许多问题，恰恰就是这些问题的解决实现了深度学习，见表2-2-6。

表2-2-6 学生在课堂高阶思维中的角色

高阶思维	学生角色	问题类型
分析	讨论、发现、辩论、提问、计算、调查、探究、思考、测验	你能区分吗？ 问题的原因是什么？ 为什么会出现这种变化？ 如果发生，结果会有什么改变？ 当出现某种情况时，你能想象到接下来肯定会发生什么吗？
评价	判断、辩论、比较、批判、质疑、评价	你是如何考虑的？ 你能作出你的解释或推理吗？ 这会造成什么影响？ 优点和缺点分别是什么？
创造	设计、阐述、计划、修正、生成、制作	你能进行一种创造吗？ 你能找到可能的解决办法吗？ 你能提出一个建议吗？

对于学生对知识的认知过程，要确定起点和终点，同时要确定从起点到终点的进阶路径，因此，问题的设计是以"水平"呈现的。例如，对化学反应的认识，起点是小学科学阶段——有新物质的生成即宏观物质水平，终点是高中化学选择性必

修阶段——杂化轨道重叠即基于轨道相互作用的本质微观水平；中间路径要经过初中化学阶段——原子的重新组合即基于粒子的尺度微观水平，高中必修阶段——旧键断裂与新键形成即基于粒子相互作用的尺度微观水平。①

由于课堂教学受教学时间、空间的限制，课时设计的高阶思维往往是具有承接性的，即要考虑教学设计的整体设计与思维进阶、能力进阶等。在教学过程中，首先，要基于主题，从大概念层面出发，结合课程标准、教材内容按照一定的逻辑顺序将知识结构化，形成认知思路，帮助学生形成思维模型；其次，要从不同的视角建构思维模型，形成不同的观念和方法。例如，高中化学高阶思维结构共包括"化学实验思维""化学模型思维""化学微观思维""化学守恒思维"和"化学创新思维"五个维度。②其中，"化学模型思维"包括"科学模型的认识""模型方法的掌握"和"模型构建的探索"三个二级指标。通过建构模型认识图示，可以形象具体地显现"概念"或"原理"的内涵，实现高阶思维的架构；通过建构"模型认识"思维，就能改变课堂教学思路、优化课堂结构。图2-2-10为"氢键"认知模型示意图。③

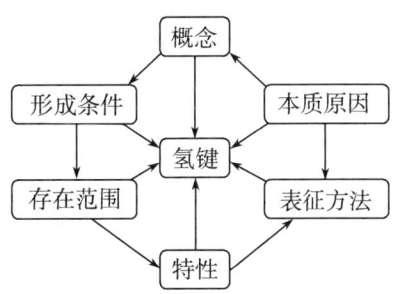

图2-2-10　"氢键"认知模型示意图

（二）改进学习方式

"教学评一体化"对学生的学习有什么要求？站在学生的角度思考，传统的机械式接受学习已越来越不适应新课程、新课堂的要求。为适应普通高中发展的需要，全面落实以核心素养培养为目标的课堂教学成为目前新一轮课程改革的焦点。核心素养在课堂教学的落地是近20年来教学目标的又一次升级，是从"知识本位"到"素养本位"的升级。

---

①郑长龙.核心素养导向的化学教学设计［M］.北京：人民教育出版社，2021.
②郭金花，吴星，唐玉露，吴建业.高中生化学高阶思维结构的测量模型研究——基于探索性和验证性因子分析［J］.化学教学，2019（11）.
③尹卫平，余洁琼.基于素养为本的氢键微专题复习［J］.中学化学教学参考，2021（11）.

以核心素养培养为导向的课堂教学，通过单元学习、深度学习等举措得以逐步落实。研究和实施深度学习、落实学科核心素养培养的课堂教学成为当下共同关注的热点，我们需要静下来学习、坐下来商讨、深下去实施。

引导学生进行积极探索、主动思考，实现学习方式的转变势在必行。相对于传统教学，深度学习使学生成为积极主动学习的主体，而与深度学习对应的是虚假学习、浅层学习。不同学习方式的比较见表2-2-7。

表2-2-7 深度学习与虚假学习、浅层学习的比较

比较项目	虚假学习	浅层学习	深度学习
目标	教材中的直接答案	"不知所以然"的标准答案	高认知、高投入、高表现、生成性、生产性
内容	无须理解的信息	字面理解的信息	不只是知识，是任务、做事、项目，情境化+结构化知识
教学	没有过程或错误的过程	侧重记、背、练	以大观念、大问题、大任务来组织
评价	只管结果对错	纸笔-记忆-操作	学以致用，真实情境下的问题解决

如果采用的是机械式接受学习，学生的主动性、自主性弱，没有创造性；如果采用研究性学习，课堂上学生就能改变原来的被动局面，体现较多的创造性。例如，高中化学必修第一册"氧化还原反应"教学，可以打破教材内容呈现形式，设置不同的模块，分为三个认知层次，以任务驱动形式组织教学内容，通过不同的学习方式建构出明晰的认知层次，如图2-2-11所示。[①]

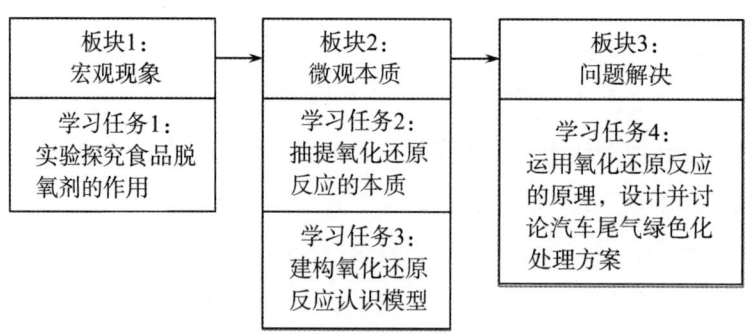

图2-2-11 "氧化还原反应"三个认知层次示意图

[①] 中华人民共和国教育部. 普通高中化学课程标准（2017年版）[M]. 北京：人民教育出版社，2018.

培养学科核心素养的教学为什么要以任务进行驱动，而不是直接以知识设计内容？其实，二者都是教学内容的表现形式，只不过同知识形式相比，任务形式更具有驱动性，更能对学生思维形成冲击，更能激发学生的求知欲。例如，"认识Na_2O_2与H_2O的反应"是以知识形式呈现教学内容，而"预测Na_2O_2与H_2O反应的产物"是以任务形式呈现教学内容。

另外，问题式任务往往建立在一定情境下，可能需要将任务拆解为子任务，进一步设计活动完成对应的任务。例如，"如何通过实验来探究月饼盒小包装袋中物质的作用"，针对上述问题通过任务分解设计具体活动，如图2-2-12所示。

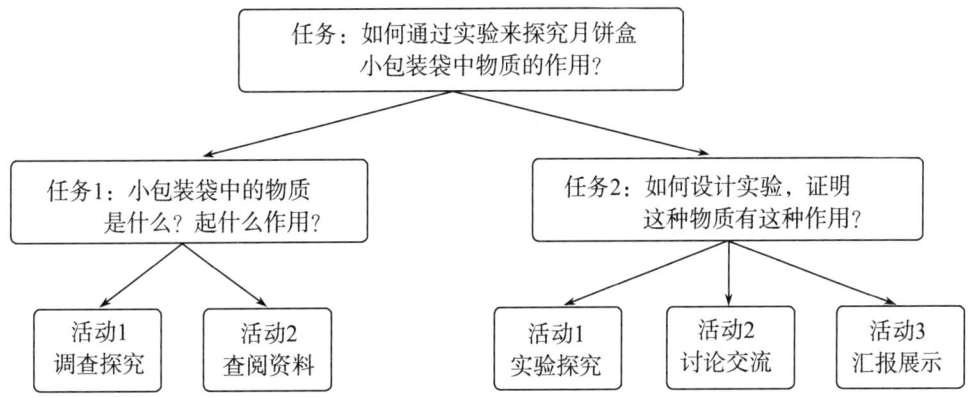

图2-2-12　通过任务分解设计具体活动示意图

化学课堂教学中的任务和活动分别处于怎样的位置？对于这一问题，可以根据化学课程教学系统构造模型"CASES-T模型"进行分析，如图2-2-13所示。[①]

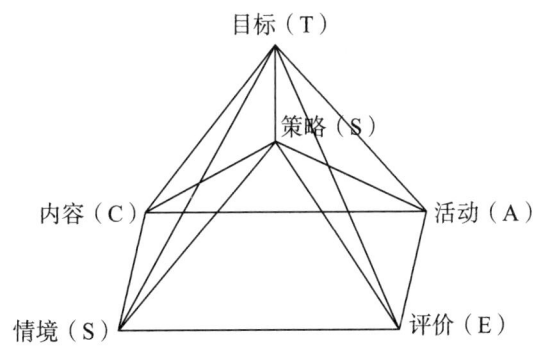

图2-2-13　"CASES-T模型"示意图

---

①郑长龙.核心素养导向的化学教学设计[M].北京：人民教育出版社，2021.

图2-2-13中，内容（C）回答"学什么"的问题，活动（A）回答"怎么学"的问题，情境（S）回答"在什么氛围下学"的问题，评价（E）回答"学得怎么样"的问题，策略（S）回答"如何使学生学得更有效"的问题。这五个要素只有作为整体（CASES）发挥作用，才能实现系统的功能，达成系统的目标（T）。模块系统中的"内容"要素，在核心素养取向的化学教学中是以学习任务形式呈现的，是显性的。[①]

（三）促进教学评价

提到评价，人们马上就跟传统的测试、各类考试联系起来。其实，评价问题是一个大问题，对学校而言，包括学校的评价管理、教师的评价能力及考试评价等。基于深度学习，立足课堂教学，教师面临的一个重要问题就是课堂教学评价。

1. 基于学业质量标准实现教学与评价的一致性

现行的课程标准对学生"学什么"和"学多少"介绍得比较详细，但对"学到什么程度"要求不够明确也不够清晰，这样带来了新的问题：一是学科教学内容不好把握，容易出现偏、难、深的问题；二是不同版本教材存在差异，如编排顺序和栏目的差异；三是评价缺乏统一、具体、可操作的标准，各地、各校的学科教师评判标准不一样，评判方式不一致。

深度学习背景下的学业质量标准应该是针对教学目标的，同时又是针对考评目标的。因此，教师应该把学业质量标准作为学科素养和学科内容的结合。对于学业质量标准的研究要依据课程标准，结合单元教学设计，依据学习任务将学业质量标准渗透到"教学评一体化"整体设计过程中或以评价量表的形式进行设计。例如，高中化学必修第一册"离子反应"的评价设计见表2-2-8。

表2-2-8 高中化学必修第一册"离子反应"评价设计

评价目标	评价任务	评价标准
建立电离、电解质、非电解质等概念，能够从微观角度认识和描述电解质在水溶液和熔融态中的电离以及在水溶液反应的微观过程，并用电离方程式和离子方程式进行表征。	①讨论溶液导电的条件。②讨论导电性实验试剂的选择。③根据导电性实验，观察描述现象，进而得出结论。④以氯化钠为例，分析溶于水以及加热熔融过程中溶质的变化。⑤得出电离、电解质等的概念，通过对比得出非电解质的概念。⑥写出硫酸钠、氯化钙、氯化镁的电离方程式。	①实验试剂的选择是否有代表性，实验现象的描述是否准确且全面。②从实验现象得出相应结论的过程中，逻辑关系是否有条理。③电离方程式是否正确。

[①] 许如意. CASES-T模型在"硅酸盐矿物与硅酸盐产品"教学中的应用[J]. 科学咨询（教育科研），2021（10）.

2. 整合过程性评价与终结性考试落实核心素养

为了及时诊断、反馈、纠正和督促日常教学，教师需要全面了解学生的表现，所以日常教学中对学生学习状况的评价显得格外重要。如何让这种评价服务于学生学习，防止用考试来干扰教学、绑架教师教学？在新课改背景下，教学评价与课堂教学深度整合成为必然趋势。

首先，不能局限于检测结果。传统的教学评价只是针对具体事实、基本概念、基本技能的掌握情况进行的，单纯考查零散的知识数量和质量，检测范围相对狭隘，对学生的批判性思维、交流合作能力、创新能力及信息处理能力等期待结果无法进行评价，对于高阶思维的培养收效甚微。

其次，要重视多元评价。如果评价变成了对考试的狭隘论断，只是对学生进行评判、选拔和甄别，就失去了激励和诊断的功能。著名教育评价家斯塔弗尔比姆说过："评价不在于证明，而在于改进。"通过检测学生学习过程中各种能力的表现，并反馈给学生，让学生知道努力的方向，激发其潜能，才能提高学生学习的主动性。

例如，增值性评价可以很好地弥补现行评价的不足。增值性评价是指学生个体在一段时间学习后的学业成果就测试前后大小的对比，并将其作为评判学校教育对学生发展的影响，同时可以作为评判学生其他能力发展的重要方法。[①]与结果性评价和过程性评价最显著的不同是，增值性评价是对学生学习起点、过程与结果的共同关注，它体现的是对学生个体差异的理解与尊重，考量的是教育给学生带来的增值。

3. 开展持续性学习评价注重课堂教学效果

学习评价关注学习效果，是深度学习中教师教学、学生学习不可缺少的环节，其关注的重点由教师转向了学生。持续性学习评价可以随时了解学习达成情况、监测调控学习过程、反馈指导教学。

持续性学习评价是教师在与学生日常教学的接触、互动过程中，以观察（包括直接和间接的观察）和交流为主要方式，从不同角度不断了解学生，进而形成对学生某种看法和判断的一种评价方式。[②]它是对学生的学习动机、过程和效果三位一体的评价，是对学生个体进行直观的判断，最终可以为教学决策提供可

---

① 高鑫，宋乃庆. 增值评价促进我国基础教育高质量发展探析［J］. 江西师范大学学报（哲学社会科学版），2021（11）.
② 王建军. 高中化学实验教学中过程性评价多元化的实践与思考［J］. 化学教育，2014（01）.

靠的依据。

由"CASES-T模型"可以看出,"评价"既要服务于"目标"的总体规划,又要统一界定在"策略"之下,因此,"评价"应该是统一贯穿于整体教学设计之中的。持续性学习评价要结合单元目标、课时目标、设定任务等进行,评价目标是多层的,评价角度是多样的,评价时机是同步的。人教版选择性必修1"化学反应的速率和限度"单元主题的评价目标与评价方法见表2-2-9。

表2-2-9 "化学反应的速率和限度"单元主题的评价目标与评价方法(人教版)

评价任务	评价目标	评价方法
化学反应的反应热、内能变化与焓变	通过对已知生活情境的微观视角讨论,培养学生对微观本质的认识;通过对热化学方程式的书写,巩固发展学生对热化学方程式意义的认识。	通过设计反应热测定的装置,用多媒体展示,学生互评,教师点评反馈。
反应焓变的计算	通过学生对盖斯定律的应用,诊断并发展学生解决实际问题的能力水平。	讨论冬天御寒的方法,小组代表回答,分析御寒方法中蕴含的微观含义,教师总结点评。
反应热的测定	通过对数据的收集和计算,对实验改造进行讨论交流,学生自主建构定量实验设计模型。	学生能准确书写热化学方程式,通过分析交流解释热化学方程式与普通化学方程式的区别,教师点评反馈。

目前实际教学中,教师缺乏评价的意识,教学目标、教学评价、教学活动之间缺少关联,尤其是对课堂过程性评价认识不足,没有关注学生的"学",对学生学习的掌握程度和思维能力的发展极少考虑,只是按照预设的程序向前推进。"教学评一体化"设计应该成为一种立体的设计,"评价"要贯穿于教学的始终。

"教学评一体化"侧重从课堂教学评价进行研究和实践,是在单元教学背景下的一种思维模式。它是教师在与学生日常教学的接触、互动过程中,以观察和交流的主要形式,从不同角度不断了解学生,进而形成对学生的某种看法或判断进行评价的一种方式。

对于学生学习的过程性评价,应该定义为学生学习过程中所经历的学习行为及其成效的评价。探讨课堂教学评价可以首先从"单课"教学进行实践,由小到大、由零到整才能逐步理解评价的意义。对于"单课"教学评价,可以分课前、课中、课后进行设计。这种评价的模型如图2-2-14所示。①

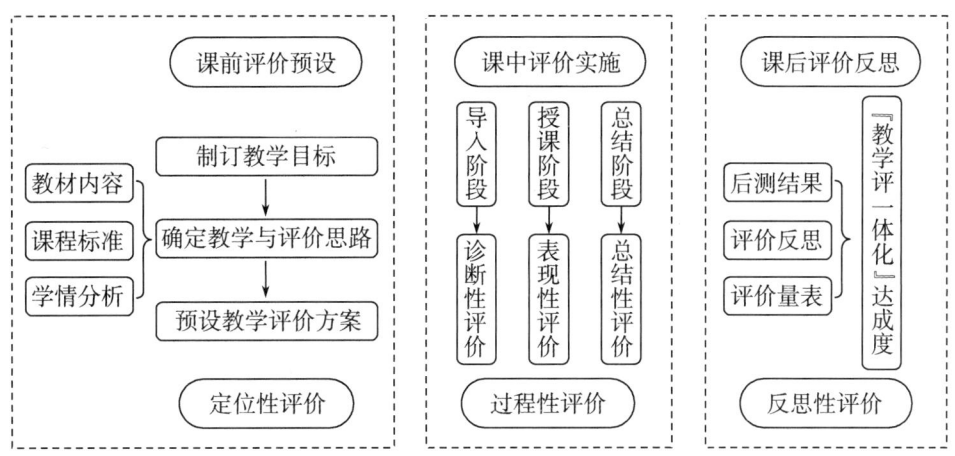

图2-2-14 "单课"教学评价的课前、课中、课后设计示意图

---

①郑爱芳,陈新华,张贤金. 基于"教、学、评一致性"的高中化学课堂教学评价模型构建与应用——以"甲烷"教学为例[J]. 化学教学,2021(02).

第三章
"目标导引·任务驱动"高中化学单元教学的设计要素

"目标导引·任务驱动"高中化学单元教学是在单元教学背景下的一种实践探究，注重目标的制订和学习活动的设计。针对不同水平的学生制订不同层次的目标，更有利于教学目标的达成，实现预期的教学结果。

为增强教学的针对性和实效性，保障教学设计的可操作性，"目标导引·任务驱动"高中化学单元教学突出单元整体教学设计和课时学习设计，强调"教学评一体化"。为此，需要对单元教学的教学设计要素进行分析研究。

本章第一节《单元的划分与设计》阐释了教学单元的划分方法，从"大概念""大主题"和教材结构两个视角宏观分析并列举有关设计要素。

本章第二节《目标的制订与陈述》通过分析制订目标的依据，详细解读了目标的陈述形式，并从微观层面对目标的陈述形式进行了分析。

本章第三节《课时的设计与进阶》跳出课时的框架，揭示了课时之间的逻辑关系，既体现了单元教学模式的微观设计，又立足课时之间的设计从中观层面体现了深度学习思想，以此阐释"学习进阶"这一设计要素。

第一节 单元的划分与设计

崔允漷教授指出:"核心素养发展的大单元是一个学习单位,一个单位就是一个学习事件、一个完整的学习故事。因此,一个单元就是一个微课程。一个学习单元由素养目标、课时、情境、任务、知识点等组成,单元就是将这些要素按某种需求和规范组织起来,形成一个有结构的整体。"[①]

钟启泉教授指出:"单元是基于一定目标与主题所构成的教材与经验的模块、单位,可以大体分为以系统化的学科为基础所构成的教材单元(学科单元)以及以学习者的生活经验为基础所构成的经验单元(生活单元)。教材单元是作为学科框架内的模块式学习内容来组织的,经验单元是通过师生合作或者学生自身经验活动的模块来计划与组织的。"[②]

我们认为"单元"是介于课程标准与课时内容之间,对外相对独立,对内关联性强、共同特征多、相对完整的教学单元,是开展教学设计的基本要素。课程标准是高度概括的指导性教学文件。对大多数教师而言,将课程标准要求转化为"课堂生产力"仍存在难以跨越的沟壑。单元教学设计则能解决这一问题,发挥将课程标准转化为"课堂生产力"的桥梁作用,进行"目标导引·任务驱动"教学设计,实现从设计一个知识点或课时的教学转变为设计一个单元的教学。

一、单元的划分

(一)以大概念、大任务统领大单元教学设计

学科教学是系统性非常强的专业性活动,大多数是从内容的视角来认识单元,即倾向于教材单元。在教学中,既可参照教材的结构,将一章中的若干节直接作为一个单元,也可以根据不同的需求适当重组调整学习内容,构成新的主题结构单元。教学设计的一种重要类型是围绕一个学科观念,提取大概念或主题完成一个系

[①]崔允漷.如何开展指向学科核心素养的大单元设计[J].北京教育(普教版),2019(02).
[②]钟启泉.学会"单元设计"[N].中国教育报,2015(06).

统的完整的教学过程。

大单元设计是以学科大概念为统领，以学科知识的内部联系为基础，以学科核心素养培养和学生身心发展为依据，将整个学科看作一个大单元，采用自上而下、逐渐细化的方式进行设计。每个大单元必须由一个大概念统领且对应一种或几种学科核心素养，通过摆脱知识本身的局限性形成迁移，突出学科知识的内在联系和逻辑关系，使知识的纵向划分具有梯度性、知识的横向划分具有相关性。大概念是大单元设计的抽象核心思想，大单元是大概念的具体体现形式。基于学科大概念的大单元设计教学可以改变学生的学习方式和思维模式，使学生学会建构知识框架，促进零散的知识系统化、概念化。[①]

1. 对大概念的理解

核心素养导向的教学，在教学内容的选择和组织上，突出强调大概念的引领作用。大概念反映学科本质，是具有抽象性、概括性、统摄性和广泛迁移价值的学科基本思想和观念。以化学学科核心素养"宏观辨识与微观探析"为例，如果对物质的宏观性质和微观本质之间的关系建立联系，将宏观世界和化学微观世界联系起来，就需要利用"宏微结合"的思想来体现。因此，"结构决定性质"就成了化学学科的大概念。这一大概念贯穿于学习的整个过程，在认识原子结构、分子结构、晶体结构、有机物性质时都要涉及这一宏观性质与微观结构的关联实质。大概念是关于学科的基本思想和观念，它既不是事实性的知识，也不是程序性的知识，而是基于知识内容之上的一种认识，包括策略、方法、反思等。例如，物质转化观念、化学平衡思想等都是一种认识并学习知识的观念和方法。大概念的建构，是在一系列具体知识的基础上，经过一系列的抽提来实现的，因此具有统摄性。大概念的概括性和统摄性决定了大概念具有广泛的应用，具有很高的迁移价值。从概念的概括程度来划分，化学学科概念可分为大概念、核心概念和基本概念。基本概念是核心概念形成的基础，核心概念是大概念建构的基础，大概念认识对核心概念和基本概念具有引领作用。

化学学科大概念有三种表现形式：科学大概念、学科大概念和主题大概念。从概念层级来看，主题大概念属于学科概念层级结构中的核心概念，学科大概念属于科学概念层级结构中的核心概念。例如，"相互作用"属于科学大概念，"化学相互作用"属于（化学）学科大概念，"基于粒子的相互作用"则属于主题大概念，

---

① 杨宇，朱书佚，刘双雪，等. 化学学科大概念下的大单元设计［J］. 中学化学教学参考，2021（06）.

它们之间的关系如图3-1-1所示。

学科大概念的形成，必须以主题大概念的建构为基础，要实现核心素养导向的教学设计关键在于主题大概念的抽取。因此，大概念具有相对性，基于主题大概念来选择和组织教学内容是单元教学设计的关键。在实际教学中，

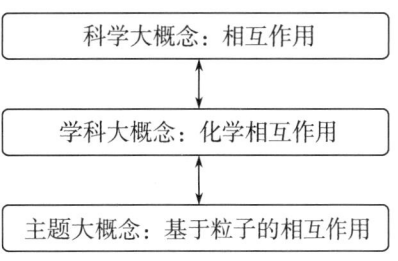

图3-1-1 大概念层级关系示意图

如何理解和分析学科大概念，是对教学内容组织的一种挑战。在正确理解大概念的内涵和相对性后，就可以通过合适的方式来呈现大概念，通常可以用一个词、词组或一句话来描述一个大概念。例如，"能量"是一个词，"化学相互作用"是一个词组，"化学反应的实质是原子的重新组合"是一句话，以上都可以用来表示学科大概念。[①]

化学学科核心素养的特质是创新。因此，核心素养导向的化学教学，不仅重视大概念在相似、相近情境下的迁移（近迁移），更重视大概念在陌生情境下的迁移（远迁移）。化学学科的学习适合在学习活动中实现观念的迁移，适合在实验探究中创造性地进行远迁移，只是要注意解决好间接经验内化又外化的问题，即将所学知识转化为综合实践能力的问题。学科大概念的形成，既需要学生有综合能力、创新意识，也需要通过学科大概念的形成有意识地培养学生的综合能力、创新意识。高质量问题的设计和学习方式的转变成为一种有效的高阶思维培养途径，项目化教学恰好解决了活动创新与观念形成的问题。一个挑战性的问题，既可以密切联系实际，也可以从小事物中见大道理。这个特征提醒我们，要注重通过社会实践引导学生增强社会性情感、态度与责任感。

2. 从大概念视角确定主题单元

从大概念视角分析教学内容是确定单元的重要环节。首先，要站在学科整体高度，从具体内容出发，分析和挖掘具体内容背后的大概念，并从大概念视角梳理相关内容，形成有意义的、相互关联的、结构化的知识整体；其次，根据学科课程标准的要求和学生不同阶段的学习实际，梳理大概念的进阶发展，明辨大概念的学习进程及其重要节点；再次，依据学生的实际情况和发展需要，结合教学内容的特点来确定大概念和单元的大小及形态。大概念的学习是一个循序渐进、不断拓展和深化的过程，需要以适应学生不同发展阶段的认知特点的方式来表达。在教学中，根据教学内容的特点及学生的认知基础和发展需要，教师可以通过增加其内容维度、

---

① 郑长龙. 核心素养导向的化学教学设计［M］. 北京：人民教育出版社，2021：47.

认识深度和复杂性来反复呈现大概念，以持续、递进的方式来促进学生的理解和迁移应用。[①]

大问题的解决方式可以加深学生对具体知识的理解和掌握，因为解决问题需要对多个知识点进行熟练运用。在以大问题开展单元教学的同时，不能忽视对具体知识的专项练习。然而，日常教学常常表现为传统的设计模式，为实现以任务驱动为主线的教学设计，常常需要打破传统的知识体系，以某一知识点的形成或运用为主线，通过学习知识和解决问题相辅相成、有机结合的教学结构完成整体设计，体现大概念或大观念教学思想。

从图3-1-1可以看出，主题大概念属于学科概念层级结构中的核心概念。可见，大概念具有相对性。例如，在"化学反应与热能"主题中，"热是化学反应中能量变化的重要表现形式"就是大概念，"$\triangle H$（焓变）"就是核心概念，"中和热""燃烧热"就是基本概念。以大概念统领的单元称为大单元，以基本概念统领的单元称为小单元，它们之间的关系如图3-1-2所示。

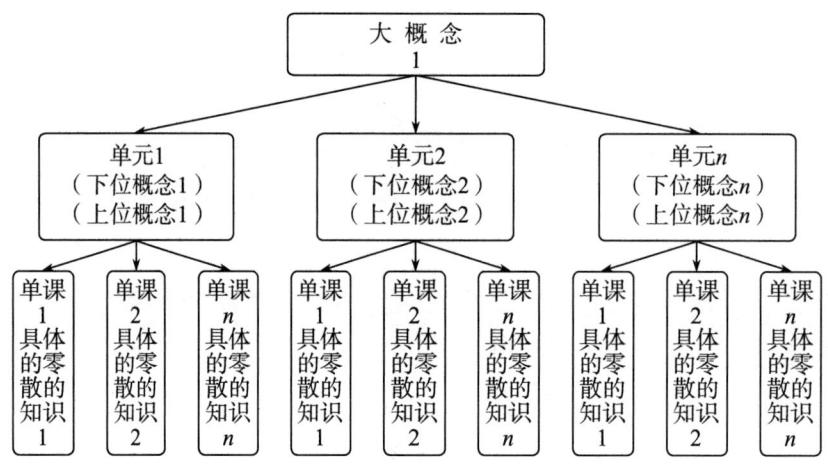

图3-1-2　大概念统领下的单元与概念关系示意图

（二）从教材编排角度确定主题单元

教学单元可以与现行教材规定的单元基本一致（自然单元），也可以对教材单元进行调整或者组合形成教学单元（改良单元）。教材的功能定位在于理解与应用，基于教材内容的单元将相近的知识内容进行整合，可使支离破碎的知识点或"垒砖块"的内容结构发生关联或迁移。这种主题单元要结合大概念、大单元来进

[①] 顿继安，何彩霞. 大概念统摄下的单元教学设计［J］. 基础教育课程，2019（09）：6-11.

行设计。体现这一特点的高中化学单元划分见表3-1-1。[①]

表3-1-1 高中化学单元划分

大概念	大单元	学科核心素养
化学科学与实验探究	必修第一册（第一章）	宏观辨识与微观探析
常见的无机物及其应用	必修第一册（第二章、第三章），必修第二册（第五章）	科学探究与创新意识
物质结构基础与化学反应规律	必修第一册（第四章）、选择性必修2	证据推理与模型认知
简单的有机物及其应用	必修第二册（第七章）、选择性必修3	科学探究与创新意识
化学与社会发展	必修第二册（第八章）	科学态度与社会责任
化学反应原理	必修第二册（第六章）、选择性必修1	变化观念与平衡思想

1. 单元规划

单元规划可依据如下标准进行：①依据教材章节建构单元；②参考课程标准主题建构单元；③围绕特定的化学问题解决建构单元；④基于专项能力建构单元。划分单元要遵循的原则是整体性、有序性和操作性，具体的流程为划分单元→建构单元系列→确定单元内容。

整体性是单元教学方案的基本特性。从横向来看，目标—评价—学习进程是单元教学的三个课程要素，首先做到"教""学""评"三者合一，从学科核心素养培养的高度把握学习目标，设计真实有效的评价任务，运用整体性原理设计有序的教学活动，并以整体渐进的方式递进推行，从而引导学生在活动中达成目标、把握本质、提升素养。从纵向来看，无论是自然单元还是主题结构单元，都需要从整体的视角进行关联性思考，既注重知识体系的内在联系、多重关系，也注重将学科知识与学生生活紧密联系，沟通学习内容与真实生活，互相渗透，相辅相成，以提升学生的化学学科核心素养。

单元教学设计的有序性特征是课堂教学有目的、有计划进行的基础保障。单元内专题之间或者单元与单元之间的知识、观念建构是由浅入深递进的，在学习建构过程中是有坡度和梯度的循序渐进；单元内各专题或各课时之间的关系也是相辅相成的，既相互独立，又相互联系。各单元学习任务群是由多个活动组成的，学习活

---

①杨宇，朱书侠，刘双雪，等. 化学学科大概念下的大单元设计[J]. 中学化学教学参考，2021（12）．

动根据一定的逻辑关系序列化,以此保证学习活动层次特征的落实。①

单元学习方案的设计既要有顶层指向学科核心素养发展的系统规划,也要保证能够在底层课时教学中有序实施,还要结合实际情况进行合理、有效的单元目标分解、专题课时划分,在可实践、可操作的课时教学实施过程中达成单元学习目标、建构单元大概念。

2. 单元教材分析

单元教材分析的依据是课程标准、教材和学情。在进行单元教材分析时,要按照一定的问题链进行:本单元的教学内容课程标准是怎么要求的→本单元的教学内容在学科中有怎样的作用→本单元的知识与学科核心素养有哪些内在联系→学习本单元的知识时学生已经掌握哪些知识与技能→学生已经掌握的知识与技能对学习本单元有何帮助。

现在的教学过程中,教师注重对教材的分析,对课程标准的研究和学科核心素养的分析相对薄弱。单元教学要求教师更加全面、更加深入地分析教材。单元教材分析的思路如图3-1-3所示。②

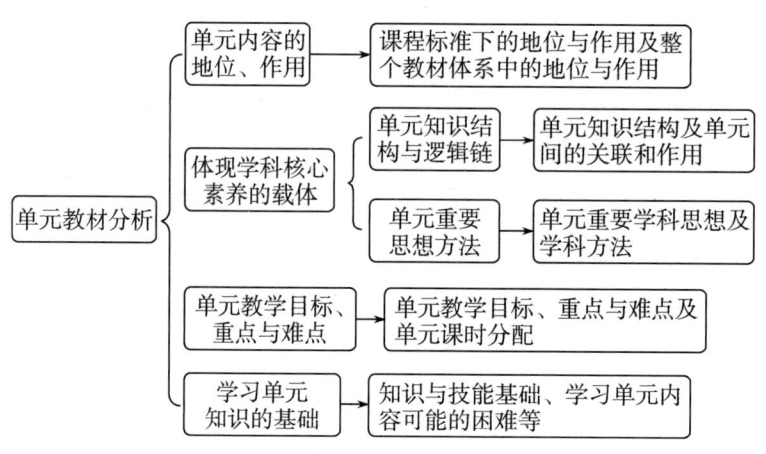

图3-1-3 单元教材分析思路示意图

在进行单元教材分析的基础上,还要对教学内容进行梳理和进一步优化,这样才能更好实施教学,实现单元整体教学目的。这具体体现在四个方面。第一,梳理

---

① 吕世虎,吴振英,杨婷,等.单元教学设计及其对促进数学教师专业发展的作用[J].数学教育学报,2016,25(05).
② 江合佩,王春,潘红.核心素养下的化学单元整体教学设计[M].福州:福建教育出版社,2021:30.

内在联系，即梳理重要知识与概念、重要方法与观念以及它们之间的联系，找到教材中分散的知识点之间的内在联系，厘清单元与单元之间的关系。第二，按照学生的认知规律，处理与编排教学的重点、难点；针对学生不易掌握的知识点，采用合适的方法手段，加深学生对教材的理解。第三，依据内容特征对教材进行挖掘与拓宽，把教材中的隐性知识挖掘出来，把与教材有关的课外知识适当纳入教学中，以加深学生对教材的理解与掌握。第四，处理好教材与教学资源之间的关系，教学资源包括练习册、活动册、实验手册及配套读物、音频和视频资源等。

二、单元的设计

单元整体教学设计要注重各个关键环节紧紧围绕单元教学所承载的核心素养要素展开，因为化学学科核心素养是学生发展核心素养的重要组成部分，是学生综合素质的具体体现，反映了社会主义核心价值观下化学学科育人的基本要求，全面展现了化学课程学习对学生未来发展的重要价值。[①]

在单元规划的统摄下进行单元教学设计时，首先，要对单元教材进行分析，对教材的学习价值、内容结构、教学策略进行系统、全面的解读和评判，做到有的放矢；然后，进行单元目标的设计，在对教学的重点、难点、目标、课时规划的同时，全面分析单元教学的资源，注重单元评价的设计，在此基础上再进行单元活动设计。这就是单元设计的主要内容，涉及单元任务、活动过程、活动情境、活动评价等方面。在单元教学活动设计中，设置核心任务和划分内容段落是重点工作。

（一）设置核心任务

陶行知先生曾说："我们要以自己的经验做根，以这经验所发生的知识做枝，然后别人的知识方才可以接得上去，别人的知识方才成为我们知识的一个有机部分。"[②]

在任务驱动式教学中，任务的提出是关键，是这一教学方法实施的核心，它决定着在一节课或一个单元的学习中学生是主动学习还是被动学习。因此，教师要站在略超前于学生智力发展水平的高度上，即略高于学生最近发展区，提出有利于学生掌握技能、获取知识的有意义的任务。需要注意的是，教师所提出的任务要符合学生的认知规律，把教学内容融合于开放平等的教学环境中，引导学生自觉地去探

---

①中华人民共和国教育部.普通高中化学课程标准（2017年版2020年修订）.北京：人民教育出版社，2020.
②陶行知."做学教合一"的总解释［J］.重庆陶研文史，2016（04）.

求知识、获取知识、运用知识。只有合理地设置核心教学任务或课时学习任务，才能将学科活动付诸实践，完成实践型的学习或学习型的实践。

核心任务强调实践性，有意义的实践活动更有利于学生直接经验的获取。虽然书本知识的学习也符合教学过程的规律和特点，能快速而有效地促进学生认知的发展，但是没有一定的直接经验，学生难以理解和掌握间接经验。间接经验是基于直接经验且是无数直接经验整合的结果。只有当间接经验真正转化为学生的直接经验时，它才具有教育价值，才能促进学生的发展。直接经验是"储备金"，是"母乳"；间接经验是"纸币"，是"代乳品"。

1. 核心任务要承载主要目标

单元教学目标具有整体性和可测性，避免了传统课时教学的随意性和盲目性，有利于实现多维目标的融合和真正实现新课程提出的总目标，便于在教学目标的指导下根据建构的单元教学内容确定学习任务。学习任务是引导学生学习的框架，是学习活动的出发点。单元学习任务具有相关性和层次性，避免了传统课时教学中知识点的孤立学习和机械练习，有利于教学过程与结构的优化，以提高教学质量和效率。

在单元目标的统领下设计教学活动时，以任务驱动模式进行总体设计就要寻求适合目标的核心任务，什么样的任务更适合完成总体教学目标、什么样的课时学习任务更有利于实现学习目标就成为首要考虑的问题。因此，选择或制订承载教学目标的核心任务成为一种挑战。传统的课时教学将学科知识割裂为零散的知识点，难以建立起化学主题大概念与其统领下的核心知识、方法和态度之间的联系，在一定程度上阻碍了学科观念的构建。"从学生核心素养发展的角度，要以化学主题大概念为统领，从整体上将零散的化学知识、思路方法和情感态度整合在一起，设计具有综合性和统摄性的教学单元。"[①]

要实现单元教学的整体性目标，必须强调核心任务的设置，所以设置符合教学目标的核心任务就成了单元教学的关键。例如，人教版高中化学选择性必修3第一章第二节《研究有机化合物的一般方法》、第三章第五节《有机合成》和第五章第一节《合成高分子的基本方法》教学内容，可以设置问题"建构并应用有机药物获取、合成、进阶的思路和方法，解决青蒿素的系列问题"统领，在此基础上设置核心任务，并根据单元设计思路将其细化为不同的子任务。

核心任务：北京时间2015年10月5日17点30分，诺贝尔官网公布消息，诺贝尔

---

①胡欣阳，毕华林. 基于大概念促进学生化学观念的建构［J］. 中学化学教学参考，2022（13）.

生理学或医学奖颁给三位科学家，我国科学家屠呦呦因发现治疗疟疾的新药物（青蒿素）疗法名列其中。这是中国科学家因在中国本土进行的科学研究而首次获得诺贝尔科学奖，是中国医学界迄今为止获得的最高奖项，也是中医药成果获得的最高奖项。青蒿素是治疗疟疾的有效药物，它的使用在全世界"拯救了几百万人的生命"。

本单元的学习，基于乙酰水杨酸（商品名阿司匹林）的研制开发，建构并应用有机药物获取、合成、进阶的思路和方法，解决青蒿素获取和合成的问题，并尝试进行结构修饰。

为此，需要完成的子任务：①以水杨酸为例，掌握如何获取、确定结构、合成有机物；②以水杨酸制备阿司匹林为例，掌握如何改良有机物性质；③以阿司匹林衍生药物为例，掌握如何修饰有机物结构，模拟新药物合成。

2. 核心任务要聚焦任务解决

在进行核心任务设置时，以核心任务驱动单元教学或者以子任务驱动课时学习，通常要考虑两方面的问题，即学习内容和学习方法两条线路问题，如图3-1-4所示。[①]

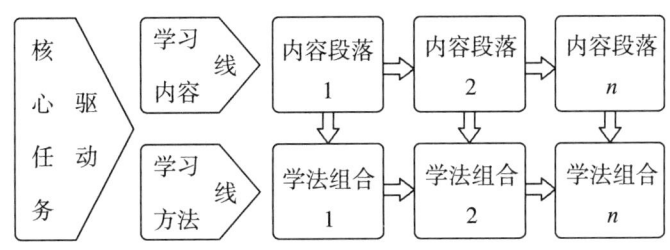

图3-1-4　学习内容和学习方法线路示意图

由图3-1-4可以看出，在围绕核心任务设计学习内容时，每个内容段落都要紧紧聚焦核心任务展开。如果是整合一系列教学内容的大单元，核心任务就要考虑每个段落之间的关联性和递进性；如果找不到一个整体的核心任务，也可以通过几个不同的任务驱动学习。一般来说，以教材编排的自然单元或者与自然单元有关联的若干知识结构组成的主题单元称为小单元，对于小单元的任务设置常常是以并列的子任务在课时设计中呈现的。核心任务的结构样式有三种形式，即"情境+任务"式、"情境+主任务+n项次任务"式、"情境+n项分任务"式，通常可以根据任务的特点灵活选择。

---

①徐和平.单元整体教学设计讲座：新模板与新策略.

根据任务的特点，在将教学内容合理地划分为不同段落的同时，要同步设计完成任务的方法，引导学生运用适合任务特点的学习方法完成任务。学习方法的选择与实施过程既是一种预期设计，也是一种对学情的考量。学习方法的研究，既要发挥教师的总体规划能力，又要结合各种现实因素综合培养学生的思维方式。

任务驱动式教学法提示我们，明确学生的学习心理，可以在教学与实践之间架起一座桥梁，让教师的教学为学生的学习提供丰富的替代性经验，借助对一个个尽可能真实的情境中教学问题的思考，深化学生对知识的理解，从而不断地培养学生分析问题、解决问题的能力。任务是学习的直接动力，是问题提出的重要依据。任务的设置是关键。对任务设置的要求除了承载教学目标外，还要与当前教学内容密切相关；任务形式要多样化，要具有一定的趣味性，能给学生提供一定的想象空间，激发学生的学习兴趣和内在学习动机，培养学生探究、合作和创新精神。

3. 核心任务要依托适宜情境

核心任务的设置要创造条件，让学生在"做事"的情境中完成学习任务。教师需要创设与当前学习主题相关的尽可能真实的学习情境，引导学生带着真实的任务进入学习状态，使学习更加直观和形象化。在教学实践过程中，创设情境是一个非常重要的环节，它直接影响教学的效果，因为无论教师设计的任务有多好、包含多少知识点，如果不能激发学生完成相关任务的主观能动性，那么任务驱动教学法无法成功地开展。所以，要设计一个能让学生积极主动去完成任务的情境，是任务驱动教学法顺利进行的前提。

"真实、具体的问题情境是学生化学学科核心素养形成和发展的重要平台，也为学生提升化学学科核心素养提供了真实的表现机会。"[1]

化学学习情境按其功能来划分，主要分为两种：一种是建构性化学学习情境，其主要功能是帮助学生建构化学学科核心概念和大概念；二是迁移性化学学习情境，其主要功能是帮助学生学以致用，运用所建构的化学核心概念和大概念解决实际问题。无论是建构性化学学习情境的创设，还是迁移性化学学习情境的创设，都应注重激发学生的学习兴趣，引发学生的认知冲突，使学生产生各种化学问题。建构性化学学习情境的创设，应注重发挥化学史实的作用，将大概念的构建与大概念本身的发展演变过程有机结合起来，使学生能从学科本原上把握大概念发展中所蕴含的学科思想观念。迁移性化学学习情境的创设，应注重发挥真实的STSE问题的

---

[1]中华人民共和国教育部. 普通高中化学课程标准（2017年版）[M]. 北京：人民教育出版社，2018：73.

作用，将大概念的迁移应用与科学、技术、社会和环境问题的解决过程有机结合起来，使学生能从学科价值上把握化学科学的社会功能和责任。

例如，"水溶液中离子的产生"的教学，教师可以分别提供"法拉第的电离理论"（认为电解质溶液在通电情况下产生离子）和"阿伦尼乌斯的电离学说"（认为电解质在水溶液中自发产生离子），使学生产生认知冲突，提出"电解质水溶液中离子的产生到底需不需要电""电解质在水溶液中真的能自发产生电离吗"等学科本原性问题，形成实验探究的欲望和冲动，从而设计实验来解决这些问题。[1]

情境现已被广泛应用于各类课堂上，对教学活动产生了积极的作用："第一，情境可以有效地刺激学生，不仅使学习过程成为对知识本身的接受，更会使学生产生情感的共鸣；第二，情境可以使枯燥乏味的知识产生丰富的附着点和切实的生长点，让教育具有深刻的意义；第三，情境增加了学习活动的生动性、趣味性、直观性，让学生在理论知识与应用实践的交互碰撞中真正理解知识、提升能力。"[2]

当前，随着课堂教学的不断改进，教师越来越关注课堂教学的情境设置，为激发学生学习兴趣、落实学科核心素养提供了保障，但是不少教师还没有充分发挥情境的真正作用，仅仅局限于课堂导入、问题背景等形式，没有形成核心任务驱动单元整体教学的框架，也没有提供任务驱动教学的学习路径。教学情境的设置是学科知识和思维方法的应用载体，无论是知识的学习还是方法的形成，甚至是考试题的解答或对学习的评价等，都可以依托真实的情境设计任务。

4.核心任务的确定要符合教学实际

核心任务的确定除了承载教学目标、依托情境之外，还不能脱离学生的认知水平；不考虑学生的身体、心理、智力、情感等因素，超越学生理解范围和接受能力的任务不仅无法驱动学习的开展，反而会把学生引入歧途，使学生不能自拔，既不能巩固基本知识，又不能培养综合能力。孔子提出的"因材施教""不愤不启、不悱不发"等思想，就包含学情分析。

当前，学术界对学情分析的概念主要存在三种观点：一是指学生自身情况，即对学生的实际情况进行分析；二是指学生学习情况，即对学生的学习情况进行分析，从智能角度分析已知、未知、需知、能知等；三是指影响教学设计和实施效果，且与学习者相关的因素、变量。学情分析要基于学习目标的达成，分析学生的知识、经验、情感、态度、动机等，其分析贯穿教学的全过程。基于课程标准的教

---

[1]郑长龙.核心素养导向的化学教学设计［M］.北京：人民教育出版社，2021：51.
[2]高彤彤，任新成.多元智能理论与情境教育的发展［J］.上海教育科研，2015（03）.

学，学情分析是指教师为了科学研制教学目标而开展的对学生学习情况的诊断、评估与分析，其作用是为教师教学的有效决策提供信息和证据。①

实际的教学过程多数是以教材内容编排或若干教材内容关联组成的小单元实施的，核心任务的设置常常是笼统的、宏观的，更多的是设计一个个子任务实施教学。核心任务驱动下的单元教学范式如图3-1-5所示。②

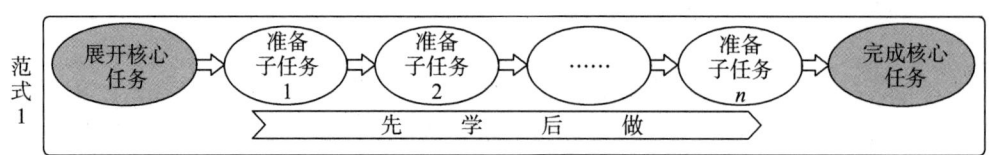

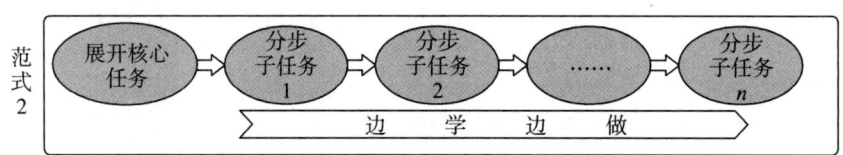

图3-1-5 核心任务驱动下的单元教学范式示意图

由图3-1-5可以看出，无论是"先学后做"还是"边学边做"的教学设计，每个环节对应的子任务都是在课时学习过程中要呈现给学生的。这就要求教师的"教"与学生的"学"相互融合，以学定教成了教学设计的逻辑起点，当然也就涉及学习任务的设计能否落地。实际教学过程中，对任务的设计与实施也不是一成不变的，可以结合不同的形式进行探索。适合任务特点的形式和适宜学生学情的办法就是最好的。

单元教学强调设置核心任务或子任务。教师在研制教学目标时，要转变设计角度，从"教"出发的立足点转化到从学生"学"出发的立足点，充分考虑学生的实际，考虑他们学什么、怎么学，学的过程中会遇到哪些障碍，怎样帮助他们解决，怎样才能使他们发挥积极性、让他们有主动学习的时间和空间，怎样才能挖掘他们学习的潜能并让他们有所发现、有所创造等。③

---

① 于丽萍. 基于标准的教学："教—学—评一致性"区域实践[M]. 北京：中国社会出版社，2021：95.
② 徐和平. 单元整体教学设计讲座：新模板与新策略.
③ 于漪. 我和语文教学[M]. 北京：人民教育出版社，2003：155-156.

（二）划分内容段落

1.体现课型学习规律

在做好教学任务的设置之后，就要在任务的驱动下实施教学、开展学习活动。教学内容的设置首先要体现学科不同类型的学习规律，如概念的教学需要聚焦思维考查。一般来说，思维观念类内容大体按照"观念认知""观念提炼""观念应用"三个段落实施教学。

在"观念认知"阶段，可以从概念的本质属性、内涵、外延等角度出发引导学生进行整体感知。学生往往难以理解概念的真实意义，认为通过多记、多背、多模仿就能学会。实际上，这种认识会导致理解的肤浅，难以把握概念的本质。对于概念的认知可以通过不同的方式进行思维考查，如通过举例从反面说明论证、用自己的语言描述、进行辨认正误等。

在"观念提炼"阶段，对于不同的概念采用不同的方法进行提炼，围绕概念的本质进行分析。与本质对应的现象，即表面的文字描述难以达到认识本质的层次，这就是为什么很多人记忆、理解甚至掌握了很多学科概念或学科知识，却不能领悟学科基本思想方法的原因。从这个角度说，"观念提炼"的教学就是关于学科思想方法的教学，而学科思想方法的核心就是学科思维，所以，观念的提炼就是学科知识向学科思想方法的转化和概括。

在"观念应用"阶段，深度学习是优化概念教学的基本策略。从知识的角度讲，有深度的教学指的是超越知识表层结构而进入深层结构的教学。现代知识论告诉我们，所有学科的知识就其结构而言，都可分为表层结构和深层结构。表层结构揭示的是知识的表层意义，即知识（语言文字符号）本身的描述性或解释性意义，它所反映的是物理世界、社会世界和观念世界的对象、情境和概念。深层结构则是蕴含在知识中的思维方式和价值倾向，它揭示的是知识的深层意义，即知识背后的智慧意义、文化意义和价值观念，反映的是人的精神世界和价值世界。[①]

针对不同的课堂特点，应该采用不同的段落分析，这也是符合认知规律的具体体现。不同课型的普通高中化学单元内容段落如图3-1-6所示。

[①]余文森.核心素养导向的课堂教学［M］.上海：上海教育出版社，2017.

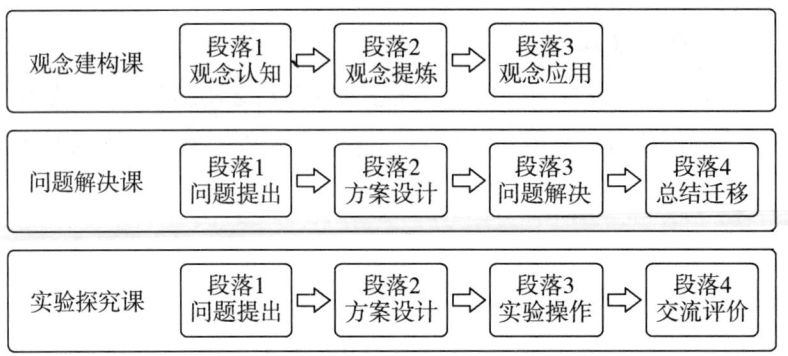

图3-1-6 不同课型的单元内容段落示意图

2. 合理分配段落

在单元整体学习视角设计的前提下,一个单元的内容段落以3~5个为宜;课时与段落的配比有多种形态,以一课时正好对应一个段落是最主要的形态。内容段落虽说是一个单元学习内容的若干组成部分之一,但它在整条内容链上往往具有一定的完整性。无论是一节课正好对应一个内容段落,还是一节课包含两个段落,或是一节课完成的只是某个段落中的某一部分,作为一节课的内容往往又具有一定的完整性。不同的内容结构划分要结合小单元或大单元的划分,使其合理优化、不断整合,并随着教学的实施不断调整、改进。常见的内容段落划分模式如图3-1-7 所示。①

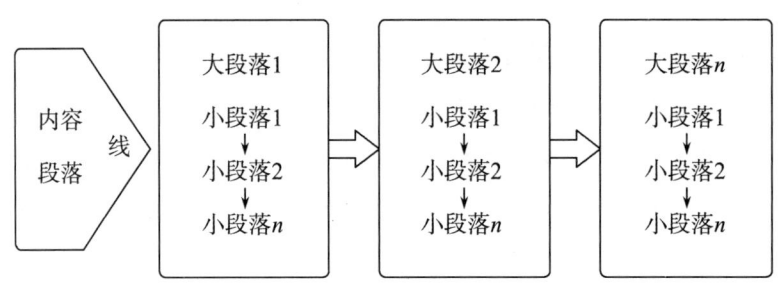

图3-1-7 单元内容段落划分模式示意图

3. 正确表述段落内容

单元设计要根据不同的内容设计不同数目、不同形式的段落,每个段落要用简要的语言表述。对段落的表述要注意以下几点要求。首先,要表述的是学习内容。这样既可以明确不同段落的内容要求,找到段落之间的逻辑关系和侧重点,也可以

---

①徐和平.单元整体教学设计讲座:新模板与新策略.

根据内容要求界定相应的学习途径；既能加强段落之间的联系，又能保证内容段落线和学法组合线的有机融合。例如，高中化学选择性必修2"原子结构"单元内容段落表述如图3-1-8所示。

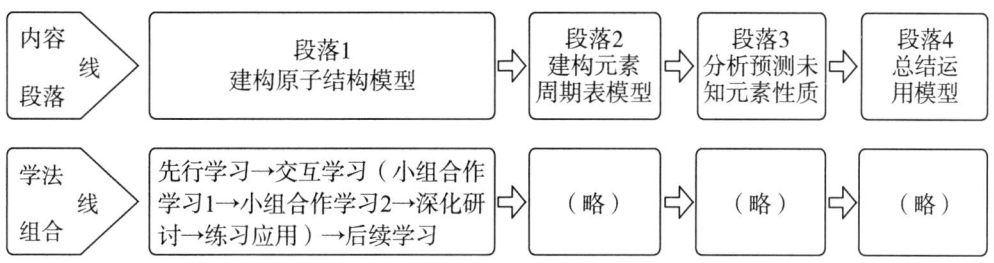

图3-1-8 "原子结构"单元内容段落示意图

其次，要站在学生的立场进行表述，并且表述的内容要有一定的概括性。为了使得表述形式易于理解、便于操作，不同类型的内容段落表述要体现不同的特点。例如，高中化学探究性问题，可以采用如图3-1-6所示的问题解决课形式，也可以简要表述为"提出问题→设计方案→实施方案→修正方案"。这种将内容形式化的要求是为了建构认知思路，使内容段落更加显性化，便于采用灵活多变的形式进行教学。例如，高中化学选择性必修1"沉淀溶解平衡"的内容段落表述如图3-1-9所示。

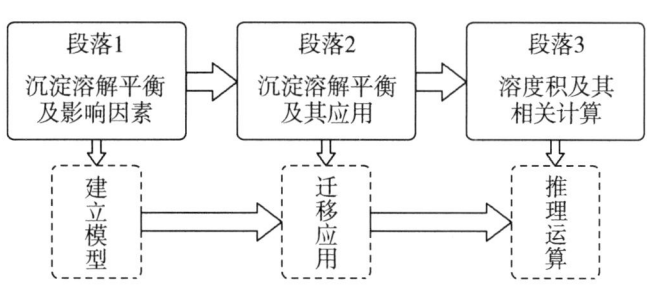

图3-1-9 "沉淀溶解平衡"内容段落示意图

第二节 目标的制订与陈述

教学目标具有导教、导学和导评的功能。研制教学目标，解决的是"为什么"的问题，它指向教学的具体内容；而叙写教学目标，解决的是"怎么写"的问题，它指向教学目标的陈述形式。科学研制和叙写教学目标，有利于教师在教学设计中更为精准、具体地确立教学方向、程度与范围。当然，教学目标也包括学习目标。站在教师的角度来看，教学目标是为了"导好教"；站在学生的角度来看，学习目标是为了"导好学"；站在教学的角度来看，教学目标是为了"导好评"。无论处于什么角度，都是从宏观或微观的层面对学习结果的预期，教师都要根据实际情况、依据课程标准表述教学目标，通过学习目标指导和评估教学。

调查发现，目前教学过程中对教学目标的认识还存在流于形式的问题，目标设置的随意性限制了它指导教学和评估学生学习的功能。这主要表现在以下几方面。第一，照搬照抄。不考虑实际情况将"内容标准"目标照抄过来，这种学生较长时间才能实现的发展结果显然不符合教学实际。第二，指向不明。仅仅停留在一般目标层次上的目标，没有清楚具体的内容，没有学习之后的预期结果。第三，目标泛化。一些放在任何课堂中都正确的泛化目标成了"摆设"，目标如果不针对实际情况，就失去了指导教学、评估教学的意义。

一、教学目标的研制依据

（一）核心素养要求是制订单元教学目标的基础

从双基到三维目标再到核心素养，其中双基是外在的、素养是内在的，三维目标是由外在走向内在的中间环节，既有外在的又有内在的内容。相对于双基，三维目标的理论较为全面和深入，这是因为学科知识包含了知识、方法、价值这三个维度的要素。因此，双基对学科的揭示是单维度的，而三维目标是全面的。从教学的角度来说，教学不是简单的复制，生成性是教学的特性。教师、学生在教学中，除了接受、内化学科的三维目标之外，也会创生出新的个人的三维目标；个人的这种创生可能是学科三维目标的延伸、拓展，也可能是创新甚至是质疑。只要是有价值的生成性目标，都应该肯定和鼓励。相对于三维目标，素养更具有内在性和终极性意义，能体现人的发展内涵。只有从三维目标走向核心素养，才能够实现教育的真正目的。

"现有的课程标准虽然在总目标中提及类似学科核心素养的目标，但没有以学科核心素养为纲，没有将学科核心素养一以贯之地落实到课程标准的各个方面，特别是各个学段或年级或水平的表现标准。"[①]

学科核心素养作为上位的课程目标，是研制单元教学目标的重要依据。2017年，教育部发布了普通高中课程方案，首次凝练了各学科的核心素养，明确了各学科在落实"立德树人"教育根本任务中的独特贡献，见表3-2-1。

表3-2-1 普通高中各学科核心素养

学科	核心素养
语文	语言建构与运用、思维发展与提升、审美鉴赏与创造、文化传承与理解
数学	数学抽象、逻辑推理、数学建模、直观想象、数学运算、数据分析
英语	语言能力、文化意识、思维品质、学习能力
思想政治	政治认同、科学精神、法治意识、公共参与
历史	时空观念、史料实证、历史理解、历史解释、家国情怀
地理	人地协调观、综合思维、区域认知、地理实践能力
物理	物理观念、科学思维、科学探究、科学态度与责任
化学	宏观辨识与微观探析、变化观念与平衡思维、证据推理与模型认知、科学探究与创新意识、科学精神与社会责任
生物学	生命观念、科学思维、科学探究、社会责任
音乐	审美感知、艺术表现、文化理解
美术	图像识读、美术表现、审美判断、创意实践、文化理解
体育与健康	运动能力、健康行为、体育品德
通用技术	技术意识、工程思维、创新设计、图样表达、物化能力
信息技术	信息意识、计算思维、数字化学习与创新、信息社会责任

（二）课程标准是制订教学目标的依据

当前，课程标准所提出的内容并不是以单元或课时呈现的，其中的主题或内容

[①] 邵朝友，周文叶，崔允漷. 基于核心素养的课程标准研制：国际经验与启示［J］. 全球教育展望，2015（08）.

要求需要多个课时才能完成，因此，需要在教学过程中落实教学内容，使内容标准具体化。"课程标准与分解后建立的学习目标，在对应关系上大体可以分为三种情形：一对一、一对多、多对一。"①

教学目标规定了"学什么""学到什么水平"，涉及学习知识、认知水平的问题都要依据课程标准来解决，教师不能随意降低认知水平或缩小知识范围，更不能人为拔高要求，选择偏、难、怪的内容作为教学目标或学习目标，从而造成无效教学或低效教学。

针对课程标准与学习目标的对应关系，可以采用"替代、拆解、组合"的方式进行教学目标的制订。其中，"一对一"关系是指一条内容标准已经比较具体，适当调整后就可以作为一个学习目标；"一对多"关系是指一条内容标准有一定的概括性，需要分解为多条学习目标才能达成；"多对一"关系则是指从多条内容标准中提取某一目标元素组合成一条新的学习目标。②

1. 替代策略

替代策略指的是利用"一对一"的对应关系，用提炼的学习内容替代内容标准中宽泛的学习要求。例如，在《化学反应速率》一节中，涉及的内容标准为"知道化学反应速率的表示方法，了解测定化学反应速率的简单方法。通过实验探究，了解温度、浓度、压强和催化剂对化学反应速率的影响。知道化学反应是有历程的，认识基元反应活化能对化学反应速率的影响"。这样的内容标准经过提炼就是"化学反应速率的概念及表示方法""化学反应速率的影响因素""化学反应的历程"，可以用提炼后的内容作为教学目标。

2. 拆解策略

使用"一对多"的对应关系，将内容标准拆解成几个相互联系的细项指标，以此形成具体的学习目标。例如，在《化学平衡》一节中，涉及"平衡常数的应用"的内容标准为"知道化学平衡常数的相对大小与反应方向间的联系"，但这一单元还有"浓度商""转化率"等内容，因此，可以将内容标准拆解为：① 能够根据化学平衡常数大小判断反应进行的程度；② 知道浓度商的表达方法及其与化学平衡常数的区别，并能利用Q_c与K的关系判断反应是否达到化学平衡状态及可逆反应进行的方向；③ 能利用化学平衡常数计算反应物的转化率及物质的平衡浓度；④ 通过化学平衡常数功能价值的推导和应用，形成定量观。

---

① 崔允漷. 有效教学［M］. 上海：华东师范大学出版社，2009：111.
② 李锋. 基于标准的教学设计：理论、实践与案例［M］. 上海：华东师范大学出版社，2013：6.

3. 组合策略

由于教学中可能设计多项内容标准，这些内容标准又有着一定的联系，根据实际情况对其中的"成分"进行组合。按照"多对一"的对应关系，合并相关的内容标准，或者选取多条内容标准中具有关联性的部分内容作为教学焦点，形成学习目标。[①]

例如，在"烃及其衍生物"主题中，"有机反应类型与有机合成"的内容标准涉及"认识有机合成的关键是碳骨架的构建和官能团的转化，了解设计有机合成路线的一般方法""体会有机合成在创造新物质、提高人类生活质量及促进社会发展方面的重要贡献"。两者都属于有机合成问题，因此，可以合并为"建构并应用有机药物获取、合成、进阶的思路和方法，解决青蒿素获取和合成的问题并尝试进行结构修饰"。在此基础上，可以对合并的目标结合教学内容再进一步细化为课时学习目标。

（三）参考教材资源制订单元目标

教学过程就是师生在共同实现教学任务的活动中，教师引导学生主动利用教材学习的过程，因此要读懂教材、分析教材，把握教材的编写内核及各种信息题材的作用，这有利于学生的自主学习。在制订单元目标时，根据不同的章节、不同的栏目选择不同的学习方式，学习结果会有很大的差异。国家课程标准是"理想的课程"，教材就是基于学科"理想的课程"，汇集学科专家智慧编制成的"正式的课程"。教师要在教学实践中从宏观的角度系统分析教材的知识思维框架与知识体系建构类型，明确大概念、大观念、大单元教学在学生的某学段或某学年的学习过程中的进阶变化，明确知识体系建构类型，以便有针对性地、有效地采取不同的教学策略。在具体的课时教学、小单元教学中，教师要联系学生的实际生活和已掌握的知识情况，从学生学习的视角调整教材内容和采取相应的学习策略。教材中的图标、思考讨论、实验探究或习题等栏目具有不同作用，有的是引起学生注意，有的是引导学生思考，有的是培养学生的思维能力、动手能力或概括能力等。

总体而言，基于单元教学的要素包括基于学生作为学科核心素养培养的载体，注重以单元为单位分析教材明线知识点、深挖暗线知识点、建构思维框架三方面。明确了这三个方面，才能进一步揭示教材本质、理解教材编写意图。在新课程采用教材"一标多本"的背景下，虽然倡导"用教材教"而不是"教教材"，但是对于广大师生而言，主要还是依托教材实施教学的，因此只有认真研读教材，才能正确

---

① 李锋. 基于课程标准的教学设计研究［D］. 华东师范大学博士论文，2010（03）.

制订教学目标、选择教学内容和教学策略。

（四）单元教学目标的确定以实际学情为靶向

教学过程的设计要符合学生的认知规律，应包括以下内容：引发学生思考的真实的认识冲突情境、知识内容的介绍、多角度多层次呈现知识所能解决的问题、供学生思考并要求解决的实际问题、对认识发展的反思。它们分别承担着学生明确已有认识、体会已有认识的缺陷、建立认识方法、扩展认识深度、形成并完善解决问题的认识思路等作用。教学过程要体现从易到难、从现象到本质、从广度呈现到深度挖掘、从简单模仿到自主探究的认识方法形成的顺序。[1]

美国教育心理学家奥苏贝尔曾说："假如让我把全部教育心理学归结为一条原理的话，那么，我将一言以蔽之曰：影响学习的唯一重要因素，就是学习者已经知道了什么，要探明这一点，并据此进行教学。"由此可见，充分了解学生的已有知识经验和心理认知特点是十分重要的。按照维果茨基提出的"最近发展区"理论，学生发展有两种水平：一种是学生现有水平，指独立活动时所能达到的解决问题的水平；另一种是学生可能发展水平，也就是通过教学所获得的潜力。教学的实质就是引导、推动学生从现有水平走向可发展水平。通过学情分析，可以准确把握学生学习的起点，防止将学生估计过高，也避免低估学生的实际水平导致教学的低效或无效实施。此外，由于学生是一个个不同的个体，存在鲜明的个性和认识水平差异，如果失去目标设计的逻辑层次，教学目标脱离了学生现实的学习水平和大多数学生的认识水平，将会背离单元教学的目的。

教师要通过梳理学生的已知、未知，熟悉学生的学习历程，寻找到原有知识与新知识的衔接点、相关点、障碍点等，借助学情分析，基于实证找到达成学习目标所指向的靶心、所需跨越的障碍，进而确保教学目标切合学生实际，重难点真正吻合学习状态，达成单元教学的最终目的。

精准的单元教学目标，可以促进学生系统化、结构化地展开单元学习。单元教学目标作为单元设计的重要一环，是单元整体教学的出发点，也是单元整体教学的终结点；既是站在单元整体的教学目标，又是课时实施单元的学习目标。制订教学目标或学习目标都是为了使教学"朝着正确的方向发展"。通过以上分析可知，综

---

[1] 江合佩，王春，潘红. 核心素养下的化学单元整体教学设计［M］. 福州：福建教育出版社，2021：50.

合课程标准、教材和学情来确定单元教学目标通常有两种模型，如图3-2-1所示。[①]

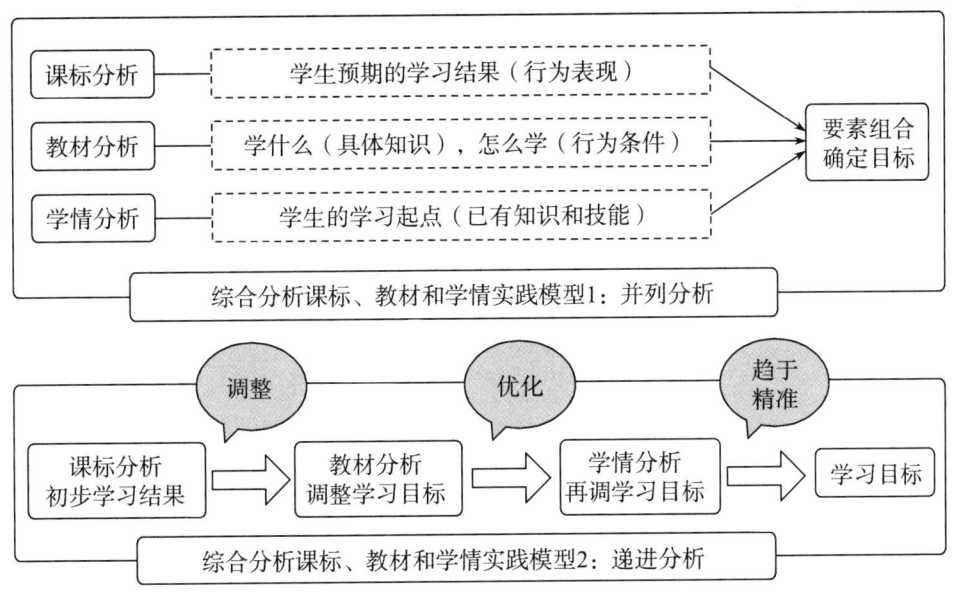

图3-2-1 单元教学目标确定的两种模型示意图

二、教学目标的价值取向

在课堂教学中，教师需要确定具体教学目标，这样可以帮助教师明确教学任务和评价教学成果。在大多数的课堂教学中，教师所面对的学生固定、教授内容也相对明确，主要问题是：哪些内容为教学重难点？哪种任务情境或活动最有利于学生学习？怎样制订和开展教学计划最为有效？教学目标为解决这些问题提供了支点。具体地说，教学目标除了能解决以上问题外，还体现在指导教学方法的选择和教学评价的选择两个方面。

蕴含有预期结果的教学目标，可以为教师选择教学方法和教学材料提供一个依据，最大限度地使学生产生预期的行为。如果想让学生理解概念，那么教师就要选择有助于学生消除错误理解、形成正确概念的方法和材料；如果想让学生发展推理能力，那么教师就要向学生提供运用推理能力的机会；如果想让学生具备解决问题的能力，那么教师就必须为学生提供一系列含有真实、复杂问题的教学项目。好的教学目标往往能够为教师在设计各种有助于获得预期教学成果的教学类型时提供有效的框架。同样，如果没有清晰的目标，就无所谓"教—学—评"的专业实践；

[①]于丽萍.基于标准的教学："教—学—评一致性"区域实践[M].北京：中国社会出版社，2021：105.

如果没有清晰的目标，也就无所谓"教—学—评"的一致性，因为判断"教—学—评"是否一致的依据就是"教学—学习—评价"是否都围绕设定的目标展开。

教学目标能体现一定的价值观念，课堂教学要体现教育理念、教育宗旨。分析课程目标的核心素养要求、内容标准要求，有助于结合学生学情制订单元学习目标，体现教学的要求和导向。课程与教学目标有多种取向，但有些目标取向在教学实践中难以实现。将学习目标具体化，目前主要以行为性目标和生成性目标两种目标价值取向为主流。[1]

（一）行为性目标取向

学习结果是指学习结束后学生实际所掌握的本领，是一种实现了的目标；教学目标是指学习开始前学生预期所要掌握的本领，是一种预期的结果。因此，学习结果是内隐的教学目标，教学目标是外显的学习结果。对学习结果的分类很早就进入了教育学、心理学家的研究视野。心理学的创始人安德森在20世纪80年代就鲜明地提出了"陈述性知识"和"程序性知识"的分类，马扎诺也提出了类似的分类。布卢姆教育目标分类，也就是安德森主持的认知目标修订工作内容，将学习结果（知识）分为四种：事实、概念、程序和元认知。2001年，安德森等人一起完成了对布卢姆教育目标分类学的修订工作，从"知识维度"和"认知过程维度"对认知领域的学习进行了分类，希冀通过新的分类学，"使一个单元的陈述目标、目标教授的方式、方法以及如何评估三者之间的一致性变得较为明显"。[2]

行为性目标是以具体的、可操作性的行为方式来陈述的目标。行为性目标的表述可以为教师选择学习内容、指导教学、评估学习提供指导依据。这种目标指明了教学过程后的学习结果，其表述形式具有精确性、具体性和可操作性的特点，对核心知识和基本技能的教学提供了很大的支持，也为教师评估学生学习成效和学习成果提供了评价标准。当前，大多数教师以行为性目标取向设计教学目标。

（二）生成性目标取向

生成性目标是在教育情境中随着教育过程的展开自然生成的学习目标。它是问题解决的结果，是个人经验生长的内在要求。与行为性目标的预设特征相比较，生成性目标强调在活动过程中产生目标。生成性目标最根本的特性就是过程性。[3]

---

[1] 李锋.基于课程标准的教学设计研究［D］.华东师范大学博士论文，2010（03）.
[2] 安德森，等.学习、教学和评估的分类学——布卢姆教育目标分类学修订版（简缩本）［M］.皮连生，主译.上海：华东师范大学出版社，2008：32.
[3] 李锋.基于标准的教学设计：理论、实践与案例［M］.上海：华东师范大学出版社，2013：108.

与行为性目标相比较，生成性目标注重教学的多边性，强调教学目标在教学过程中的演进，即在教师、学生与教学情境的交互作用下产生教学目标。这样的目标就不再是将知识和技能作为预期完成的结果，而是根据教学开展过程不断调整，根据学生学习过程实际情况生成符合实际的、操作性强的、具有持续性的学习目标，这种目标具有不可预测性。

英国课程论专家斯腾豪斯主张"课程开发可以规定教师要做的事情，规定要处理的教学内容，但教师不能把这些规定看作教育的最终目的或结果，用以评价学生的成绩，而是在处理这些事情和内容的过程中，对学生发展持一种审视、研究、批判的态度，从而引导其不断深入发展"。[①]

在课堂教学中要随机生成目标，既需要教师在开展教学时发挥能力，又需要教师将规划能力与学生的生成学习策略相结合。教学实际中，很少有教师完全服从于既定的学习目标，也很少有教师漫无目的、随心而为地实施教学，适当结合学生的生成学习策略进行目标设置才能更适合教学要求。学生的八种生成学习策略见表3-2-2。[②]

表3-2-2　生成学习策略

生成学习策略	描述
善做小结	撰写授课内容小结
结构映射	建构以授课核心为根基的内容架构
绘制图示	以图示标注重点的方法回顾授课内容
联想要义	积极联想授课重点并建立彼此联系
自我检查	针对授课内容进行自我测试
自我解释	针对授课重点、难点再次以书面或口头方式进行梳理与阐释
乐于教人	向他人讲述授课内容
生动再现	自我角色扮演以再现授课内容

就教学实施而言，教师需要充分结合自己的教学经验，提炼总结自己的方法，在课堂教学过程中时刻保持机智，利用好课堂中出现的现场教学时机和情境资源，最大可能地满足学生重要的、非预期性的学习需要。而在教学设计阶段，预期的学习结果却是教师进行教学准备和教学评估的关键因素，教师需要根据实际情况认真思考教学后的学习结果；否则，指望在课堂教学中随机地生成目标开展教学，就很

---

① 张华.课程与教学论［M］.上海：上海教育出版社，2007：16.
② 罗根·费奥雷拉，理查德·梅耶，陆琦，盛群力.八种生成学习策略［J］.数字教育，2016（03）.

有可能走向"无目的"的误区。①

三、教学目标的陈述方式

无论是单元教学目标，还是课时学习目标都要结合内容标准和设计方法用语言陈述出来。相对于单元教学目标，课时学习目标的陈述更具体、更详细，能够明确地描述学习结束后可能出现的学习结果，即"能够掌握什么知识""能够做到什么表现""能够生成什么思维"。为了强化"目标导引·任务驱动"单元教学目标的导向作用，对单元目标和课时目标进行分类，并对单元目标的陈述进行研究是非常必要的。全面细致的目标分析可以克服教学的随意性，系统逻辑的目标陈述可以"导好教""导好学""导好评"。

（一）单元目标的分类框架

随着课程改革的深入推进，教学目标不断升级，由"双基目标"到"三维目标"再升级到"素养导向目标"，教育教学的整体目标实现了由"知识教学"到"知识育人"的跨越。基于三维目标框架，融合学科核心素养培养要求，可将单元目标分为四类：基础知识与基本技能、问题解决能力、态度与价值观、学科思维与思想方法，由此建构素养导向的"两层四类目标框架"，如图3-2-2所示。

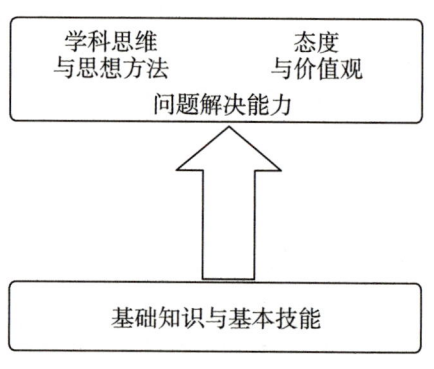

图3-2-2　"两层四类目标框架"示意图

（二）教学目标的陈述方式

1. 行为目标的陈述方式

美国心理学家马杰在《准备教学目标》一书中指出了行为目标陈述法具有一定的代表性，它包括三种成分：一是说明教学后，学生能做什么（或能说什么）；二是规定学生行为产生的条件；三是规定符合要求的作业标准。在行为目标陈述上，普遍采用由阿姆斯特朗和赛维吉提出的"ABCD"目标陈述法，见表3-2-3。②

---

①崔允漷.有效教学［M］.上海：华东师范大学出版社，2009：111.
②于丽萍.基于标准的教学："教—学—评一致性"区域实践［M］.北京：中国社会出版社，2021：51.

表3-2-3 "ABCD"目标陈述法

目标陈述的成分	目标陈述的内容
A行为对象（audience）	指教学的对象——学生，是句子中的主语。
B行为表现（behavior）	说明教学后学生能做什么、发生什么变化，是句子中的谓语与宾语。
C行为条件（condition）	说明上述行为在什么情况下产生，是句子中的状语。
D表现程度（degree）	描述学习者要做到什么程度才可以说学生已达到了目标。

当我们把四个要素按照一定的顺序组合在一起时，就可以写出一条完整的教学目标，如图3-2-3所示。①

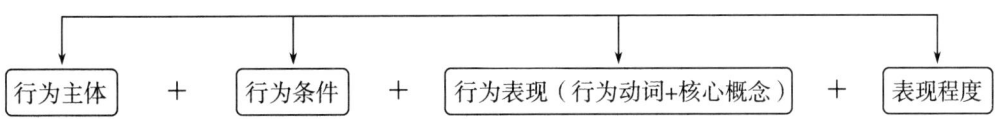

图3-2-3 教学目标要素组合示意图

例如，"二氧化硫的性质"的学习目标设计：①通过预习、阅读，能够说出二氧化硫的物理性质、化学性质，正确书写体现其化学性质的化学方程式，并能利用某些特殊性质鉴别二氧化硫；②经过小组讨论，会用文字叙述或思路图表达研究物质性质的一般思路（以二氧化硫为代表），并能与同伴合作设计绿色化实验探究二氧化硫的性质；③通过展示，能与别人交流二氧化硫在生产、生活中的应用以及可能带来的环境问题，并能提出防治方法。

基于单元目标的分类框架，结合"ABCD"目标陈述法，在单元教学设计时，要全面考虑单元整体教学目标和课时教学目标两方面的因素。在"目标导引·任务驱动"高中化学单元教学设计时，通常采用两种编写形式编写学习目标，见表3-2-4、表3-2-5。

---

① 于丽萍. 基于标准的教学："教—学—评一致性"区域实践［M］. 北京：中国社会出版社，2021.

表3-2-4 学习目标（1）

分类	学习目标
双基 （记忆、理解）	1.…… 　1.1.…… 　1.2.…… 2.…… 　2.1.…… 　2.2.……
问题解决 （分析、评价、运用、创造） （融合态度与价值观、学科思维与思想方法）	3.…… 　3.1.…… 　3.2.……

表3-2-5 学习目标（2）

分类	学习目标
双基 （记忆、理解）	1.…… 　1.1.…… 　1.2.…… 2.…… 　2.1.…… 　2.2.……
问题解决 （分析、评价、运用、创造） （融合学科思维与思想方法）	3.…… 　3.1.…… 　3.2.……
态度与价值观 （领悟、认同）	4.…… 　4.1.…… 　4.2.……

2. 内外结合的目标陈述方式

"当内部的能力与倾向有多种外部行为表现，或者一种外部行为表现可以作为多种能力与倾向的外部指标时，仅仅陈述外部行为就很难准确地刻画学习目标。"[①]

基于以上观点，一些心理学家提出了"内隐心理过程与外显行为表现相结合"的学习目标陈述方法，即"内外结合的目标陈述法"。格朗伦在其《课堂教学目标

[①] 王小明. 教学论——心理学取向[M]. 上海：上海教育出版社，2005：56.

的表述》中提出，先用描述内部过程的术语来表述教学目标，以反映理解、应用、分析、创造、欣赏、尊重等学生的内在心理变化，然后列举反映这些变化的行为样本，从而使内在心理变化可以观察和测量。这种内外结合的目标陈述方式可以通过两步来完成。第一步，以整体目标的方式描述预期的学习结果。具体描述时，可以选用能够传递学习意图的动词（如展示），也可以选用描述内隐心理过程的动词（如理解、了解等）来表达预期结果中的学习行为。在形式上，整体目标语言描述力求精练简短，比如不必加上"学生可以怎样"之类的话。第二步，在背靠整体目标下，列出学生达到学习目标之后可能的行为表现，在陈述目标时也不必把所有的行为都罗列出来，只需列举一些有代表性的行为作样本即可。列举具体的代表行为样本时，应选用那些可以被达成、被观察并易于评价的动词进行陈述。

格朗伦在《设计与编写教学目标》中提出目标的编写方法为"一般目标+具体表现"，即先表述一般目标，然后列举各种教师能接受的、可以作为目标达成证据的学生学习结果表现类型，以进一步阐明目标，具体要求见表3-2-6。

表3-2-6 格朗伦目标编写方法

目标	共性要求 （写什么）	不同要求 （怎么写）	
一般目标	目标陈述的是学生的预期学习结果	具有一定的概括性，尚未明确到可观察、可测评的程度	常用动词：知道、了解、理解、掌握、运用、领悟、认同…… （可用心理动词）
具体表现		必须可达成、可观察、可测评	常用动词：说出、辨认、列举、解释、归纳、概述、推断、设计、撰写…… （需用行为动词）

格朗伦的目标陈述方式注重学生内部发展的整体过程，采用整体目标的方式进行描述；也强调学习目标的可操作性，用行为样本的方式对整体目标进行解释说明。两者相结合"保留了行为目标陈述的优点，又避免了行为目标只顾及具体行为变化而忽视内在心理过程变化的不足"。[1]根据以上理论，可以整体设计教学目标。以"铁及其化合物"为例，单元学习目标设计见表3-2-7。

---

[1] 黄甫全，王本陆.现代教学论学程［M］.教育科学出版社，2008：197.

表3-2-7 "铁及其化合物"的单元学习目标

一般目标	具体表现
建构铁及其化合物的"价-类"二维图	1.1 能否从价、类两个角度形成研究物质的思路。 1.2 能否根据不同的反应类型预测物质的性质。 1.3 能画出"价-类"二维图,并能进行描述解释。
实验室制备$FeSO_4$	2.1 能根据教师的点评预测分析有关反应的现象、结论等。 2.2 能熟练进行实验操作,并能描述操作的基本步骤,归纳总结基本流程。 2.3 能利用"价-类"二维分析模型归纳物质性质的预测和实验室制备的一般思路,建构研究物质性质的思维模型。
铁及其化合物的应用	3.1 通过补铁剂与浓茶水、维生素C的创新实验探究,感受Fe^{3+}和Fe^{2+}相互转化的真实过程。 3.2 通过补铁剂的真实问题解决,列举铁元素与人体的紧密联系,感受化学的真实价值,建构化学价值观。 3.3 能对补铁剂的使用方法、注意事项提出建议。

综上所述,陈述学习目标时,可以采用单一表述行为性目标的方式,也可以采用内外结合的目标陈述法。表述行为性目标可依据马杰的目标陈述方式来进行,即内容、行为、条件。采用内外结合的目标陈述法,则是按照格朗伦的目标陈述方式来进行,即一般目标+具体表现。当然,教学目标的叙写也可以根据大单元和小单元的特点,结合教学进度和教学实际情况灵活变通,还可以结合教学评价设计进行评价目标的设计。

(三)目标陈述的注意事项

1. 学习目标陈述的对象是学生而不是教师

虽然有些目标陈述中省略了"学生"这一主体,但是学生作为目标陈述的主体仍然是隐含的。因此,在陈述学习目标时,要避免使用诸如"培养学生……""让学生……""激发学生……""引导学生……"等教师为主体的描述形式。

2. 学习目标要陈述不同的学习要素

虽然学习目标是依据课程标准制订的,但是学习目标并不是照搬照抄课程标准的内容,而是在分析各种教学因素后制订的。所以,在陈述学习目标时不能只是列举有关的学习内容而不陈述学习过程、活动方法等,也不能将过程当成学习结果;另外,可以不止呈现一个学习结果,也就是说,学习目标要具体、清晰,让学生明确学习结束后自己应该"知道什么""能够做什么"等。

为了将目标写明确,经常使用一些动词,诸如"知道……了解……理解……掌握……领悟……认同……"等模糊的目标陈述方式,不能将目标细化、分层。因此，要改变原来的描述习惯，以具体的表现对模糊的行为动词进行表征，使得目标可达成、可观察、可评价。

3. 学习目标是预期的学习结果而不是当前的学习结果

基于核心素养培养的"两层四类目标框架"（图3-2-2）承载了三维目标的功能，贯穿于教学的立体结构之中。学习结果是指学习结束后学生实际所掌握的本领，是一种实现的目标；学习目标是指学习结束后学生预期所要掌握的本领，是一种预期的结果。所以，两者实际上是相通的，只不过目标可能是预期的，结果可能是实现的。因此，"一般目标"下的"具体表现"能够渗透不同的预期结果，但这种表现不是学生已经得到的结果。

"学生在教学之前并不具备这种学习结果，或者说还不能表现出学习结果所规定的行为，但这一结果又是目标制订者认为学生经过一定的努力、一定的学习过程在未来可以达到的。"[①]

---

① 王小明.教学论——心理学取向[M].上海：上海教育出版社，2005：30.

第三节　课时的设计与进阶

"目标导引·任务驱动"高中化学单元教学强调逆向教学设计，即先定目标，再确定学习任务，然后设计学习过程。学习过程主要体现在课时教学"单课"学习。因此，根据单元总体设计将单元整体目标、核心任务和评价活动全面落实到课时是教学过程的最终体现。"在明确了学习目标和评价任务之后，我们要考虑如何让学生有更好的学习表现，即我们要设计怎样的学习活动才能使学生达成学习目标，甚至表现得更好。"[①]

课时设计是学习过程的设计，体现的是课中学习，具体的课时设计最终以学案的形式呈现出来。基于逆向的单元教学设计强调"以终为始"，从预期的学习结果出发经历三个阶段的设计，即预期结果、提供证据、学习计划。同样，课时教学也要体现这种思想，只不过还要结合学生的学习过程和认知水平进行实践与应用。课时设计是在单元设计框架之下的实施路径，具有很强的可操作性，所以，要全面考虑单元规划、任务实施、教学评价、活动设计等多方面的因素。认知心理学认为："学习是一种主体参与情境而持续建构的过程，是作为主体的学生亲历亲为的过程。"课时设计要顺应"学"的逻辑，变教师的"教"为学生的"学"，通过合理的评价反馈，实时监测教学效果，将学习归还学生，使他们真正享有学习主动权和创造权。

一、课时学习的设计

（一）课时学习的框架

根据单元整体设计进行课时划分之后，就可以进行课时设计。课时设计的主要环节包括学习任务的选择、学习目标的界定、学习评价的设计、学习过程的实施。在课时设计时，要结合具体的内容特点与思维方法进行灵活变通，尤其是在学习过程的设计环节中，不同的学习阶段具有不同的特点，对于情境的创设、活动的设计、评价的引入等都要综合考虑。课时设计的具体框架见表3-3-1。

[①] 崔允漷.有效教学[M].上海：华东师范大学出版社，2009：119.

表3-3-1 课时学习框架

学习任务	核心任务展开：完成子任务□□□□
学习目标	目标1.1……
学习评价	1.完成"学习活动□"，达成评价目标□□ 2.完成"学习活动□"，达成评价目标□□ ……
学习过程	一、先行学习 （一）浏览"核心任务"栏目，□□□□□□□□□□□□□□□□□□□□□□□□□□□□□□□□□□□ （二）思考并完成下列任务 1.□□□□□□□□□□□□□□□□□□□□□□□□□ 2.□□□□□□□□□□□□□□□□□□□□□□□ …… 二、交互学习 【学习活动1】 猜想讨论核心任务如何完成，明确围绕核心任务完成需要完成的子任务 …… 【学习活动n】 任务：小组合作完成□□□□□□□□□□□□□□□ 评价：通过展示表现评价，标准为： □□□□□□□□□□□□□□□□□□□□□□□□□□□□ …… 【学习活动n】 任务：研讨问题□□□□□□□□□□□□□□□□□ 评价：通过研讨表现评价，标准为： □□□□□□□□□□□□□□□□□□□□□□□□□□□□ …… 【学习活动n】 任务：完成练习□□□□□□□ 1.□□□□□□□□□□□□□□□□□□□□□□□□□ 2.□□□□□□□□□□□□□□□□□□□□□□□□□ …… 评价：通过练习结果评价，标准为： □□□□□□□□□□□□□□□□□□□□□□□□□□□□ …… 三、后续学习 任务：…… 1.□□□□□□□□□□□□□□□□□□□□□□□□□ 2.□□□□□□□□□□□□□□□□□□□□□□□□□ …… 评价：通过□□表现（结果）评价，标准为： □□□□□□□□□□□□□□□□□□□□□□□□□□□□

（二）课时学习的评价

在课时设计时，做好学习评价的引入是完成教学目标的重要保障。对于学习评价，要克服传统意义上的认识。"事实上，当评价在某一教学阶段终结或临近终结时实施，即使教师有运用评价结果调整教学的意识，教学调整也已经失去了时机，因为评价结果所反映的那段教学已经终结。"①

传统的教学与评价观念存在许多误区。首先，从评价方式上认为评价就是"检测性评价"的纸笔测试；其次，从评价时段上认为评价就是学习后的"终结性评价"，并且经过调查发现，大部分人认为没必要每个目标都对应设计评价任务。传统教学与评价观念如图3-3-1所示。

图3-3-1 传统教学与评价观念示意图

1. 评价设计要与目标相匹配

要实现"教学评一致性"，评价任务的设计首先必须做到数量上能涵盖单元所有目标内容，有多少学习目标就得有多少对应的评价任务。当然，根据学习目标内容的差异，可以"一对一"设计，也可以"一对多""多对一"设计。课时学习的评价实际上是一种"课中评价"，在学习目标之下的学习活动都要对应学习评价活动，当完成对某一学习目标的评价之后，按照同样的思路进行下一个目标的学习与评价。学习目标与评价任务之间的对应关系如图3-3-2所示。②

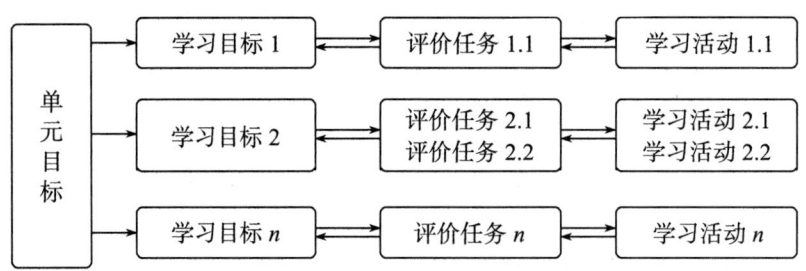

图3-3-2 学习目标与评价任务之间的对应关系示意图

由图3-3-2可以看出，评价任务的数量要与目标相匹配，一个学习目标可以设置一个或多个评价任务；同样，不同的学习目标也可以用同一个学习任务来完成。

---

① 王少非.促进学习的课堂评价［M］.上海：华东师范大学出版社，2019：27.
② 徐和平.单元整体教学设计讲座：新模板与新策略.

评价任务涉及的情境越复杂，知识点越多，难度就越大。如果只检测一个学习目标，就可以采用"一对一"设计，针对学生对该目标学习的达成情况进行评价，其优点是针对性强、检测效度高。所谓"一对多"设计，就是对一个学习目标设计不同层次的、不同类型的多个评价任务，这种评价具有全面和多角度的特点，评价结果更真实。"多对一"的评价设计是指一个评价任务同时检测两个或多个学习目标所包含的知识点和能力点。这种评价的特点是将学到的知识与之前的知识进行整合，解决实际问题，具有一定的综合性；不足之处是一旦学生出错，短时间内难以判断是哪个知识点出了问题。例如，人教版高中化学必修第二册"化学反应与能量变化"单元教学中，可以设计与目标匹配的"一对多"评价任务。评价任务围绕键能的计算展开。评价任务1出示任务的情境，在形象化的图景中分析化学键的键能数值，属于传统的纸笔测试评价。评价任务2是在语言表达的过程中展示思维过程，属于表现性评价。评价从内容上紧扣学习目标，从形式上采用不同的方式相结合，见表3-3-2。

表3-3-2 "化学反应与能量变化"评价任务

学习目标	评价任务	评价标准
通过对吸热反应和放热反应中能量变化的探究，认识化学反应中能量变化的原因，建立键能变化与能量变化之间的关系。	键能 H—H 436 kJ/mol　Cl—Cl 243 kJ/mol　H—Cl 431 kJ/mol 评价任务1：如图所示，以 $H_2(g)+Cl_2(g)=2HCl(g)$ 反应为例，计算反应物、生成物的键能总和，判断反应的热效应。 评价任务2：请简述反应放热、吸热与反应物、生成物键能大小的关系。	结合评价任务1、评价任务2分别设计计算、讨论、展示、质疑等学习活动。如果学生只能完成任务1，且计算存在错误，说明学生对化学反应体系反应前后总能量的意义及比较还不能理解。如果能完成任务1，但不能完成任务2，说明学生不能领悟判断反应热效应的方法，还需要进一步学习和指导，全面完成评价任务才能达标。

另外，任务的设置还要注意认知层次的匹配。在设计评价任务时，如何让评价任务的认知层次与学习目标所确定的层次精准对接？王少非教授给我们提出了操作性很强的建议，"学习目标上的动词实际上表明了对学生认知水平活动的要求，在设计评价任务时就得考虑，给予学生的任务能否引出学习目标所要求的认知活动。比如，学习目标是'辨认三角形、正方形、长方形等简单几何图形'，那么给予学生的评价任务就应该是要求学生'辨认'。给定一个图形，要求学生给图形命名，能够证明学生能否辨认；要求学生在一堆图形中找出某种特定形状的图形，也能引发学生的辨认活动。但如果仅要求学生说出某种图形的特征，就无法引发辨认活

动;同样,如果要求学生对任意两种简单几何图形进行具体的比较,就超出了辨认要求"。

除了针对某个具体的内容目标进行认知层次的匹配外,还要根据学生的差异多角度设计评价任务;可以变换情境回答对概念的理解,也可以根据学生的特点体现评价方式的多样性。例如,有的学生语感强,对语言表达理解敏锐;有的学生空间感强,擅长分析图形或表格;有的学生观察力强,则对实验现象比较敏感。只要能正确地分析、收集学生是否学会的证据,都可以采纳用于评价。当然,评价任务也需要正确地描述,要用简洁明了的导语,让学生一看就知道"要我做什么""要我怎么做";反之,如果评价任务模糊不清,学生不知道在课堂上看什么、听什么、记什么,就难以收集清晰有效的评价信息。

2. 课时评价要呈现评价要素

评价任务的呈现要体现三个要素:目标指向、评价活动、评价标准。目标指向,即课时设计中的学习评价。评价活动,即针对学习过程中的学生活动进行评价,对应学习活动中的合作探究、思考交流等。评价标准,则是渗透在学习过程中的一种实施要求。教师可以根据教学实际把评价任务安排在课内实施,也可以与作业一起,安排在课外实施。评价任务的作用是为了检测学生学习目标的达成情况,即学会了没有、学到什么程度、还有哪些地方做得不够,以此作为教师下一步采取教学策略的依据。学生也可以利用评价任务进行自我评价。所以,评价任务引领学习方向,没有有效的评价任务,就很难产生课堂所需要的评价信息,从而使教学陷于盲目的状态。[①]

评价标准可以通过制订评价量表进行确定。评价量表又称评分量规、评价规则、评分标准、评分规则等,它是一个提供对不同等级分数相应特征和表现描述的等级量表。换一个说法,评价标准通过"量表"形式,包括学生表现应具有的行为特征以及设置这些特征对应的分值,从而对学生表现进行量性和质性双向评价。评价量表不同于选择题评判的"对不对"、简答题要点的"全不全",它是一种类似于作文题式的评价表,对学生作品(成果)划档分等后给出相应的分数,评判的是"好不好"。

制订评价标准又称编量规,是指依据教学目标来编写具体的评估要求,在核心素养、内容标准和学业质量之间建立一种内在的联系。"量规是一种以二维方式呈

[①] 卢明,崔允漷. 教案的革命:基于课程标准的学历案[M]. 上海:华东师范大学出版社,2016:49.

现、含有评价准则和等级说明的评分标准，是一种以定性和定量相结合的方式检测学习者学习结果的工具。"定性角度以评价维度呈现，是指完成某项任务的各种关键表现，是需要重点评价的方面，也可称为"指标"；定量角度以表现等级呈现，表现等级注重彼此之间的连续性，也就是说，等级和等级之间的差别在程度上是相等的：5分和4分之间的差别与2分和1分之间的差别在程度上是相等的。定性、定量的二维评价量表见表3-3-3（描述符是用语言陈述的达到某一等级水平的具体表现）。

表3-3-3 定性、定量的二维课时评价

表现等级 评价维度	1	2	3	4
评价维度a	描述符a_1	描述符a_2	描述符a_3	描述符a_4
评价维度b	描述符b_1	描述符b_2	描述符b_3	描述符b_4
评价维度c	描述符c_1	描述符c_2	描述符c_3	描述符c_4

（三）课时学习的过程

教育家陶行知先生曾说："先生的责任不在教，而在于教学，而在于教学生学。教的法子必须根据学的法子。先生不但要拿他教的法子和学生学的法子联络，并须和他自己的学问联络起来。"由此可见，学生学习过程中真正关注"学"的重要性。课时学习是学生在教师的引领、组织、帮助下经历一个完整且充分的学习过程。课时学习过程的设计分为三个阶段：先行学习、交互学习、后续学习。

1. 先行学习

先行学习是让学生在进行课堂教学之前的自学，也就是传统意义上的预习。由于课时教学是在单元总体设计之下的单课教学，课时之间存在并列的或交互关联的逻辑关系，所以，单元教学下的第一课时必须设计先行学习，在后续的课时教学中可以不再设置先行学习。先行学习的主要功能是让学生试着自己学会，是通过指导使学生学会自己学习的设计，学习符合教材中所学知识特性的内容。

2. 交互学习

交互学习是课时教学设计的主体部分，主要通过小组合作学习的形式实现深化研讨、联系运用、学后反思等活动。为了使小组合作学习有效运行，需要合理划分合作学习小组，给予适当的合作任务、合作时间，并创造条件使学生能够充分地进行小组合作学习展示。

交互学习中的每一个环节都是安排在具体课时中的任务（或子任务）之下的。

在某一任务驱动之下，通过一个一个的小组合作学习完成；小组合作学习之间穿插安排的研讨活动或练习应用，将一个个的小组合作学习联系起来。而以上所有设计都是通过学习活动体现出来的。任务开始时，通过导入学习活动驱动任务；任务结束时，通过小结学习活动总结任务；任务中间，是一个一个指向目标的学习活动。因此，学习活动是交互学习的"单位"。在学习活动过程中，需要明确三个方面的要求：什么任务？哪些环节？什么结果？交互学习过程中，活动的设计有多种方式。以高中化学选择性必修3"醛的结构与性质探究"为例，其学习活动设计见表3-3-4。

表3-3-4 "醛的结构与性质探究"课时学习活动

学习活动	三个方面
任务1：讨论分析 分析一份体检报告单（如图所示），从这份报告单中，能得到哪些信息？ 观察分析体检报告单中的血糖值，判断这个人的血糖高低，联想生物课上怎样检测葡糖糖，思考分析是哪种官能团发生反应。	什么任务？
通过分析讨论、思维评析、交流展示等活动展开学习。	哪些环节？
通过讨论分析不同官能团羰基的结构，能够基于杂化方式认识羰基的结构特征，基于电负性认识羰基的结构特征。展示思维方法，评析结构特征。 学生活动1…… 学生活动2…… ……	什么结果？

3. 后续学习

在完成学习任务之后，学生通过学习活动掌握了有关的知识与技能，为了进一步检验学习效果、巩固学习成果及拓展学习能力，全面实现学习目标的要求，还要进行后续学习设计。与课时学习有所不同的是，后续学习可以在课时内完成，也可以作为课下作业完成。常见的后续学习形式有"巩固学习""评测学习""拓展学习"等。后续学习是某课时的总结与检验，也可以作为课时与课时之间关联的学习。

二、课时学习的进阶

学习进阶是近20年来国际科学教育领域的一个热点研究课题，它源于对科学课程主题中学生表现预期的精准化描述和刻画。这种基于水平的描述和刻画，不仅成为课程标准研究的基础，而且为基于标准的教学设计、实施及评价提供了依据。所谓学习进阶，是指学生对某一学科主题的认识逐步深入的过程。[①]

（一）对学习进阶的认识

学习进阶是一个针对某一学习主题逐步深入的过程。对单元教学设计，可以从知识内容的进阶和思维认知的进阶两个方面进行分析。在课时设计过程中，为加强课时知识之间的关联，对知识的获取需要进阶设计。深度学习要求知识的迁移与应用，学科核心素养的发展具有进阶性特点，思维认知也要在课时设计中具体体现出来。

1. 知识内容的进阶

学生对知识的理解和掌握，都会经历一个认知水平从低到高的过程，即"简单经验化→内容丰富规范化→形成结构清晰的知识体系→迁移应用解决具体问题"。知识的进阶往往意味着知识内容逐渐复杂化，知识框架向细化、深化、网格化转化。从单元的视角分析，对于某一主题内容的认识呈现出由低到高的认识特点，基于单元的课时设计以"目标引领·任务驱动"形式呈现，无论是目标的制订，还是驱动任务的设置都具有发展性，都要以单元主题知识内容为依托。例如，"原子结构"主题，不论是初中阶段、高中必修阶段还是高中选择性必修阶段，都有原子结构方面的内容，因而这一主题具有稳定性；同时，在不同学习阶段，学生对原子结构认识的内容和方式是不同的。因此，学习进阶设计与基于主题的课程设计、基于主题的教学设计是高度契合的。要体现课时知识内容的进阶，就要对单元知识内容进行分解，体现知识水平的发展特点。以人教版高中化学选择性必修1"电解池"单元的课时内容为例，其进阶如图3-3-3所示。[②]

[①] 郑长龙. 核心素养导向的化学教学设计［M］. 北京：人民教育出版社，2021：66.
[②] 江合佩，王春，潘红. 核心素养下的化学单元整体教学设计［M］. 福州：福建教育出版社，2021：187.

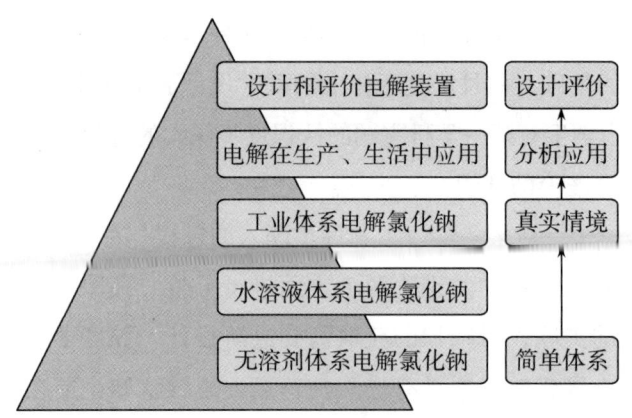

图3-3-3 "电解池"单元的课时内容进阶示意图

2.思维认知的进阶

在知识结构完善的过程中，学生的思维水平也是不断提升的，思维方式不断发生变化：点状思维→线状思维→网状思维→系统思维。思维水平的提升促进认知结构的完善和深入，对知识体系的建构起到有效的保障作用。

学习进阶过程对思维认知的描述以"水平"的形式呈现，不仅体现知识水平本身由低到高的发展，还包括对知识认识水平由低到高的发展。例如，对化学反应的认识，起点是小学科学阶段（有新物质生成），即宏观物质水平；终点是高中化学选择性必修阶段（杂化轨道重叠），即基于轨道相互作用的本质微观水平；中间的路径要经过初中化学阶段（原子的重新组合），即基于粒子的尺度微观水平，以及高中必修阶段（旧键断裂、新键形成），即基于粒子相互作用的尺度微观水平。

课时教学中，学习思维进阶还要立足于某一"水平"再进行细化，关注学生思维的变化，即学生是如何思考的、思维能力和思维方式是如何变化的、思维是如何从经验感知发展成为科学分析的、思维还存在哪些盲点等。以高中化学"有机合成"教学为例，对于"分子裁剪——聚乙烯醇（PVA）的制备与改进"教学思维认知进阶设计见表3-3-5。

表3-3-5 教学思维认知进阶设计

学习水平		思维认知过程	思维认知视角
进阶水平1	高分子化学	研究高分子化合物的合成方法	高分子化合物合成的原理与方法
		探究高分子化合物的改性	
进阶水平2	高分子物理	分析高分子化合物的多级结构	高分子化合物结构与性质之间的关系
		讨论高分子化合物的性质	

续表

学习水平	思维认知过程		思维认知视角
进阶水平3	高分子工程	拓展高分子材料的加工方法	高分子化合物的加工与应用
		应用高分子材料的实例分析	

从以上分析可以看出，思维认知的进阶与知识内容的进阶不同，思维认知的进阶更关注学生思维认知的发展规律，这一规律决定了学生对于知识的理解程度。实际教学中，知识内容与思维认知的进阶是相辅相成的，二者的进阶水平相匹配，会促进学生对知识的理解与迁移应用，实现由"低阶思维"到"高阶思维"的进阶，从而激发学生主动、深入地探究新知，提升学科核心素养。

3. 学习进阶与学习进程的区别

学习进程的设计依据学习进阶。学习进程的设计是建立在教学内容和学情分析的基础上，为了完成单元教学目标或课时教学目标，把一些层层递进的学习资源、学习任务和活动以及各类评价组织起来，形成具有系统性、立体结构的教学规划。

学习进阶是对学生的思维由简单到复杂、由浅层到深层、由感知到应用的转化过程的具体描述。学习思维进阶隐含于学生的学习过程中，不像知识水平那样外显，却直接影响学习效果，决定着教学组织的各项活动能否达成既定目标。学习进阶的关注点在于学生内在的认识或思维方式的转化以及这一转化对学生学习的影响，它并不直接作用于教学，却是教学活动能否顺利展开的保障。

学习进阶的设计与实施可以在课时与课时之间体现出来，并实现单元学习的目的。同样，对于某课时内的局部的知识点也要划分水平，或者从不同的视角进行认知层级的设定；也就是说，在具体的教学过程中，应注意认知视角的抽提，并加以结构化、显性化。

所谓"结构化"，就是将认知环节按照一定的逻辑线索有机组织起来，形成稳定的认知模型，发展学生的模型认知素养。所谓"显性化"，就是将化学认知思路像化学科学知识一样清晰明确地呈现给学生，使学生不仅知道认识什么（化学科学知识），而且知道怎么认识（化学认知思路）。[1]

以高中化学选择性必修1"电解质在水溶液中的电离"第一课时为例，其学习

---

[1] 房喻，徐瑞钧. 普通高中化学课程标准（2017年版2020年修订）解读［M］. 北京：高等教育出版社，2020：195.

进程设计如图3-3-4所示。①

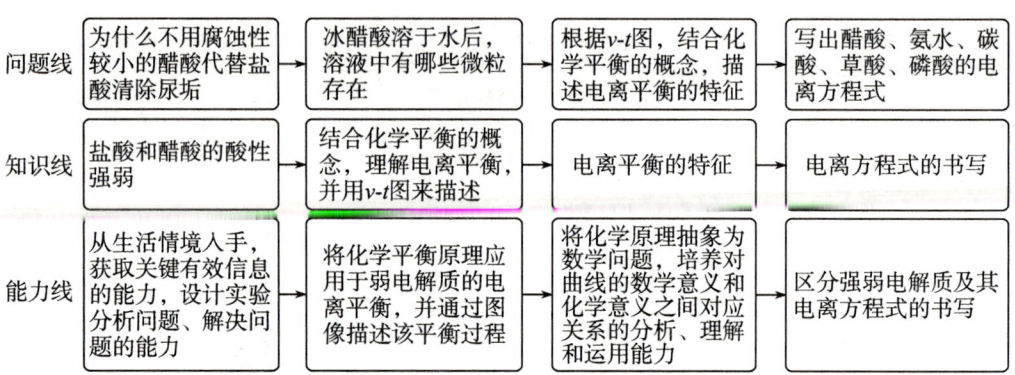

图3-3-4 "电解质在水溶液中的电离"课时1的学习进程设计示意图

同样，对于学习进阶的设计也可以按照"宏""微""符"三重表征的顺序将学习知识和思维显性地呈现给学生，见表3-3-6。

表3-3-6 "宏""微""符"三重表征思维进阶

学习水平	思维认知过程	思维认知视角
进阶水平1	实验探究，认识电解质溶液的导电性	宏观感知
进阶水平2	通过分析电离原理，掌握电离理论	微观探析
进阶水平3	学会书写电离方程式	符号表征

（二）学习进阶的实施

如果说对学科内容的理解是学习主题内容的设计视角，那么，学习进阶就是主题内容设计的教学视角。站在教学视角进行设计，重视学习的起点和终点，这也是与"目标导引·任务驱动"教学的目标导向相一致的。学习的起点是学生进入学习过程时的知识、思维、技能水平，而终点是预期的结果或学业水平所要求的思维、能力水平。

学习进阶是由起点到达终点过程中的通道或台阶，是起点到终点的过渡。学习进阶是一个贯穿于整个教学过程的变量，设计核心概念或者核心技能的持续发展，这个变量直接影响学习目标的达成情况。学习进阶除了对主题知识设计以外，还有"观念建构""技能训练""模型认知"等不同类别。

---

① 江合佩，王春，潘红. 核心素养下的化学单元整体教学设计[M]. 福州：福建教育出版社，2021：243.

1. 观念建构

观念建构是一个由表及里、由形象到抽象、由感知到应用的过程。根据心理学研究，观念建构主要通过学科大概念的认识达成，一般要经历"感知→抽象→关联→建构→升华"五个层次的进阶。以高中化学"化学平衡"概念为例，其观念建构过程见表3-3-7。

表3-3-7 "化学平衡"概念的认知进阶

水平	学生认知的进阶过程
感知	学生已经无意间感知许多化学反应是有一定限度的，并能够清楚地用语言描述这些反应的情况。例如，合成氨反应中，存在反应物的转化率等。
抽象	学生能够基于物质的性质认识物质之间的转化关系，能够基于可逆反应的限度定性解释可逆反应中物质的转化程度。例如，能够根据化学方程式解释说明物质之间的转化关系和数量。
关联	学生能够认识化学平衡的特征，分析化学平衡的影响因素，认识气体平衡体系、溶液平衡体系中各成分浓度的关系。例如，能够基于K和Q的比较判断平衡移动。
建构	学生通过实验探究、定量分析，能够建构模型、分析各种平衡图像。例如，能够对K进行定量描述和变式分析，并根据"三段式"进行有关计算。
升华	学生认识到化学反应是有限度的，是有条件的，是可控制的。认识化学平衡移动原理在生产、生活中的应用和价值，增强社会责任感。例如，能够预测并解决生产、生活中的化学问题。

2. 技能训练

观念建构是一个内隐的认知过程，而技能训练是外在的行为或者动作的学习过程。同样，操作技能的学习过程也需要经历一定的认知发展路径，需要通过类似观念建构的层级才能实现学习的进阶。这种外在的技能需要"感知""模仿""尝试""应用"四个层级的进阶。

第一层级：感知——感受技能所需要的外在形态，如仪器的形状特征、教师的演示实验等。通过观察或者触摸，在大脑中形成零散的具体图像或画面。

第二层级：模仿——能够对照影像或者示范，模仿完成相关动作，如绘制图标、仪器组装、气密性检验等。这一过程中，学生的模仿存在差异，需要认真观察、分析体会。

第三层级：尝试——是指在没有示范的情况下，学生通过回忆，理解动作的原理，能够独立完成动作，再现技能操作的完整过程。例如，学生能配制一定物质的量浓度的溶液，并根据操作进行误差分析。

第四层级：应用——能够在复杂的情境中应用技能，解决具体问题。例如，学生能够独立设计方案进行定性实验或定量测定。

不同的学习阶段、学习起点，对学科大概念和操作技能的层级要求也不相同，教师要根据学业要求和学生实际，具体问题具体分析。例如，初中化学对"氧化还原反应"概念的认识仅仅经历"感知→抽象"的进阶，而对"过滤"技能的进阶则可根据以上四个层级进行设计。根据四个层级的进阶设计，可参考高中化学"化学实验"主题中"物质的分离"操作技能进阶，见表3-3-8。

表3-3-8 "物质的分离"操作技能进阶

水平	表现
感知	通过观察海水的淡化设备，经过分析讨论对比物质的沸点，利用混合物中目标物与其他组分的性质差异，提出探究物质分离的原理。
模仿	分析生产、生活中海水的淡化装置和蒸馏水制备装置的原理，找出主要仪器、冷凝装置、接收装置等，联想迁移，设计实验室中物质的分离装置。
尝试	结合实验操作要点，动手完成实验室蒸馏操作实验，预测并分析实验现象。
应用	通过操作演练，总结物质分离的基本思路，能够进行实验设计、现象预测、控制变量等操作技能的应用。

3. 模型认知

所谓模型，是指根据一定的目的，对原型的主要特征模拟之后所形成的一种样态。所谓认知，是指人类认识客观事物及其规律的心理活动，属于认知心理学、学习心理学范畴。所谓模型认知，是指基于模型来认识物质及其变化的心理活动。模型的形式多种多样，根据模型的形式和功能可将化学模型分类，见表3-3-9。

表3-3-9 化学模型的分类

分类依据	模型类别	示例
形式	实物模型	CH_4球棍模型，$NaCl$晶体结构模型
	思想模型	原子的量子力学模型，物质的制备装置图模型
功能	科学模型	电子云模型
	认知模型	原电池、电解池模型，元素化合物"价-类"二维模型

发展模型思维，应注重对学生模型思维意识的培养，使学生能从模型思维视角去识别和理解化学科学模型和化学认知模型；应注重开展真实的化学问题解决活

动，引导学生合理地选择化学科学模型，发挥模型的描述、解释和预测功能。[①]

模型认知是化学学科核心素养的一种具体要求，是从化学学科认识方法方面提出的素养。这一素养要求建立思维框架模型，并能运用模型解决问题、解释现象、揭示其本质及总结其中的规律。在课时教学中发展学生的模型认知素养，就是发展学生的模型思维。根据以上对模型思维的理解，对模型认知的教学也需要进行水平划分，通过模型思维的进阶完成模型认识。化学模型认识水平的划分见表3-3-10。

表3-3-10 化学模型认识水平

水平	表现	示例
意识（初建模型）	能够识别和理解模型，知道模型的原型"是什么"，模型是"怎样"模拟原型的。	"电子云"是电子在核外空间运动状态的描述。
建构（完善模型）	能够基于模型表征物质及其变化的特征、本质和规律，表征物质及其变化的一般框架。	通过"铁三角"模型的分析，建构"价三角"模型。
运用（应用模型）	能够选择恰当的模型描述、解释或预测物质及其变化的特征、本质和规律。	应用"有效碰撞理论"模型，解释浓度对化学反应速率的影响。

总之，单元整体教学设计和课时学习设计中包含许多要素，其中比较重要的要素是目标、任务、活动、评价等。当然，实际教学中也不局限于这些要素，"目标导引·任务驱动"高中化学单元教学还需要不断地优化和完善。通常的设计要素分布如表3-3-11所示。

表3-3-11 单元教学设计要素

设计要素		单元整体设计		课时学习设计	
		栏目	内容	栏目	内容
我们要到哪里去	学习内容	学习内容	单元组成内容	学习内容	课时任务
	学习目标	学习目标	单元全部学习目标	学习目标	课时侧重达成单元目标
如何证明我们到了那里	学习评价	学习评价	单元学习整体评价	学习评价	课时侧重目标评价
我们怎样到达那里	学习过程	核心任务	单元核心任务	学习过程	课时具体学习过程
		课时安排	单元学习过程		

"目标导引·任务驱动"高中化学单元教学承载了逆向教学理论的"以终为

[①] 郑长龙.核心素养导向的化学教学设计[M].北京：人民教育出版社，2021：29.

始"的思想，从预期的结果出发制订教学目标，以学生的学情设置学习目标，引导学生在学习过程中通过任务驱动的形式，从真实的教学情境出发，开展学习活动。整个单元的设计注重课时之间的关联，强调合作探究的学习方式，全面贯彻深度学习理论，注重学习方式的转变，通过知识的建构实现迁移应用；同时，强调思维的进阶，注重高阶思维的培养，紧紧围绕课程标准和教材，全面落实学科核心素养的培养要求。

通过教学实践发现，单元教学还要落实"教学评一体化"课堂教学，将学习评价贯穿于整体教学设计和课时学习过程中；通过对学习评价的研究实施，促进对课程标准的进一步深化研究，使教学评价与教学目标相匹配，解决"学什么""如何学""学到什么程度"等问题；通过教学评价完成"即学、即教、即评"的过程，并且注重持续性评价伴随整个学习过程，不断诞生新的"教学评"，使教学活动从机械的说教、烦琐的细节走向目标、任务、活动、评价为一体的教学模式。

第四章

"目标导引·任务驱动"高中化学单元教学的实践案例

本章共包括《案例1 氧化还原反应（必修课程模块 必修第一册）》《案例2 离子反应（必修课程模块 必修第一册）》《案例3 氯及其化合物（必修课程模块 必修第一册）》《案例4 化学平衡（选择性必修课程模块 化学反应原理）》《案例5 烃（选择性必修课程模块 有机化学基础）》《案例6 原电池（选择性必修课程模块 化学反应原理）》《案例7 海水的利用与保护（必修课程模块 必修第一册+选择性必修课程模块 化学反应原理）》《案例8 原子结构与元素周期律（必修课程模块 必修第一册+选择性必修课程模块 物质结构与性质）》《案例9 有机物的获取和合成（选择性必修课程模块 有机化学基础）》9个案例，分别从"主题分析""教学目标与达成评价""课时目标与过程评价""课时学习设计"视角说明了"目标导引·任务驱动"高中化学单元教学的实施程序。

案例1　氧化还原反应（必修课程模块　必修第一册）

一、主题分析

人教版必修第一册第一章第三节《氧化还原反应》安排在物质的分类及转化、离子反应的内容之后，鲁科版教材《氧化还原反应》一节为必修第一册第二章第三节。在人教版必修第一册中，从微观角度引领学生学习氧化还原反应，理解氧化还原反应的实质是电子的得失或电子对的偏移，并通过化合价的变化表现出来。与初中阶段学习要求不同的是，从电子转移的角度对化学反应进行分类，通过分类拓宽了学生认识反应本质的新视角。

（一）对氧化还原反应理论的本体认识

1. 对氧化还原反应理论的学习有助于学生完善原有的认知结构，促进分类思想的发展。在此基础上，引导学生进一步分析氧化剂、还原剂等相互依存、对立统一的概念，树立辩证唯物主义世界观。

2. 氧化还原反应可以通过氧化剂、还原剂之间电子的转移实现物质的转化，对氧化还原反应理论的学习可以为学生接下来学习元素化合物知识提供重要的理论指导。

3. 对氧化还原反应理论的学习有助于学生了解燃烧、腐蚀、金属冶炼等化学变化过程伴随着能量变化，通过氧化还原反应中的电子的定向转移可以实现化学能向电能的转化。

4. 日常生活中的能源、材料、食品以及环境、信息、生命活动都离不开化学反应，其中一类重要的反应就是氧化还原反应。氧化还原反应理论具有一定的社会价值。

（二）氧化还原反应理论的学科价值

1. 培养学科核心素养

引导学生建立起氧化还原反应观，从电子转移的角度认识反应和反应中的物质，培养"宏观辨识与微观探析"化学学科核心素养。

2. 提高学科学习能力

提高用氧化还原反应理论研究物质及其转化的能力，指导后续元素化合物知识以及元素周期律（表）的学习。

（三）氧化还原反应理论的认知模型

基于认识视角的认知模型如图4-1-1所示。

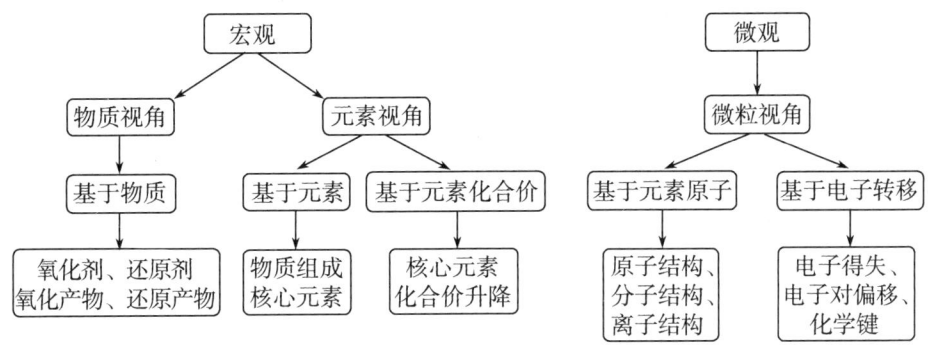

图4-1-1　基于认识视角的认知模型示意图

基于思维进阶的认知模型如图4-1-2所示。

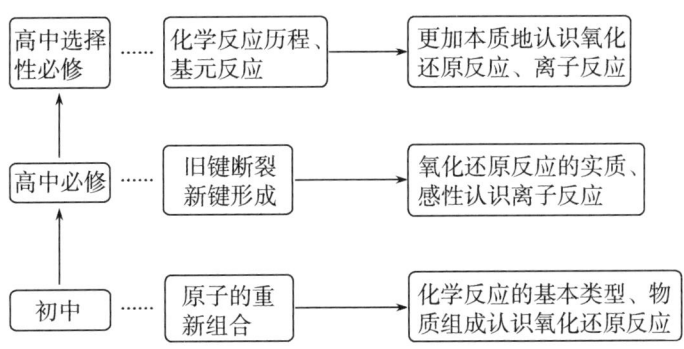

图4-1-2　基于思维进阶的认知模型示意图

通过以上分析可知，本主题的内容是引导学生从微观视角认识氧化还原反应，其实质是完成对氧化还原反应的认识进阶，建构氧化还原反应的认知模型。大多数学生虽然知道氧化还原反应的本质，但由于缺乏对变化过程的直观感受而对变化路径的认识模糊，难以建构氧化还原反应的认知模型，对有些概念的认识模糊。

在教学过程中，教师应尽可能设计系列的学习任务，采用演示或学生实验活动的方式引导学生建构认知体系。设计系列学习任务以及持续性评价与反馈是开展深度学习的有效路径，也是实现"教学评一体化"的重要保障。

二、教学目标与达成评价

本主题的教学目标、达成评价与评价依据见表4-1-1。

表4-1-1　本主题的教学目标、达成评价与评价依据

教学目标	达成评价	评价依据
能从电子得失角度认识氧化还原反应，掌握元素化合价与物质氧化性、还原性的关系，建构氧化还原反应的认知模型。	能认识反应。	① 能从化合价变化的角度对化学反应分类。 ② 能建立新的氧化还原反应观。 ③ 能初步了解氧化还原反应的社会功能。
能用双线桥表示氧化还原反应的电子转移，并能运用氧化还原反应的认知模型推测氧化剂、还原剂，感受反应的规律性，增强化学学习的信心。	能认识物质。	① 能从氧化还原反应的角度认识反应物与产物。 ② 能判断反应中的氧化剂、还原剂。 ③ 能预测物质可能具有氧化性、还原性。
能从微观角度对反应进行认识，培育"宏观辨识与微观探析"等核心素养。	能研究物质。	① 能利用氧化还原反应观研究物质。 ② 能通过实验探究物质的氧化性、还原性。 ③ 能建立思维模型，实现氧化还原反应概念的功能化。
能从氧化还原反应的视角分析问题、解决问题。	能解决问题。	① 能运用氧化还原反应原理解释实际问题。 ② 能联系实际生产或工艺分析推断反应原理。

三、课时目标与过程评价

本主题的课时目标、过程评价与评价依据见表4-1-2。

表4-1-2　本主题的课时目标、过程评价与评价依据

课时	课时目标	过程评价	评价依据
1	1.1 能利用化合价升降，判断反应是否为氧化还原反应。 1.2 能从电子得失的角度认识氧化还原反应，建立认识化学反应的新视角，能和基本反应类型进行对比。	① H_2还原CuO的分析。 ② Fe与$CuSO_4$溶液反应的探究。 ③ 分析铁锈形成过程中的化学反应。	① 能从得氧、失氧角度和化合价变化角度口头表达氧化还原反应的判断依据。 ② 能标出化合价的变化，根据化合价变化熟练判断氧化反应、还原反应。 ③ 能展示自己的思维判断，并描述基本反应类型与氧化还原反应之间的关系。

续表

课时	课时目标	过程评价	评价依据
2	2.1 能运用氧化还原反应的基本模型，分析化学反应中的反应物、反应产物，认识物质具有氧化性、还原性。 2.2 能建立认识物质的新视角，从化合价角度预测物质性质的思路和方法。	① 高锰酸钾和KI反应的实验原理分析。 ② H_2O_2的性质探究。	① 能从新的角度认识化学反应中物质的性质。 ② 能熟练找到氧化剂、还原剂中的核心元素，并根据核心元素预测物质的性质。 ③ 能通过实验探究验证物质的氧化性、还原性。
3	3.1 能利用氧化还原反应模型分析物质的制备和转化，认识氧化还原反应在物质转化和能量转化方面的重要应用。 3.2 能运用氧化还原反应模型书写氧化还原反应方程式，并进行简单计算。	① 实验室制取O_2的反应。 ② 高温下铝粉与氧化铁焊接钢轨的反应。 ③ 氢化钠与水反应用作生氢剂的反应。	① 能利用氧化还原反应模型设计方案进行物质的制备和转化，提升模型的应用能力。 ② 能基于氧化还原反应的认知模型，建构陌生氧化还原方程式的书写模型。
4	4.1 能根据氧化还原反应的模型预测、推断物质的性质。 4.2 能基于氧化还原反应模型的建构，运用模型解决生产、生活中的真实问题。	① 84消毒液的认识和使用说明分析。 ② 补铁剂的认识和使用说明分析。	能基于氧化还原反应模型解决复杂真实情境问题，提升学生应用模型分析问题和解决问题的能力。

四、课时学习设计

第一课时

学习内容

重新认识氧化还原反应。

学习目标

目标1.1、1.2。

学习评价

（1）完成"小组合作学习1""小组合作学习2""小组合作学习4"，达成评价目标1.1。

（2）完成"小组合作学习2""小组合作学习3""小组合作学习5"，达成评价目标1.2。

学习过程

第一课时学习过程如图4-1-3所示。

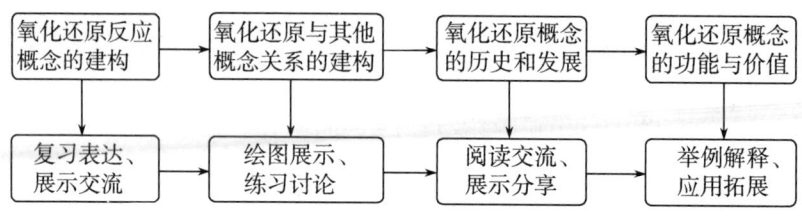

图4-1-3 第一课时学习过程示意图

（一）先行学习

【任务一】 复习化学反应的基本类型，氧化反应和还原反应，元素化合价，原子结构示意图

▶▶ **复习回顾**

化学反应有哪些基本类型？从得氧、失氧角度如何判断氧化反应、还原反应？熟悉常见元素的化合价，书写常见原子的原子结构示意图。

※小组合作学习1※

合作讨论完成下列客观性测试题。

（1）画出氢、氧、氖、钠、镁、铝的原子结构示意图。

（2）按照基本反应类型，将以下8个反应进行分类。

① $4Na + O_2 == 2Na_2O$：_____。

② $CaO + CO_2 == CaCO_3$：_____。

③ $Cu(OH)_2 == CuO + H_2O$：_____。

④ $2KClO_3 == 2KCl + 3O_2\uparrow$：_____。

⑤ $H_2 + CuO \stackrel{\triangle}{=\!=\!=} Cu + H_2O$：_____。

⑥ $Zn + CuSO_4 \stackrel{\triangle}{=\!=\!=} ZnSO_4 + Cu$：_____。

⑦ $CuCl_2 + 2NaOH \stackrel{\triangle}{=\!=\!=} Cu(OH)_2\downarrow + 2NaCl$：_____。

⑧ $Fe_2O_3 + 3CO \stackrel{\triangle}{=\!=\!=} 2Fe + 3CO_2$：_____。

> **评价**：通过小组讨论，展示评析，学生能够：① 发现上述8个反应基本类型划分的局限性（反应⑧）；② 从得氧、失氧角度划分氧化反应、还原反应的局限性；③ 发现上述反应中元素化合价的变化情况；④ 知晓自己的表现属于哪个层次并知道应该达到哪个层次、自己存在哪些方面的知识缺陷或不足，完成表4-1-3。

表4-1-3 自我评价一览表

层次	问题认识水平简述	在该任务中的表现	自我评价
1	不能画出原子结构示意图，无法准确判断反应基本类型，没有氧化反应、还原反应的概念初步理解。	说不出、写不出。	
2	能准确写出部分原子结构示意图，能正确判断半数以上的反应基本类型。	能完成全部任务，但不能解释说明判断的依据。	
3	能准确判断反应类型，画出原子结构示意图，但是不能熟练判断化合价。	能准确判断、解释说明，并能进行类比判断。	
4	能展示评析学习结果，熟练书写化学方程式和判断化学方程式的正误。	能指出四种基本反应类型划分的局限性，能发现从得氧、失氧角度划分氧化反应、还原反应的局限性。	
5	能通过元素化合价的分析，建立氧化还原反应的概念。	能认识到化学反应中存在元素化合价发生变化的反应是氧化还原反应。	

（二）交互学习

【任务二】重新认识氧化还原反应的概念

※小组合作学习2※

通过讨论交流、探究、展示等活动认识氧化还原反应的含义。

▶ **思考与讨论**

完成人教版教材第22页内容要求的任务。

▶ **观察与思考**

观察人教版教材第23页"NaCl的形成示意图"，从原子结构角度分析氧化还原反应。

▶ **实验探究**

如图4-1-4所示，将铜片、锌片插入硫酸铜溶液中，按照图示连接好装置观察电流表指针偏转情况。

▶ **应用与展示**

展示燃料电池资料。

图4-1-4 实验装置

> 评价：通过小组合作学习，学生能够：①从得氧、失氧角度分析氧化还原反应；②明确得氧、失氧与化合价升降的关系；③通过阅读思考，分析NaCl

的形成示意图并从理论上认识氧化还原反应的实质,通过实验探究从实验上得到支持,通过应用展示联系生活实际;④ 判断电流计指针偏转是由于发生反应:$Zn + CuSO_4 = ZnSO_4 + Cu$,知道燃料电池发生反应:$2H_2 + O_2 = 2H_2O$,知道氧化还原反应不一定有$O_2$参加。

【任务三】建构氧化还原反应与基本反应类型的关系

※小组合作学习3※

用集合的形式将氧化还原反应、非氧化还原反应与四类基本反应类型的关系表示出来,如图4-1-5所示。

评价:通过绘制、展示集合图,深化对氧化还原反应与基本反应类型的关系的理解;通过练习,检测判断对氧化还原概念的理解。

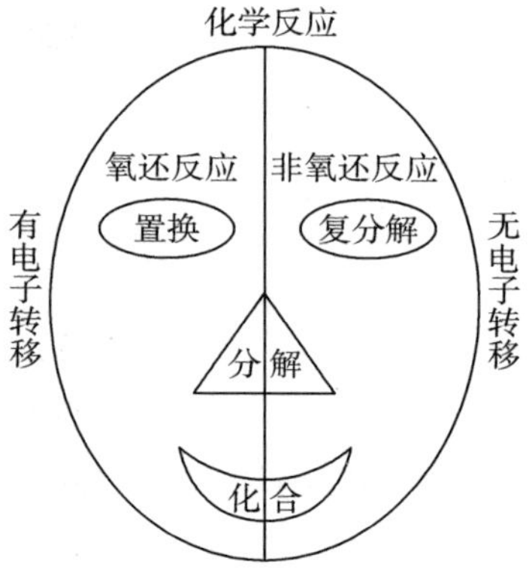

图4-1-5 氧化还原反应、非氧化还原反应与四类基本反应类型的关系示意图

▶ 练习1

人教版教材第27页课后习题6。

【任务四】了解氧化还原反应概念的历史和发展

※小组合作学习4※

以氢气还原氧化铜为例,介绍氧化还原理论的发展史。

▶ 阅读资料

资料:在氧化还原反应概念的进阶图(图4-1-6)中,从化合价、电子得失角度判断氧化还原反应是高中阶段的教学范畴,从初中一直延续到大学普通化学,氧化还原反应概念一直在进阶过程中。初中以化学反应$CuO + H_2 \xrightarrow{\triangle} Cu + H_2O$为例,介绍以得氧、失氧为特征的氧化反应、还原反应;进入高中后,以$Zn + CuSO_4 = ZnSO_4 + Cu$为例,分析氧化还原反应是有局限性的,于是提出氧化还原反应的宏观特征——化合价的变化和微观本质是电子转移,这样,一个完备的氧化还原概念就建构完成了。可是到了大学以后,发现氧化还原反应是和电化学联系在一起的,而且化合价概念往往被氧化数代替……

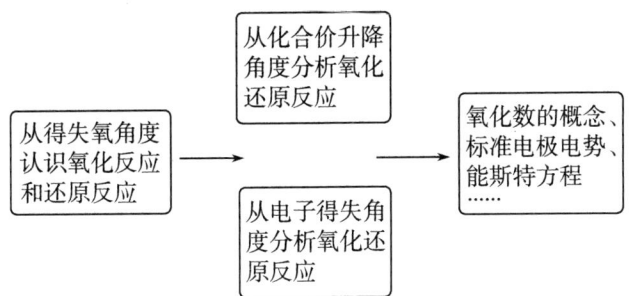

图4-1-6 氧化还原反应概念的进阶示意图

评价： 通过阅读理解人教版教材第25页"科学史话"，在图4-1-7中画出氧化还原反应概念发展历史示意图（以横轴为时间、纵轴为科学史实）。

图4-1-7 氧化还原反应概念发展历史示意图

设计意图： ① 充分挖掘化学史的功能，使学生对概念的发展历史和未来发展有更完整的认识，避免孤立地学概念；② 使学生能够用发展的眼光看问题，认识到随着历史的进步、科技的发展，人们的认识水平越来越高。

【任务五】体验氧化还原概念的功能价值

※小组合作学习5※

举例说明生产、生活中你看到或遇到的哪些现象与氧化还原反应有关。

▶练习2

分析下列两个反应的共同点，并指出H_2O_2发生了氧化反应还是还原反应。

$2KI + H_2O_2 + H_2SO_4 == K_2SO_4 + I_2 + 2H_2O$

$2KMnO_4 + 5H_2O_2 + 3H_2SO_4 == K_2SO_4 + 2MnSO_4 + 5O_2\uparrow + 8H_2O$

结合以上反应，你对H_2O_2有了哪些新的认识？

▶练习3

下列反应都与盐酸有关。通过分析这些反应，你对盐酸有了哪些新的认识？

$MnO_2 + 4HCl(浓) \xrightarrow{\triangle} MnCl_2 + Cl_2\uparrow + 2H_2O$

$HCl + AgNO_3 == AgCl\downarrow + HNO_3$

$Zn + 2HCl == ZnCl_2 + H_2\uparrow$

$2HCl \xrightarrow{通电} H_2\uparrow + Cl_2\uparrow$

> 评价：通过列举和展示，实现个人对氧化还原反应认识的提升，能够知道：①氧化还原反应可以实现物质的转化；②氧化还原反应可以实现能量的转化；③氧化还原反应可以解决生活中的问题。通过练习，认识到可以从不同的角度看待同一物质。

（三）后续学习

【任务六】巩固练习、完成作业

▶ 作业

（1）利用二维图，整理氧化还原反应理论发展史。

（2）从化合价角度考虑，写出三个不同类型的氧化还原反应的化学方程式（化合反应、置换反应、分解反应）。

第二课时

学习内容

重新认识反应物。

学习目标

目标2.1、2.2。

学习评价

（1）完成"小组合作学习1""小组合作学习2"，达成评价目标2.1。

（2）完成"小组合作学习3""小组合作学习4"，达成评价目标2.2。

学习过程

第二课时学习过程如图4-1-8所示。

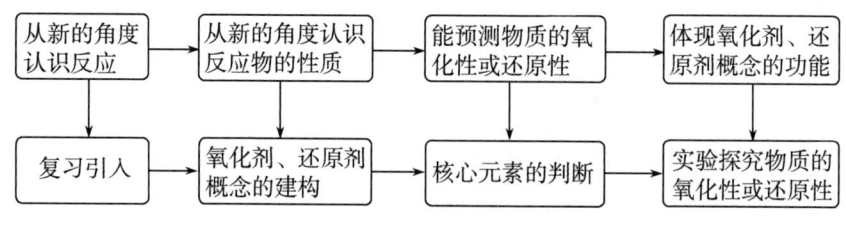

图4-1-8 第二课时学习过程示意图

（一）先行学习

【任务一】根据化合价升降法分析氧化还原反应中电子转移的情况

※小组合作学习1※

（1）参照人教版教材第23页和第25页电子转移表示方法，表示化学反应Fe +

$CuSO_4 == FeSO_4 + Cu$ 的电子转移的方向和数目。

（2）分析电子转移数目和化合价升降的关系。

> **评价**：通过阅读、展示、交流、评析，了解对电子转移表示方法的掌握情况。通过多媒体投影展示单线桥、双线桥法表示电子转移的情况，并进行纠错、讲解。

（二）交互学习

【任务二】通过化学反应实例，建构氧化剂、还原剂的概念

※小组合作学习2※

通过分析讨论、展示交流、观察汇报等过程，实现对氧化还原反应对立统一的认识。

▶ **阅读资料**

钢铁材料腐蚀。

▶ **类比分析**

分组讨论交流关于铁生锈和铁冶炼的资料。分析铁锈形成过程中发生的氧化反应，用铁的冶炼原理 $Fe_2O_3 + 3CO \stackrel{\triangle}{=\!=\!=} 2Fe + 3CO_2$，类比反应 $H_2 + CuO \stackrel{\triangle}{=\!=\!=} Cu + H_2O$、$Fe_2O_3 + 3H_2 \stackrel{\triangle}{=\!=\!=} 2Fe + 3H_2O$。

▶ **思考与讨论**

（1）如何将反应中的物质按氧化性、还原性进行归类？

（2）上述反应中反应物的化合价变化有何特点？

（3）什么是氧化剂或还原剂？

▶ **练习**

对比第一课时练习3，完成人教版教材第27页课后习题7、8。

> **评价**：通过思考、讨论、练习以及教师讲评，学生能够：① 明确氧化剂、还原剂与有关元素价态变化的关系，判断HCl在什么情况下做氧化剂或还原剂，什么情况下既是氧化剂又是还原剂；② 知晓自己的表现在哪个层次，并知道自己应该达到哪个层次、自己还存在哪些问题，完成表4-1-4。

表4-1-4 自我评价一览表

层次	问题解决水平简述	在该问题上的表现	学生互评
1	能根据化合价判断氧化剂或还原剂。	能选择正确答案。	

续表

层次	问题解决水平简述	在该问题上的表现	学生互评
2	能根据化合价判断氧化剂或还原剂，并能从电子得失的角度进一步分析。	能正确选择答案，但是不能从全新的视角认识反应物。	
3	能正确、全面分析氧化剂、还原剂，并能迁移应用氧化剂、还原剂的原理分析其他氧化还原反应中的反应物。	能形成全新的观点，能正确描述氧化剂、还原剂以及氧化产物、还原产物等对立统一的概念间的关系。	
4	能从电子转移的实质分析氧化还原反应，区分非氧化还原反应。	能认识常见的氧化剂、还原剂。	

【任务三】预测物质的氧化性、还原性

※小组合作学习3※

预测$KMnO_4$和KI的氧化性或还原性。

▶ **思考与讨论**

（1）$KMnO_4$和KI中的核心元素是什么？

（2）预测该元素价态变化的趋势。

（3）预测该物质表现氧化性还是还原性。

▶ **实验探究**

酸性$KMnO_4$溶液和KI溶液的反应。（观察现象、分析原理）

▶ **练习2**

下列各种微粒中，只具有氧化性的是（　　　），只具有还原性的是（　　　）。

A.Mg　　　B.Cu　　　C.Cu^{2+}　　　D.H_2O_2　　　E.Cl^-　　　F.Cl_2

> 评价：通过思考、讨论、展示等活动，明确元素价态与化合价变化的趋势，能根据化合价预测物质的氧化性或还原性，并能说出实验现象以及氧化还原反应的氧化剂、还原剂之间电子转移的情况。

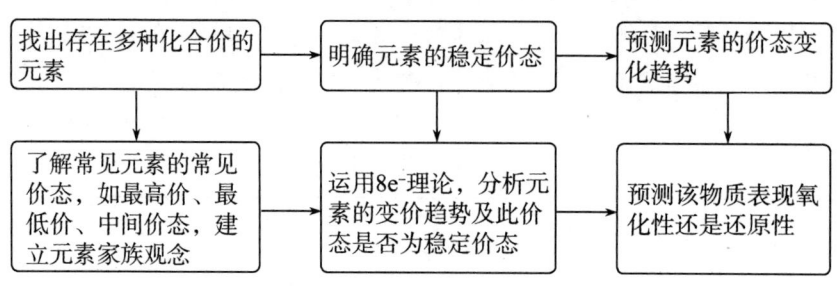

图4-1-9　解题思路示意图

【任务四】探究氧化剂、还原剂概念的功能

※小组合作学习4※

设计实验验证过氧化氢具有氧化性或还原性。（过氧化氢中氧元素化合价为-1价）

▶ **设计实验方案**

根据下列实验药品和仪器设计实验验证过氧化氢（H_2O_2）的氧化性或还原性：5% H_2O_2 溶液，酸性 $KMnO_4$ 溶液，KI溶液，淀粉溶液，试管，胶头滴管。

▶ **实验探究**

设计方案，完成实验操作，填写实验报告。

表4-1-5　实验报告

实验步骤	实验现象	实验结论

教师演示、分析。

> **评价**：通过讨论交流、展示汇报，形成正确的操作步骤。能够通过总结归纳，形成研究物质氧化性、还原性的实验设计思路。① 找出核心元素；② 预测核心元素化合价改变的趋势：在这一变化中，它是氧化剂还是还原剂；③ 学会选择合适的物质验证预测的性质：若验证某物质的氧化性可以选择合适的还原剂，若验证某物质的还原性可以选择合适的氧化剂；④ 设计实验，小组讨论后实施。

（三）后续学习

【任务五】巩固练习、完成作业

▶ **作业**

预测 $FeCl_2$ 的化学性质（从氧化还原角度），并设计实验验证。

① 整理分析设计验证性实验的一般思路。

② 根据选择的药品和仪器，完成验证 $FeCl_2$ 的化学性质的实验报告。

③ 总结梳理认识化学反应中反应物的视角，找出氧化剂、还原剂、氧化产物、还原产物之间的关系。

第三课时

学习内容

利用氧化还原反应模型研究物质的制备和转化。

学习目标

目标3.1、3.2。

学习评价

（1）完成"小组合作学习1""小组合作学习2""小组合作学习3"，达成评价目标3.1。

（2）完成"小组合作学习4"，达成评价目标3.2。

学习过程

第三课时学习过程如图4-1-10所示。

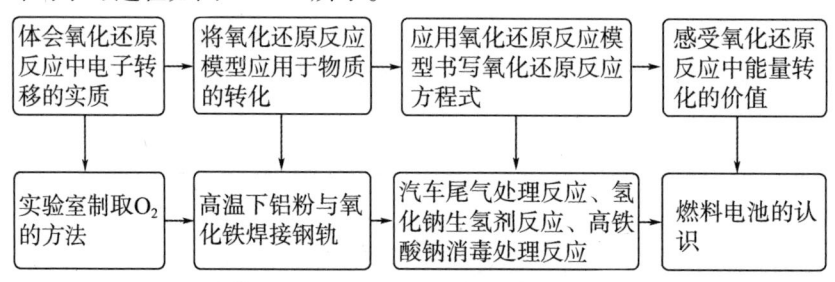

图4-1-10　第三课时学习过程示意图

（一）先行学习

【任务一】建构氧化还原反应概念模型

▶ **总结归纳**

电子转移数目的判断方法。

电子转移数＝"得"或"失"电子数＝变价的原子数×单个变价原子得（失）电子数。

▶ **比较分析**

单线桥、双线桥电子转移表示方法。

单线桥：标价态→连单线→标转移

双线桥：标价态→连双线→注得失

> **评价**：通过新的认识视角，分析氧化还原反应中反应物、反应产物之间的对应关系，厘清各概念之间的联系，建构物质的性质及转化模型，如图4-1-11所示。通过自学初步掌握氧化还原反应单线桥、双线桥电子转移表示方法。

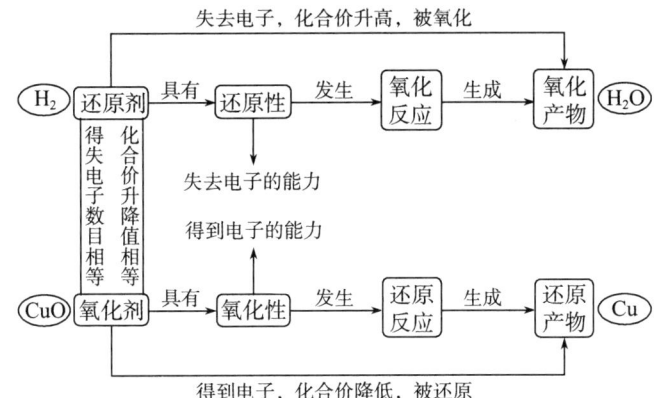

图4-1-11 氧化还原反应中反应物、反应产物之间的对应关系示意图

（二）交互学习

【任务二】探究物质的制备

※小组合作学习1※

完成人教版教材第27页课后习题1，分析制取O_2的反应中的电子转移情况，找出反应中的氧化剂、还原剂。

① 根据要求，写出习题1中反应的化学方程式。

② 用单线桥、双线桥法表示电子转移的方向和数目。

③ 拓展思考：你了解工业上还有哪些利用氧化还原反应制备物质的方法？

▶ 练习1

完成人教版教材第28页课后习题9。

▶ 思考与讨论

实验室制取H_2的反应的化学方程式和装置是怎样的？实验室能否利用氢化钠制备氢气？

> 评价：通过小组内交流批阅，纠错修改；交流展示，讲解说明，其他小组评价、反馈、补充；从氧化还原反应的视角分析制取O_2的反应中的反应物、反应产物，思考制取O_2的其他方法，教师进行引导、点评。

【任务三】探究物质的转化

※小组合作学习2※

探究焊接钢轨的反应原理，完成人教版教材第27页课后习题3。

▶ 情境创设

展示焊接钢轨的图片，播放视频。

▶ **思考与讨论**

（1）实验室能否完成铝粉与氧化铁的反应？

（2）在实现物质转化的同时，能量转化有哪些可能？

（3）你能类比上述反应制备金属单质吗？请举例说明。

▶ **练习2**

完成人教版教材第26页内容要求。

※小组合作学习3※

▶ **情境创设**

播放汽车尾气催化转化器的排气管三元催化原理视频。展示汽车尾气催化转化器及转化原理示意图（图4-1-12、图4-1-13）。

图4-1-12　汽车尾气催化转化器

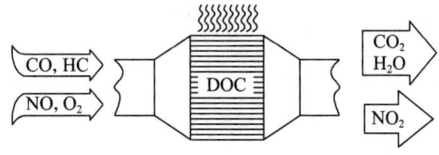
图4-1-13　汽车尾气催化转化原理示意图

▶ **思考与讨论**

（1）分析汽车尾气转化器中化学反应的氧化剂、还原剂和电子转移情况。

（2）讨论汽车尾气转化器对减少污染的作用，交流对氧化还原反应价值的认识。

（3）通过对催化转化的分析，你对催化剂有了哪些初步认识？

> 评价：思考交流，汇报展示。通过对真实问题的分析与讨论，认识物质转化需要的条件，认识氧化还原反应在解决实际问题中的意义，能够分析原理、联系现实、查阅资料。

【任务四】探究陌生化学方程式的书写

▶ **思考与讨论**

怎样书写陌生氧化还原反应的化学方程式？

▶ **练习3**

完成人教版教材第28页课后习题12。

▶ **讲解**

陌生反应的化学方程式的书写方法（如图4-1-14）。

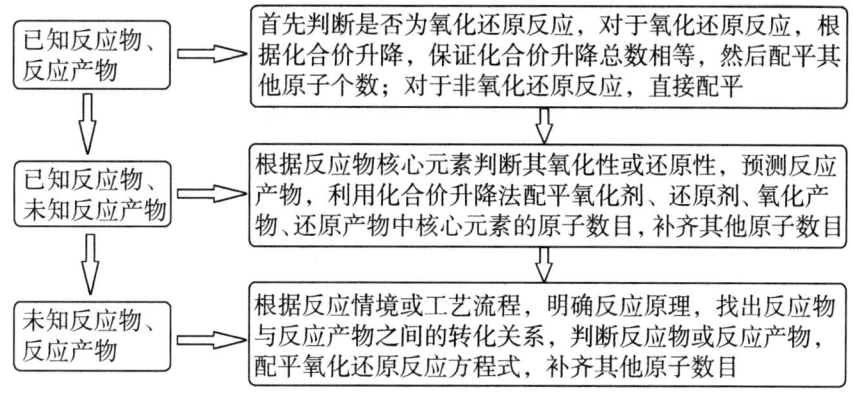

图4-1-14 陌生反应化学方程式的书写方法示意图

▶ **练习4**

写出下列反应的化学方程式。

① 氢气还原四氯化硅制取单质硅。

② 一定条件下，金属铝与五氧化二钒反应。

> **评价**：通过讨论分析书写陌生化学方程式可能遇到的困难，讲解示范。通过客观性评价练习3、练习4，搜集、整理存在的问题；小组内互评，小组间纠错，教师点评。

【任务五】感受氧化还原反应中的能量转化

※小组合作学习4※

探究分析有关化学过程中能量的转化。

▶ **情境创设**

播放金属冶炼、电解法制备金属铝的视频。

▶ **思考与讨论**

（1）铝的冶炼中元素化合价的变化和电子得失情况，氢氧燃料电池中元素化合价的变化和电子得失情况。

（2）从能量角度分析电解法制备金属铝的过程和氢氧燃料电池，讨论氧化还原反应在人类生产、生活中的不同应用。

> **评价**：汇报展示，补充分析，初步了解化学能与热能、电能之间的转化的实际应用。

（三）后续学习

【任务六】巩固练习、完成作业

▶ **作业**

请写出高炉炼铁过程中可能发生的反应的化学方程式，并判断反应中的氧化剂、还原剂。

第四课时

学习内容

利用氧化还原反应解决实际问题。

学习目标

目标4.1、4.2。

学习评价

（1）完成"小组合作学习1""小组合作学习2"，达成评价目标4.1。

（2）完成"小组合作学习3"，达成评价目标4.2。

学习过程

第四课时学习过程如图4-1-15所示。

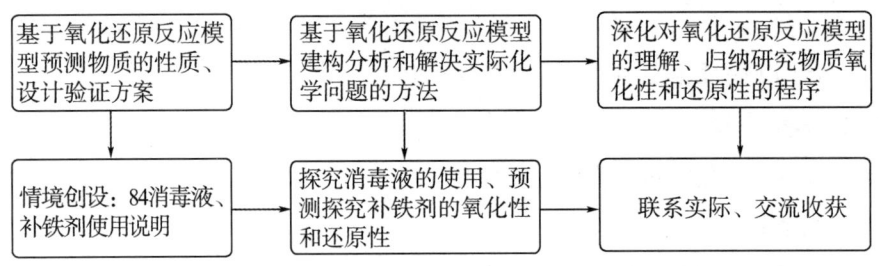

图4-1-15　第四课时学习过程示意图

（一）先行学习

【任务一】汇报交流高炉炼铁中的有关反应的化学方程式

评价：展示、交流、纠错。

（二）交互学习

【任务二】探究消毒原理

※小组合作学习1※

利用氧化还原反应说明84消毒液的使用方法和注意事项。

▶ **情境创设**

多媒体展示84消毒液产品说明书，提供一瓶84消毒液实物。

▶ **思考与讨论**

（1）阅读产品说明书，预测次氯酸钠可能具有什么性质。（从物质类别、元素化合价角度预测）

（2）讨论：产品说明书中的哪些"注意事项"可以用次氯酸钠的性质来解释？

（3）讨论：84消毒液中起作用的成分是次氯酸，你认为次氯酸是怎样产生的？写出有关反应的化学方程式。

▶ **归纳总结**

知道如何合理使用化学品，科学使用含氯消毒剂。

※小组合作学习2※

探究消毒剂的使用问题。

▶ **情境创设**

2016年巴西里约热内卢奥运会期间，室外游泳池中的水变绿成为当时的一大新闻。有关负责人说，池水变绿是藻类生长造成的。该泳池此前一直使用含氯消毒剂抑制藻类生长，这次事件中工作人员误用了过氧化氢消毒剂。

▶ **思考与讨论**

泳池中加入过氧化氢消毒剂后发生了什么反应？选取和使用消毒剂应注意哪些问题？

> 评价：通过分析讨论，知道$NaClO$、H_2O_2两种物质在消毒时所发生的反应，能够解释有关消毒剂的原理及注意事项。

【任务三】探究补铁剂的成分

※小组合作学习3※

探究补铁剂的药物相互作用。

▶ **情境创设**

多媒体展示常用的几种补铁剂。

▶ **思考与讨论**

（1）通过分析补铁剂的储存方法，认识这样储存的原因是什么。

（2）补铁剂的药物相互作用中提到"补铁剂与维生素C同服，有利于铁的吸收"。你认为维生素C的作用是什么？

▶ **思维建模**

请将铁及其化合物填写在下列"价-类"二维图中并投影展示，如图4-1-16所示。

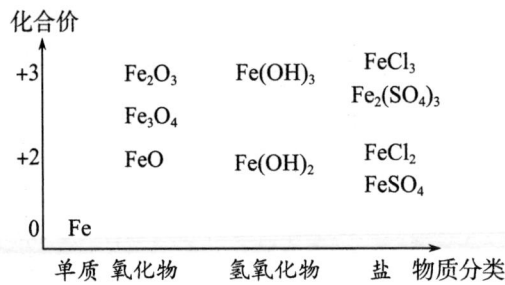

图4-1-16 铁及其化合物的"价-类"二维图

> **评价：** 通过分析补铁剂的成分及使用注意事项，知道其可能发生的氧化还原反应。通过思考、讨论，能够用自己的语言描述补铁剂的有关使用问题，并提出一定的见解。

（三）后续学习

【任务四】巩固练习、完成作业

▶ 作业

人教版教材第31页课后习题5、第32页课后习题10。

▶ 归纳总结

本主题的归纳总结如图4-1-17所示。

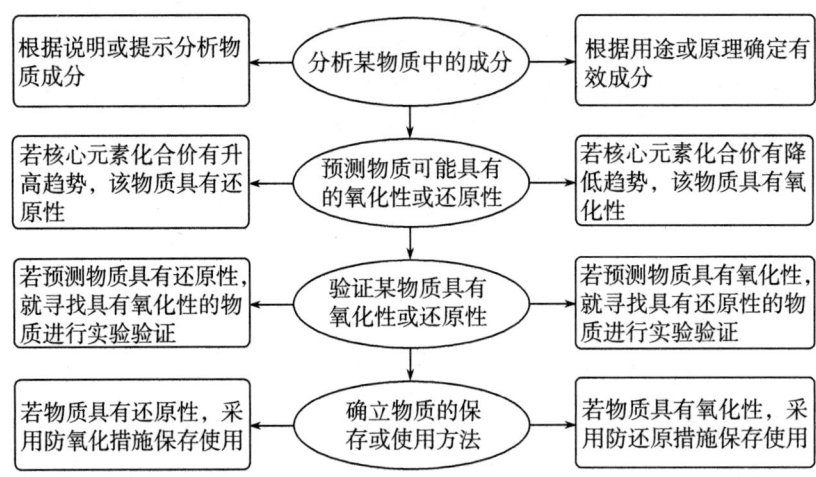

图4-1-17 本主题的归纳总结示意图

案例2 离子反应（必修课程模块 必修第一册）

一、主题分析

离子反应是高中化学重要的理论知识，包括电解质和非电解质、强电解质和弱电解质、电离方程式、离子方程式、离子共存、离子的检验与推断、物质的分离提纯等。本单元以离子反应为中心，以粗盐提纯为线索，引导学生增强"宏微结合分析、解决问题"的理念，体会水溶液中离子之间的相互作用，解决以实际生产、生活情境为载体的化学问题，落实"微观探析"化学学科核心素养。

（一）离子反应教学的目的意义

1. 通过离子反应拓展深化对物质及其变化的认识，有助于完善学生原有的认知结构，促进学生分类思想的发展。

2. 引导学生体会"三重表征"的意义。初步建立从微观视角分析水溶液中离子反应的思路，以离子的检验、除杂等具体的实验操作技能来解决实际问题，将具体概念知识转化为学科能力。

3. 迁移应用离子反应的理论。

（二）离子反应教学的学科价值

1. 培养学科核心素养

利用导电性实验培养"科学探究与创新意识"化学学科核心素养，从微观角度解释宏观现象培养"宏观辨识与微观探析"化学学科核心素养，结合粗盐提纯这一实际问题的分析、解决培养"科学态度与社会责任"化学学科核心素养。

2. 提高学科学习能力

通过离子反应这一内容，学生可以更好地理解初中所学的酸、碱、盐在水溶液中的反应，为后续元素化合物知识的学习、选择性必修1模块中电解质溶液的学习以及解决工艺流程问题做好准备，从而初步形成"宏观辨识与微观探析"化学学科核心素养。

（三）离子反应理论认知模型

初中化学、高中必修、高中选择性必修中离子反应理论内容要点与学习要求如图4-2-1所示。

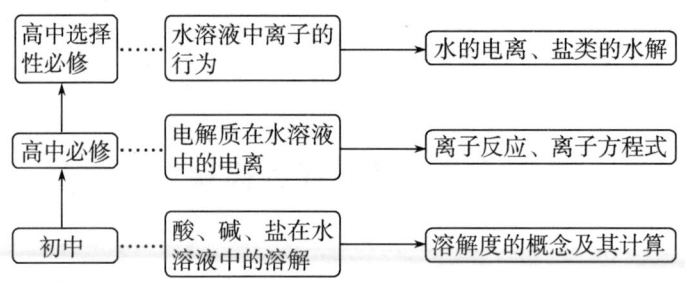

图4-2-1 离子反应理论内容要点与学习要求示意图

虽然在初中阶段学生的抽象逻辑思维已经逐渐形成,但他们仍然依赖于具体的形象来认知事物。因此,基于初中学生的思维特点和认知发展规律,离子反应在初中化学中主要体现在对宏观现象的认识和简单化学符号的表达上,内容比较浅显易于理解,对反应的微观原理体现甚少,学生尚未形成"微粒观"。

通过以上分析,本单元的主题内容是引导学生从微观视角认识离子反应,完成对离子反应的认识进阶,建构离子反应的认知模型。大多数学生对离子反应的认知概念模糊。在学生的学习过程中,教师要尽可能通过真实情境创设、实验探究、分析学生对问题的回答情况,引导学生建构思维模型,凸显"宏观""微观""符号表达"结合的思维方式,丰富认知结构。

二、教学目标与达成评价

本主题的教学目标、达成评价与评价依据见表4-2-1。

表4-2-1 本主题的教学目标、达成评价与评价依据

教学目标	达成评价	评价依据
通过实验、假设、推理等过程,建构电离模型,认识电解质、非电解质、电离概念。	能初步进行"宏观辨识",感知有关现象。	① 能通过探究建构电离模型。 ② 能建立新的化合物的分类标准,认识电解质、非电解质。 ③ 能书写简单的电离方程式。
通过分析酸、碱、盐之间的反应,归纳离子反应发生的条件,正确书写这些反应的离子方程式,感受离子反应的特点。	能从微观分析电离原理,建立微粒观。	① 能建立离子反应的概念,并能正确书写离子方程式。 ② 能建立思维模型,实现离子反应概念的功能化。
通过实验了解常见离子的检验方法、离子共存、物质制备、物质分离与提纯等,进一步理解离子反应。	能应用符号表征,学会离子方程式的书写。	① 能检验离子的存在。 ② 能判断离子能否大量共存。 ③ 能进行物质制备、提纯等。

续表

教学目标	达成评价	评价依据
从离子反应的角度分析问题、解决问题，从微观角度对反应进行认识，培育"宏观辨识与微观探析"等核心素养。	能根据离子方程式解决问题。	① 能解释实际问题。 ② 能联系实际生产或工艺分析推断核心原理。

三、课时目标与过程评价

本主题的课时目标、过程评价与评价依据见表4-2-2。

表4-2-2 本主题的课时目标、过程评价与评价依据

课时	课时目标	过程评价	评价依据
1	1.1 通过展示氯化钠在水中前后的变化，结合导电性实验绘制微观示意图建立电离、电解质、非电解质等概念。能从电离的视角认识酸、碱、盐。 1.2 明确粗盐溶液中的杂质，书写电离方程式，建立"宏、微、符"结合认识溶液的思路方法。 1.3 通过分析实验事实认识强电解质、弱电解质。	① 氯化钠电导率实验。 ② 酸碱盐的电离。 ③ 醋酸水溶液与盐酸中微粒的存在形式。	① 能从实验事实并结合图片进行氯化钠在水溶液和熔融态导电的原因解释。 ② 能结合实例进一步理解酸碱盐的电离情况。 ③ 能展示自己的思维判断，并分享强弱电解质的判断依据。
2	2.1 通过实验事实以及电导率实验理解溶液中离子之间的相互作用，认识离子反应以及发生的条件。 2.2 建立离子反应的概念，并能用离子方程式表示除杂方法。 2.3 从"宏、微、符"结合视角分析离子间反应的思路方法，并归纳复分解型离子反应发生的条件。	① Na_2SO_4+ $Ba(OH)_2$反应以及H_2SO_4+$Ba(OH)_2$反应的电导率探究与模型展示。 ② 除去Ca^{2+}、Mg^{2+}试剂的选择。	① 能从新的角度认识水溶液和熔融态中的化学反应。 ② 能归纳复分解型离子反应发生的条件并能进行简单的微粒反应现象预测。 ③ 能通过化学语言对离子反应进行符号表征。
3	3.1 能从离子反应的角度认识离子共存问题。 3.2 通过离子反应原理概括离子检验与推断的一般思路。 3.3 能按照实际需求，利用离子反应，设计并实施粗盐精制的完整方案，体会离子反应在物质的分离、提纯方面的应用。	① Cl^-、SO_4^{2-}检验。 ② 根据复分解型离子反应判断离子共存。 ③ 粗盐中可溶性杂质离子Ca^{2+}、Mg^{2+}、SO_4^{2-}除杂方案设计。	① 能利用离子反应模型设计方案选择试剂进行离子的检验。 ② 能利用离子反应模型进行离子共存的判断。 ③ 能基于离子反应的认知模型，进行物质的制备和转化，提升模型的应用能力。

续表

课时	课时目标	过程评价	评价依据
4	4.1 能根据离子反应的模型预测、推断物质的性质。 4.2 基于离子反应模型的建构，运用模型解决生产、生活中的真实问题。	① 揭秘治疗胃酸过多药物的主要成分。 ② 工业废水中部分离子的除杂。	能基于离子反应模型解决复杂真实情境问题，提升学生应用模型分析问题和解决问题的能力。

四、课时学习设计

第一课时

学习内容

电解质的电离。

学习目标

目标1.1、1.2、1.3。

学习评价

（1）完成"小组合作学习1"，达成评价目标1.1。

（2）完成"小组合作学习2""小组合作学习3"，达成评价目标1.2。

（3）完成"小组合作学习4"，达成评价目标1.3。

学习过程

第一课时学习过程如图4-2-2所示。

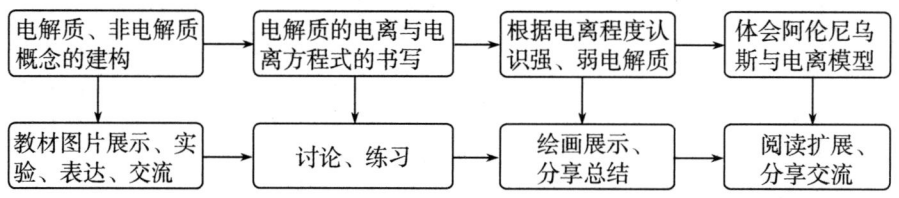

图4-2-2　第一课时学习过程示意图

（一）先行学习

【任务一】情境创设，思考与讨论

▶ **情境创设**

观看生活中湿手触电的视频。

▶ **思考与讨论**

（1）分析湿手触电的原因。

（2）联想生活中有关的导电现象。

（二）交互学习

【任务二】学习电离、电解质、非电解质概念

※小组合作学习1※

认识电离、电解质、非电解质概念。

▶ **情境创设**

如图4-2-3所示进行导电性实验（烧杯中分别为NaCl固体、NaCl溶液、KNO_3固体、KNO_3溶液、蒸馏水、酒精）。

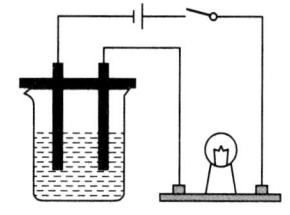

图4-2-3 导电性实验示意图

▶ **思考与讨论**

（1）思考：NaCl溶液、KNO_3溶液导电的原因是什么？

（2）阅读人教版教材第14～16页内容，结合教材图片1-12，分析讨论主要成分NaCl溶于水及熔化前后结构的变化，以及产生导电性的原因。

（3）概念理解：什么是电解质、非电解质？

（4）讨论：铁丝和盐酸能导电，二者是电解质吗？液态硫酸不导电，硫酸是非电解质吗？三氧化硫属于化合物，溶于水也能导电，三氧化硫属于电解质吗？

> **评价**：分析模型，实验探究，认识电离的概念，通过分析知道酸、碱、盐等电解质在水溶液或熔融状态下能发生电离，完成表4-2-3，评价对概念的理解。

表4-2-3 物质类别与导电性

物质	铜片	石墨	蒸馏水	蔗糖	蔗糖溶液	NaCl固体	NaCl溶液	KNO_3固体	KNO_3溶液
类别									
导电性									

▶ **练习1**

有下列物质：① 氢氧化钠固体，② 铝丝，③ 稀硫酸，④ 饱和食盐水，⑤ HCl，⑥ $Na_2CO_3 \cdot 10H_2O$，⑦ 酒精，⑧ 熔融KCl，⑨ 明矾[$KAl(SO_4)_2 \cdot 12H_2O$]，⑩ 石墨。

可导电的物质：_____。

属于电解质的物质：_____。

属于电解质，但不能导电的物质：_____。

属于非电解质的物质：_____。

既不是电解质又不是非电解质的物质：_____。

▶ **概念建构**

阅读表4-2-4，建构"电解质""非电解质"概念。

表4-2-4　电解质与非电解质比较

比较项目	电解质	非电解质
概念	在水溶液或熔融状态下能导电的化合物	在水溶液和熔融状态下均不能导电的化合物
关键词	"或""化合物"	"和""化合物"
满足条件	导电	不导电
实质	自身电离出离子	自身不能电离出离子
注意	用"自身"能否电离可确定是否为电解质	
物质类别	酸、碱、盐、水、金属氧化物	非金属氧化物、氨气、绝大多数有机物

【任务三】探究酸、碱、盐的电离

※小组合作学习2※

探究电离方程式的书写。

▶ **表达与展示**

（1）用语言描述氯化钠在水溶液或熔融状态下的电离情况，尝试手绘展示。

（2）用化学符号来表征简单的电解质在水溶液中的解离情况。

▶ **练习2**

人教版教材第17页"思考与讨论"。

※小组合作学习3※

建构电离的思维模型。

▶ **练习3**

人教版教材第20页课后习题5。

▶ **思考与讨论**

如何从电离的角度定义酸、碱、盐？

> 评价：通过阅读教材内容，经过交流展示，学生能够书写酸、碱、盐的电离方程式，能够从电离的视角判断酸、碱、盐。通过电离方程式的书写，引导学生对电离概念的理解，建构电离的思维模型。

【任务四】认识强电解质、弱电解质

※小组合作学习4※

探究盐酸、醋酸的电离。

▶ **情境创设**

展示盐酸与醋酸水溶液中微粒存在情况（忽略水分子），如图4-2-4所示。

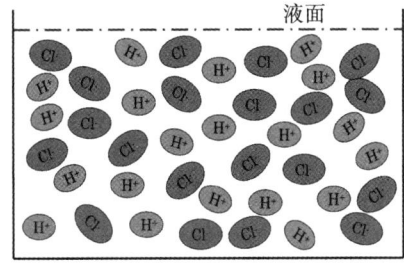 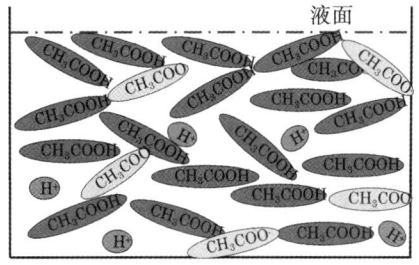

HCl电离结果　　　　　　　　　　CH₃COOH电离结果

图4-2-4　盐酸、醋酸的电离结果示意图

▶ **观察分析**

溶液中的微粒存在情况有什么不同？

▶ **实验探究**

用电流计测定同浓度的盐酸、醋酸的导电性。

▶ **概念引入**

强电解质、弱电解质（电离程度大小比较、电离方程式书写比较）。

▶ **练习4**

下列实验过程中，液体的导电能力变化不大的是（　　　）。

A. $Ba(OH)_2$溶液中滴入H_2SO_4溶液　　　　B. 水中滴入盐酸

C. 澄清石灰水中通入少量CO_2　　　　D. HCl溶液中加入适量NaOH固体

> **评价**：能够根据导电性强弱判断离子浓度的大小，进而结合图示判断电解质的电离分为完全电离、部分电离。通过对强电解质、弱电解质概念的理解初步形成溶液中的微粒观，完成表4-2-5。

表4-2-5　"电解质的电离"评价

评价项目	不理解	部分疑问	完全理解	自我评价
微粒的种类与多少				
导电性的强弱与离子浓度的关系				
强、弱电解质的概念				

（三）后续学习

【任务五】认识电离理论发展历史

▶ 拓展学习

了解阿伦尼乌斯获得诺贝尔化学奖的相关资料。

资料：阿伦尼乌斯电离学说，认为电解质溶于水，其分子能解离成带电的离子，这是电解质导电的根本原因；同时，溶液越稀，电解质电离程度越大。电离学说是物理化学上的重大成就，也是化学发展史上的重要里程碑，解释了溶液的许多性质。阿伦尼乌斯建筑起物理和化学间的重要桥梁，提出活化分子的活化能概念，导出著名的反应速率公式即阿伦尼乌斯公式。

▶ 阅读与思考

（1）阅读人教版教材第17页"方法导引"，体会阿伦尼乌斯电离模型。

（2）你对科学探究的过程有什么认识？

▶ 作业

绘制本节课的思维导图。

第二课时

学习内容

离子反应及其发生的条件。

学习目标

目标2.1、2.2、2.3。

学习评价

（1）完成"小组合作学习1"，达成评价目标2.1。

（2）完成"小组合作学习2""小组合作学习3"，达成评价目标2.2。

（3）完成"小组合作学习4""小组合作学习5"，达成评价目标2.3。

学习过程

第二课时学习过程如图4-2-5所示。

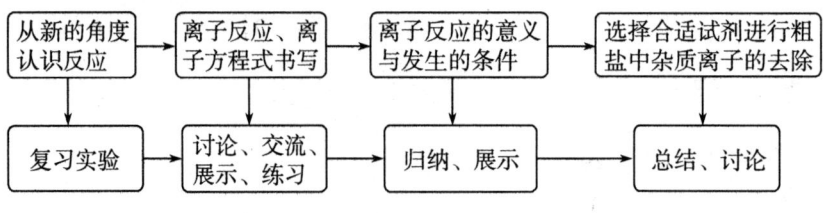

图4-2-5　第二课时学习过程示意图

（一）先行学习

【任务一】实验探究

向一定浓度的盐酸中滴加少量Na_2CO_3溶液，观察现象；再向其中滴加硝酸酸化的$AgNO_3$溶液，观察现象，分析发生有关现象的原因。

（二）交互学习

【任务二】通过实验事实认识离子反应

※小组合作学习1※

探究、分析水溶液中化学反应的实质。

▶ **实验探究**

根据所给的仪器和药品，小组合作实验。请把反应前溶液中存在的离子列出来（填写在表4-2-6中）。如果能发生反应，请试着分析离子的变化情况，观察溶液的导电情况，并写出反应的化学方程式。

① 向 2 mL 的 Na_2SO_4 溶液中滴加 2 mL 的 $Ba(OH)_2$ 溶液。

② 向 2 mL 的 H_2SO_4 溶液中滴加 2 mL 的 $Ba(OH)_2$ 溶液。

表4-2-6 混合前后溶液中的离子

比较项目	混合前溶液中的离子	混合后溶液中的离子
实验一		
实验二		

▶ **思考与讨论**

两种电解质混合时发生反应的实质是什么，产生现象的原因是什么？认识电解质在溶液中所发生的反应实际上就是离子间的反应。

▶ **形成概念**

离子反应。

> 评价：通过实验探究，能够分析反应前后溶液中离子的变化情况，进一步明确溶液的导电性与溶液中离子的浓度有关（反应前后，实验一溶液导电性变化不大，实验二导电性变化较大），能根据反应特点判断离子反应。

※小组合作学习2※

学习离子方程式的书写。

▶ **拆解**

参照人教版教材第18页用化学符号表征反应，表示化学反应$Ba(OH)_2+H_2SO_4$ ══

$BaSO_4\downarrow +2H_2O$ 的反应实质。

▶ **总结归纳**

书写离子方程式的步骤。

▶ **练习1**

写出下列反应的离子方程式:

① 碳酸氢钠溶液与盐酸反应：_____。

② 醋酸与碳酸钙反应：_____。

※小组合作学习3※

判断离子方程式的正误。

▶ **纠错**

下列每个离子方程式都有错误，请找出错误的原因。

① 铁放入稀硫酸中：$2Fe+6H^+ = 2Fe^{3+}+3H_2\uparrow$

原因：_____。

② 铜加入硝酸银溶液中：$Cu+Ag^+ = Cu^{2+}+Ag$

原因：_____。

③ 氧化铜溶于盐酸中：$O^{2-}+2H^+ = H_2O$

原因：_____。

④ 硫酸铜中加入氢氧化钡：$SO_4^{2-}+Ba^{2+} = BaSO_4\downarrow$

原因：_____。

▶ **归纳总结**

判断离子方程式正误的依据。

▶ **练习2**

下列反应的离子方程式书写正确的是（　　）。

A. 稀硫酸滴在铜片上：$Cu+2H^+ = Cu^{2+}+H_2\uparrow$

B. 稀硫酸与氢氧化钡溶液混合：$SO_4^{2-}+Ba^{2+} = BaSO_4\downarrow$

C. 稀盐酸滴在大理石上：$CaCO_3+2H^+ = Ca^{2+}+H_2CO_3$

D. 氧化铁与稀盐酸混合：$Fe_2O_3+6H^+ = 2Fe^{3+}+3H_2O$

> 评价：通过阅读、展示、交流、评析，学习离子方程式的书写步骤。通过练习1，发现书写步骤中存在的问题，进行补偿训练。通过小组内互评，总结归纳书写离子方程式出错的原因。

【任务三】分析归纳离子反应发生的条件

※小组合作学习4※

▶ **思考与讨论**

完成人教版教材第19页"思考与讨论"要求的任务,填写表中内容。

▶ **总结交流**

通过交流,总结离子反应的意义。

▶ **练习3**

下列离子方程式中,只能表示一个化学反应的是（　　）。

① $Ag^+ + Cl^- == AgCl\downarrow$　② $Ba^{2+} + 2OH^- + 2H^+ + SO_4^{2-} == BaSO_4\downarrow + 2H_2O$　③ $CaCO_3 + 2H^+ == CO_2\uparrow + H_2O + Ca^{2+}$　④ $Fe + Cu^{2+} == Fe^{2+} + Cu$

A. ①③　　　　　　B. 以上都不能　　　　　　C. ②　　　　　　D. ④

※小组合作学习5※

探究复分解型离子反应发生的条件。

▶ **实验探究**

根据表4-2-7,完成实验操作,填写对应的实验现象。

表4-2-7　实验现象记录

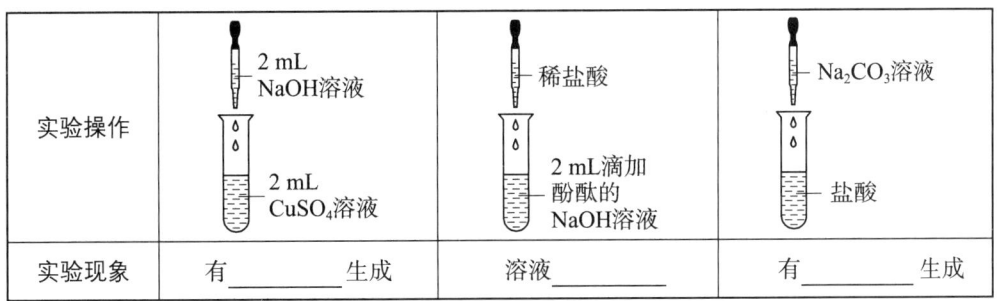

实验操作	2 mL NaOH溶液 / 2 mL CuSO₄溶液	稀盐酸 / 2 mL滴加酚酞的NaOH溶液	Na₂CO₃溶液 / 盐酸
实验现象	有_____生成	溶液_____	有_____生成

▶ **思考与讨论**

通过交流,总结复分解型离子反应发生的条件。

▶ **练习4**

下列各组物质中,能发生离子反应的是（　　）。

A. NaCl溶液与盐酸
B. KNO_3溶液与NaOH溶液
C. 稀硫酸与$BaCl_2$溶液
D. Na_2SO_4溶液与HNO_3溶液

> **评价:** 通过实验探究、展示、交流,体会离子反应的重要意义。

（三）后续学习

【任务四】巩固练习、完成作业

▶ **作业**

粗盐（主要成分NaCl）中含有可溶性杂质离子Ca^{2+}、Mg^{2+}、SO_4^{2-}，选择试剂进行除杂，并设计实验验证杂质是否除净。

第三课时

学习内容

离子反应的应用。

学习目标

目标3.1、3.2、3.3。

学习评价

（1）完成"小组合作学习1"，达成评价目标3.1。

（2）完成"小组合作学习2"，达成评价目标3.2。

（3）完成"小组合作学习3"，达成评价目标3.3。

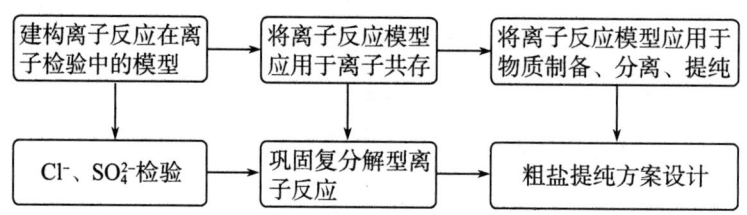

图4-2-6　第三课时学习过程示意图

学习过程

第三课时学习过程如图4-2-6所示。

（一）先行学习

【任务一】实验准备，纠错

▶ **实验准备**

明确粗盐提纯的实验步骤，分析有关实验操作注意事项，写出有关反应的离子方程式。

▶ **纠错**

通过自查自纠、互查互纠，了解学生对离子反应发生条件的疑问，进行解答。

（二）交互学习

【任务二】判断离子能否大量共存

※小组合作学习1※

通过分析、交流、评析，判断不同条件下离子能否大量共存的问题。

▶ **情境创设**

人体胃液中有胃酸（0.2%~0.4%的盐酸），起到杀菌、帮助消化等作用，但胃酸的量不能过多或过少，必须控制在一定范围内。当胃酸过多时，医生通常用"小苏打片"或"胃舒平"对患者进行治疗。

▶ **思考与讨论**

（1）"小苏打片"（$NaHCO_3$）治疗胃酸过多是哪些离子发生了反应？

（2）如果患者同时患有胃溃疡，此时最好服用"胃舒平"[主要成分是$Al(OH)_3$]，讨论分析"胃舒平"的药理作用是什么。

▶ **练习1**

某无色透明溶液遇紫色石蕊溶液变红，下列各组离子能在该溶液中大量共存的是（　　）。

A. Na^+、Cu^{2+}、NO_3^-　　　　　　　B. K^+、CO_3^{2-}、Na^+

C. NO_3^-、K^+、Ba^{2+}　　　　　　　D. HCO_3^-、NO_3^-、Ca^{2+}

> **评价**：通过思考、讨论药物的药理作用，体会离子之间的反应所产生的药理作用。小组内交流互动、归纳总结离子能够大量共存的几种情况，并能列举常见的离子共存情况。例如，①Ca^{2+}与CO_3^{2-}、Ba^{2+}与SO_4^{2-}、Ag^+与Cl^-、Mg^{2+}与OH^-等；②H^+与CO_3^{2-}、H^+与HCO_3^-等；③HCO_3^-与OH^-、NH_4^+与OH^-、CH_3COO^-与H^+等。

▶ **方法导引**

（1）看是否有隐含限制条件，如碱性、酸性、无色等。这些问题较易被忽视，故放在第一步。

（2）看能否发生复分解反应。可分三步进行：① 查H^+，主要看是否有弱酸根离子和酸式酸根离子等；② 查OH^-，主要看是否有NH_4^+、酸式酸根离子和某些金属离子等；③ 查金属离子，主要看是否与酸根离子产生难溶性盐（包括微溶性盐）。

【任务三】探究离子的检验与推断方法

※小组合作学习2※

针对粗盐的提纯实验进行思考讨论、展示交流、分析过程及汇报结果，形成对离子检验与推断的认知程序。

▶ **情境创设**

2021年8月，新闻报道我国成为全球第四个拥有自主研发重离子治疗系统和临床应用能力的国家。如图4-2-7所示，离子反

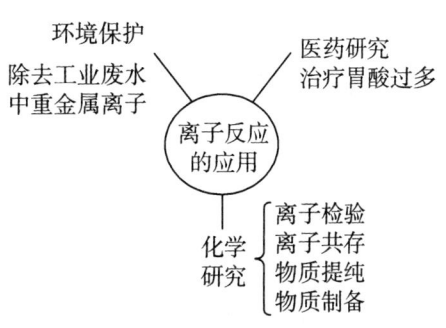

图4-2-7　离子反应的应用示意图

应的应用成为化学化工中一个重要的研究方法措施。

▶ **思考与讨论**

如何进行粗盐成分中Cl^-、SO_4^{2-}的检验？

▶ **总结归纳**

通过练习，分析离子检验和推断的基本原则和思路方法。

▶ **练习2**

某无色、澄清溶液中可能含有① Na^+，② SO_4^{2-}，③ Cl^-，④ HCO_3^-，⑤ CO_3^{2-}，⑥ H^+，⑦ Cu^{2+}中的几种，且每种离子的浓度均相等。依次进行表4-2-8中的实验，每步所加试剂均过量，观察到的现象见表4-2-8，请判断溶液中离子的存在情况。

表4-2-8　实验操作与现象

步骤	操作	现象
1	向溶液中滴加2~3滴紫色石蕊试液	溶液变红
2	向溶液中滴加$BaCl_2$溶液和稀盐酸	有白色沉淀生成
3	将步骤2中所得的沉淀过滤，向滤液中加入$AgNO_3$溶液和稀硝酸	有白色沉淀生成

评价：建构离子推断解题思路基本模型，通过展示手绘思维导图，修正认知错误。

【任务四】探究物质制备、分离、提纯方法

※小组合作学习3※

进一步分析粗盐中可溶性杂质离子除杂的试剂选择、操作步骤。

▶ **思考与讨论**

（1）粗盐提纯时，加入除杂试剂的顺序是什么？

（2）最终得到精制盐还需要哪些操作？分离与提纯有何异同？

▶ **实验报告**

完成表4-2-9粗盐提纯实验报告。

表4-2-9　粗盐提纯实验报告

实验内容	实验现象	实验结论

> 评价：通过思考、讨论、展示等活动，进一步思考提纯的相关问题。根据表4-2-10，从离子反应的角度，选择合适的药品（包括顺序及用量）和操作方法，尝试用流程图展示思路与方法。由于粗盐中Mg^{2+}和SO_4^{2-}比例不可能恰好为1∶1，所以用$Ba(OH)_2$除去Mg^{2+}和SO_4^{2-}不合适。

表4-2-10　粗盐提纯实验方案

组别	实验方案
1	NaOH（除Mg^{2+}）→$BaCl_2$（除SO_4^{2-}）→Na_2CO_3（除Ca^{2+}和Ba^{2+}）
2	$BaCl_2$（除SO_4^{2-}）→NaOH（除Mg^{2+}）→Na_2CO_3（除Ca^{2+}和Ba^{2+}）→盐酸（除CO_3^{2-}和OH^-）
3	$Ba(OH)_2$（除Mg^{2+}和SO_4^{2-}）→Na_2CO_3（除Ca^{2+}和Ba^{2+}）→盐酸（除CO_3^{2-}）
……	……

（三）后续学习

【任务五】巩固练习、完成作业

▶ 作业

思考$FeSO_4$的制备方案，并设计实验。

第四课时

学习内容

利用离子反应解决实际问题。

学习目标

目标4.1、4.2。

学习评价

（1）完成"小组合作学习1"，达成评价目标4.1。

（2）完成"小组合作学习2"，达成评价目标4.2。

学习过程

第四课时学习过程如图4-2-8所示。

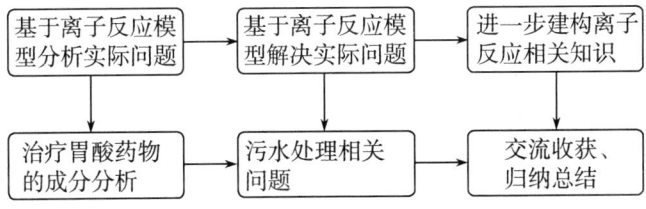

图4-2-8　第四课时学习过程示意图

（一）先行学习

【任务一】 阅读资料，思考与讨论，观看视频

▶ **阅读资料**

资料：三国时期，诸葛亮领兵南征，遇到了"哑泉"，士兵饮后腹痛、致哑甚至死亡。又有一"安乐泉"，饮后可解"哑泉"之毒。2003年，经科研人员研究，"哑泉"水溶液中有硫酸铜，而"安乐泉"水质偏碱性。

▶ **思考与讨论**

（1）说出"哑泉"使人中毒的原因。

（2）"安乐泉"能够解毒的原因是什么？

（3）现代生活中如果遇到类似"哑泉"中毒的现象，你能用什么办法尽快解毒？

▶ **观看视频**

新闻节目：某公司涉嫌重大环境污染事故案告破。

▶ **思考与讨论**

废水对环境有严重危害，你对工业废水有哪些认识？

（二）交互学习

【任务二】 分析治疗胃酸过多药物的成分

▶ **情境创设**

多媒体展示治疗胃酸过多的药物斯达舒及其说明书。

成分：本品每粒含维生素U 50毫克，氢氧化铝140毫克，颠茄浸膏10毫克。

性状：本品为胶囊剂，内容物为白色或类白色粉末。

作用类别：本品为抗酸类非处方药药品。

药理作用：本品中维生素U可促进肉芽发育和黏膜再生；氢氧化铝为抗酸药，能中和过多的胃酸，缓解胃痛及胃烧灼感；颠茄提取物可抑制腺体分泌，解除平滑肌痉挛引起的疼痛。

适应证：用于胃、十二指肠溃疡，慢性胃炎，胃酸过多，胃痉挛。

用法用量：口服。一次1粒，一日3次。

※小组合作学习1※

利用离子反应分析解释各类药物的主要成分。

▶ **思考与讨论**

（1）找出以上各类药物的主要成分的共同点。

（2）如果患者同时伴随有胃溃疡等症状，选用哪种药物更合理？理由是什么？

▶ 练习1

尝试写出以上药物主要成分与H^+反应的离子方程式。

> 评价：通过分析药物的成分及药理，知道胃药的作用原理，说出自己的用药体会和使用建议，实现学以致用的目的。

【任务三】探究工业废水的处理

▶ 情境创设

某地区矿产资源丰富，在带动经济发展的同时，不可避免地带来了工业水污染。工业废水必须经过处理达标，才可排放。该地矿产企业的工业废水中含有大量的Ca^{2+}、Ba^{2+}、Cu^{2+}等，如何除去这些离子？

※小组合作学习2※

利用离子反应原理进行工业废水处理的设计与分析。

▶ 设计实验方案

请设计一个合理的方案除去Ca^{2+}、Ba^{2+}、Cu^{2+}等离子。（选择试剂、操作等）

▶ 思考与讨论

为除去Ca^{2+}、Ba^{2+}、Cu^{2+}等离子，应设计哪些离子反应？

▶ 拓展延伸

环境污染不容忽视，污水的处理观念给我们什么样的启示？

▶ 练习2

某河道两旁有甲、乙两个化工厂，它们排放的工业废水中，共含K^+、Ag^+、Fe^{3+}、Cl^-、OH^-、NO_3^-六种离子。假设甲、乙两厂的废水分别含有不同的三种离子，思考讨论：① 若甲厂的废水显碱性，分析甲厂废水含有哪三种离子；② 污水处理厂技术人员提出将甲、乙两厂的废水按适当比例混合，过滤后的废水能用来浇灌农田，变废为宝。

> 评价：运用所学知识与方法综合性地解决具体问题，关注社会，学以致用；通过讨论交流，互相评价，检查分析问题、解决问题的逻辑性，体会化学学科的应用价值。

（三）后续学习

【任务四】测试

客观性检测（略）。

案例3　氯及其化合物（必修课程模块　必修第一册）

一、主题分析

《普通高中化学课程标准（2017年版2020年修订）》对非金属及其化合物知识的内容要求是："结合真实情境中的应用实例或通过实验探究，了解氯、氮、硫及其重要化合物的主要性质，认识这些物质在生产中的应用和对生态环境的影响。"

本节是人教版化学必修第一册第二章第二节的内容，是对第一节金属钠及其化合物学习的延伸，与第一节共同完成无机物及其应用这一主题的学习，并为以后学习元素周期律（表）打好基础。所以，本节起到承上启下的作用。氯是一种比较典型的、重要的非金属元素，教材安排此内容不但可以让学生了解典型非金属单质及其化合物的性质，还可以对学习其他非金属元素及其化合物的性质形成正确的观点、掌握研究的思路和方法起到引导作用。教材对氯元素的单质及其化合物在生产、生活中的应用、检验等介绍较为全面，这对学生掌握正确学习方法、巩固实验技能、培养探究能力大有裨益，同时能培养学生全面认识物质、辩证认识物质的能力。本节着重体现化学学习内容的应用性，让学生在旧知识的基础上面对新问题时，能初步学会认识物质的思路和方法，形成解决问题的策略，建构元素化合物学习的认知模型。

根据学生年龄特点及学习状态，学生感性认识大于理性认识。高一学生化学基础知识较零散薄弱，而且自主学习能力较弱，若把探究氯气能否与水反应的问题交给学生，学生没有这种设计和实验的能力。教师应当精心设计导学的问题或环节，引导学生思考、逐层推进，既体现教师的导学，更体现学生学习的主体性。教师要注意引导学生逐步掌握"如何设计探究问题及提出假设"的方法，然后引导学生逐步学会设计实验进行检验，学会记录现象以及分析现象得出结论，逐步理解科学探究的设计思路和实验设计的严谨性。

本着"先学后教、学案导学、实验探究"的思想，课前让学生先行学习，既可培养学生的自主学习能力和知识建构能力，又可促使学生做好实验探究的准备。课堂上教师要通过小组合作学习，引导学生运用"发现问题→提出问题→提出假设→

活动探究→分析现象→得出结论"的思维模型探究氯气有关性质。

二、教学目标与达成评价

本主题的教学目标、达成评价与评价依据见表4-3-1。

表4-3-1 本主题的教学目标、达成评价与评价依据

教学目标	达成评价	评价依据
结合真实情境，通过实验研究氯气的物理性质以及化学性质，培养实验探究和归纳总结的能力，形成证据推理意识，提高创新能力。	探究与感知。	能通过课前对氯气相关知识的预习与讨论，初步认识物质，体验自主学习的过程。
运用物质分类、氧化还原反应、离子反应等知识解释氯气的化学性质，并能用化学方程式正确地表示有关化学反应。	形成基本思路与学习方法。	能通过氯气的化学性质、氯离子检验、氯气制备的探究学习，交流与评价实验设计的思路方法，交流展示探究新知的能力。
建立氯及其化合物的物质间的转化关系，通过建构思维模型，初步形成研究物质的一般思路和方法。	建立思维模型。	能通过对氯气的化学性质的学习，形成研究物质性质的一般思路。用辩证的思想看待化学，并联系实际，结合环境治理、医药工业、农业等应用，体会化学学科的社会价值。
通过了解氯气在社会与生活中的应用，感受化学与工业生产、日常生活、环境保护等的关系，学会辩证地分析问题的方法，树立正确的科学态度和培养社会责任感。	应用新知解决问题。	能与生产、生活实际结合，认识化学学习的社会价值，发展社会参与意识，体会化学学科对生活、环境等的贡献，增强社会责任感。

三、课时目标与过程评价

本主题的课时目标、过程评价与评价依据见表4-3-2。

表4-3-2　本主题的课时目标、过程评价与评价依据

课时	课时目标	过程评价	评价依据
1	1.1 了解氯气的发现史，学习科学家的研究精神及勤于钻研、严谨求实的科学态度。 1.2 能通过实验探究氯气的物理性质、化学性质，体会实验对认识和研究物质性质的重要作用，培养证据推理意识。 1.3 能用氧化还原反应、离子反应的观点预测并解释氯气的化学性质，并能用化学方程式正确表达。	① 观察集气瓶中收集的氯气。 ② 实验探究氯气与金属单质和非金属单质的反应。 ③ 实验探究氯水的成分与性质。	① 能通过阅读资料、实物观察感知氯气的性质。 ② 能根据原理推断预测氯水的性质。 ③ 能设计实验验证分析。
2	2.1 体验科学探究新制氯水成分的过程，建构探究性问题的认知模型。 2.2 与数字化实验相结合，了解次氯酸的性质，认识科学技术对社会发展的重要影响，培养社会责任感和使命感。 2.3 联系化学职业，了解离子检验，认识化学学科社会价值，培养环境保护和社会参与意识。	① 新制氯水的性质。 ② 漂白剂的使用。 ③ 氯离子的检验方法。	① 能通过展示方案等形式汇报探究结果。 ② 能经过讨论，建构认知模型。 ③ 能联系实际，提出建议方案。
3	3.1 与生活实际结合，认识氯气的制备原理，培养证据意识，发展社会参与意识。 3.2 通过对生产实际的分析，了解氯气的工业制法，认识化学学科的社会价值，激发社会责任感。 3.3 设计氯气的实验室制备方案，建构制取氯气的方法模型，提高实验设计能力、动手操作能力和合作交流能力。	① 84消毒液能否与洁厕灵混用？ ② 工业电解饱和食盐水制氯气。 ③ 实验室制氯气。	① 能通过与生活实际结合，发展探究能力。 ② 能通过对生产原理的分析，提升合作能力、创新思维。

四、课时学习设计

第一课时

学习内容

氯气的性质。

学习目标

目标1.1、1.2、1.3。

学习评价

（1）完成"小组合作学习1"，达成评价目标1.1。

（2）完成"小组合作学习2"，达成评价目标1.2。

（3）完成"小组合作学习3"，达成评价目标1.3。

学习过程

第一课时学习过程如图4-3-1所示。

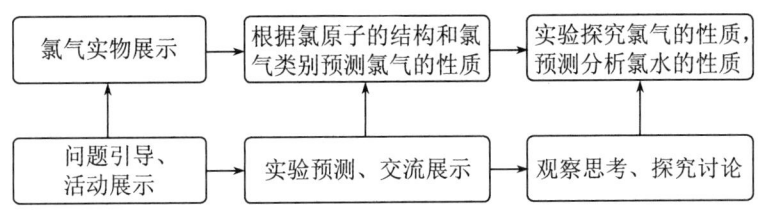

图4-3-1 第一课时学习过程示意图

（一）先行学习

【任务一】复习回顾，思考与讨论

▶ **复习回顾**

氯化钠是日常生活中常见的物质，其中钠是一种典型的金属元素，氯是一种典型的非金属元素。整理钠及其化合物的研究思路，回顾研究物质的思维模型。

▶ **思考与讨论**

对于含有钠元素的物质都是从哪些方面展开研究的？应从什么角度研究钠及其化合物的化学性质？你对学习氯及其化合物有什么打算？

（二）交互学习

【任务二】通过感知认识氯气

※小组合作学习1※

通过实物展示，认识氯气的物理性质。

▶ **情境创设**

多媒体展示18世纪70年代瑞典化学家舍勒对氯气的研究历史，1810年英国化学家戴维通过实验研究氯气。

① 思考：通过对史料的学习，你对氯气有什么初步认识？从氯气的发现史实中你受到什么启发？

② 展示：观察事先收集到的一瓶氯气并闻气味（注意使用正确的方法），将少量水倒入集气瓶中，充分振荡观察现象。

③ 阅读：阅读资料，总结氯气的物理性质，同时讨论交流物质物理性质的认知角度。

▶ **练习1**

画出氯原子结构示意图，讨论交流：如何利用初中所学氧气的性质及第一章所学氧化还原反应知识验证氯气的强氧化性？

> 评价：通过对氯气的认识，能够描述氯气的物理性质，并形成一定的认知思路和方法。根据化学史实与氧化还原反应理论推断可以通过氧化盐酸中的氯离子得到氯气。结合化学史实能感受到科学家勇于探索的精神，激发学习兴趣。

【任务三】预测并实验验证氯气的性质

※小组合作学习2※

通过展示交流活动，预测氯气的有关性质。

▶ **思考交流**

根据氯原子结构示意图，分析氯原子电子得失情况，预测氯气能否与金属或非金属单质发生反应。

▶ **实验探究**

（1）用砂纸打磨两根细铁丝，绕火柴杆呈螺旋状，用镊子夹住细铁丝一端，用酒精灯点燃火柴，伸入盛有氯气的集气瓶中，反应完成后向集气瓶中加入少量水，观察现象。

（2）用砂纸打磨铜线，绕至呈螺旋状，用镊子夹住，在酒精灯上灼烧至红热，然后将其放入盛有氯气的集气瓶中，反应完成后向集气瓶中加入少量水，观察现象。

▶ **讨论分析**

你对燃烧的条件和本质有什么新的认识？

> 评价：能否根据原有的知识推测氯气的性质，在教师指导下进行探究活动，并能观察、描述实验现象。通过分析预测，判断氯气能否与其他非金属单质发生反应。通过预测与探究活动培养实验探究与创新意识，引导他们形成物质化学性质的研究模型。

【任务四】探究氯气与水和碱的反应

※小组合作学习3※

预测并验证分析氯水的性质。

▶ **情境创设**

瑞典化学家舍勒在制备出氯气后做了很多实验，发现氯气能腐蚀金属；能溶于水，使水略显酸味；具有漂白作用，能漂白有色花朵和绿叶。后来，很多自来水厂用氯气杀菌、消毒。

▶ **预测**

氯气与水反应的产物可能是什么？（提示：依据氧化还原反应原理、质量守恒定律等）

要求：① 能设计实验验证推测是否成立，通过pH试纸、$AgNO_3$和HNO_3检验H^+和Cl^-；② 能根据HCl中氯元素化合价变化，预测产物中肯定有高价态的含氯化合物生成；③ 能书写Cl_2与H_2O反应的离子方程式，讨论分析Cl_2与HClO都有氧化性，两者都能漂白和杀菌消毒。

▶ **实验探究**

验证氯水漂白起漂白作用的是Cl_2还是HClO。（提示：取干燥和湿润的有色布条，分别放入两个盛有氯气的集气瓶中，盖好玻璃片，观察）

▶ **思考与讨论**

（1）讨论：氯水久置会发生哪些变化？（展示一瓶久置的氯水，观察颜色并用pH试纸验证是否具有漂白性）

（2）论证设计：如何设计方案证明HClO分解的产物是HCl和O_2？

（3）实验：向装有一小矿泉水瓶的氯气中加入约5 mL的NaOH溶液，振荡，观察现象。写出有关反应的化学方程式、离子方程式。

> 评价：通过层层递进的问题设计，思考真正起漂白作用的物质是什么，能够解释舍勒为什么能用氯气漂白有色鲜花和绿叶，体现科学探究的逻辑性和严谨性。

▶ **练习2**

常温下，氯气与NaOH溶液反应制备次氯酸钠，氯气通入冷的石灰乳中制备漂白粉和漂白精。氯气与碱反应放出热量，温度控制不当会发生副反应。写出制备漂白粉反应的化学方程式。

> 评价：判断能否用pH试纸测定新制氯水和久置氯水中的H^+浓度大小，引入数字化测定方法，用强光照射新制氯水，用pH传感器、Cl^-传感器和O_2传感器采集数据，分析产物，认识科学技术进步对化学的影响，开阔视野，提高实验探究以及分析问题、解决问题的能力。

（三）后续学习

【任务五】完成作业，调查研究

▶ **作业**

人教版教材第51页课后习题5。

▶ **调查研究**

调查氯气消毒的优缺点。结合氯气可用于自来水消毒的原理，简述二氧化氯、臭氧作为消毒剂的可能性和消毒原理。

第二课时

学习内容

含氯化合物的性质和用途。

学习目标

目标2.1、2.2、2.3。

学习评价

（1）完成"小组合作学习1""小组合作学习2"，达成评价目标2.1。

（2）完成"小组合作学习3"，达成评价目标2.2。

（3）完成"小组合作学习4"，达成评价目标2.3。

学习过程

第二课时学习过程如图4-3-2所示。

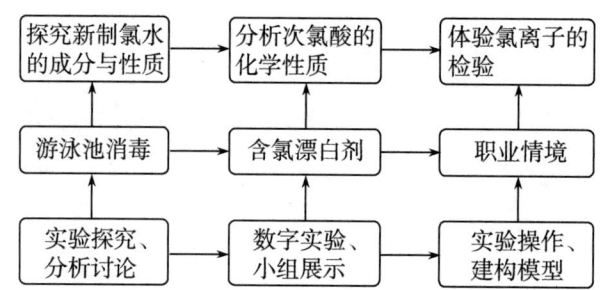

图4-3-2　第二课时学习过程示意图

（一）先行学习

【任务一】阅读资料，思考与讨论

▶ **资料展示**

资料：氯气消毒是我国自来水厂使用最久的传统消毒方式，氯气消毒有其优缺点。优点：成本低，操作简单，由于余氯的存在能持续消毒。缺点：毒性强，运输、贮存和使用过程中存在一定的安全隐患，且会与水中有机物反应产生对人体有害的有机氯化物。

▶ **思考与讨论**

目前消毒方法上推广了一些新的处理技术，如利用二氧化硫、臭氧和紫外线等。结合氯气可用于自来水消毒的原理，从氧化还原反应角度分析二氧化硫和臭氧作为消毒剂的可行性和消毒原理。

（二）交互学习

【任务二】探究分析新制氯水的成分

※小组合作学习1※

探究氯水的成分。

▶ **情境创设**

目前国际泳协公认的泳池水处理设备主要有四类：金属离子处理器、臭氧处理器+化学消毒剂、紫外线处理器+化学消毒剂、纯化学剂消毒。其中，化学消毒剂法通常用氯系消毒剂液氯、漂白粉等。氯气溶于水形成的溶液就是氯水。

▶ **实验探究**

观察现象，分析新制氯水溶质的成分，完成表4-3-3，探究氯水为什么具有酸性和氧化性。

表4-3-3　实验报告

探究氯水成分	实验现象	实验结论
在试管中加入2 mL新制氯水，再加入少量锌粉，观察现象。		
在试管中加入2 mL新制氯水，再加入几滴紫色石蕊试液，观察现象，继续滴加氯水，振荡，观察现象。		

▶ **思考与讨论**

氯水中使石蕊试液变色的微粒是什么？使石蕊试液褪色的微粒是什么？

※小组合作学习2※

探究氯水起漂白作用的成分。

▶ **实验探究**

观察描述实验现象，完成表4-3-4，通过比较，得出结论。

表4-3-4　实验报告

探究次氯酸的漂白性	实验现象	实验结论
取干燥的有色布条，放入盛有干燥氯气的集气瓶中，盖上玻璃片，观察现象。		
取湿润的有色布条，放入盛有干燥氯气的集气瓶中，盖上玻璃片，观察现象。		
取有色鲜花一朵，放入盛有干燥氯气的集气瓶中，盖上玻璃片，观察现象。		

结论分析：氯水漂白的原因是什么？鲜花在干燥氯气中褪色的原因是什么？

▶ **练习1**

完成表4-3-5，写出有关反应的化学方程式。

表4-3-5　探究新制氯水的组成与性质

新制氯水中的微粒	微粒的性质	具体的表现形式	反应的化学方程式
Cl_2	氧化性	与水发生反应	
$HClO$	漂白性（氧化性）	有色布条褪色	
H^+	酸性	酸的通性	
Cl^-	与Ag^+反应	可与Ag^+反应生成沉淀	

> **评价**：通过分析新制氯水中的微粒，进一步完善实验验证氯水中的各种成分。通过小组展示、归纳总结，培养小组合作精神，提升创新思维能力。得出结论：新制氯水具有酸性、强氧化性、漂白性、可与Ag^+反应生成沉淀。

【任务三】探究次氯酸的性质

※小组合作学习3※

探究人教版教材第48页"科学·技术·社会"栏目内容。

▶ **情境创设**

（1）多媒体展示氯水光照实验视频。

（2）展示资料卡片：游泳池水中的含氯量应该控制在0.5～1.0 mg/L，质监局对某温泉度假村游泳池一周的水中的含氯量进行了测定，发现周六、周日使用该游泳池是不安全的。

▶ **思考与讨论**

从氧化还原角度分析次氯酸分解的产物，分析氯水中的微粒有哪些。

▶ **分析报告**

根据次氯酸的化学性质，写出使用游泳池含氯漂白剂的注意事项。

> **评价**：结合游泳池消毒的案例，通过"化学与生活"增强安全意识和社会责任感。分析解读数字化实验的图表数据，分析次氯酸见光分解的主要产物。能够结合氯水成分的变化以及氯气溶解性小等因素，建议游泳池含氯消毒剂使用漂白液（有效成分为NaClO）、漂白粉（有效成分为次氯酸钙）等次氯酸盐代替氯水。

【任务四】检验Cl^-

※小组合作学习4※

职业体验——氯离子的检验。

▶ **情境创设**

阅读人教版教材第49页"氯离子的检验"部分的知识内容以及第50页"化学与职业"栏目内容，从"水质检验员"职业引入氯离子的检验。自来水一般用氯气消毒，所以水中应该会有一定的氯离子。如何检验氯离子呢？

▶ **实验探究**

在3支试管中分别加入2～3 mL的稀盐酸、NaCl溶液和Na_2CO_3溶液，然后逐个滴入几滴$AgNO_3$溶液，观察现象，再加入稀硝酸进行检验。（提示：CO_3^{2-}的存在对于Cl^-的检验是一种干扰，所以应该先用硝酸酸化，排除CO_3^{2-}的干扰，再加入$AgNO_3$溶液）

▶ **总结提升**

总结离子检验的操作和分析模型。

取一定量的待测液→加入可以发生特征反应的物质→加入防干扰的物质（如需要）→若出现特征实验现象，说明该离子存在，否则不存在。

▶ **练习2**

饮用水质量是关系人类健康的重要问题，请回答下列相关问题。

① 氯气用于自来水消毒除有异味外，近来发现能产生多种有致癌、致畸作用的有机氯衍生物。X物质可用于自来水消毒，既能提高消毒效率，又安全无味无副作用。该物质在自然界中存在，对地球生物起"保护伞"作用，X的化学式为_____。

② 小型游泳池通常使用漂白液而非氯气来消毒池水。工业上生产漂白液反应的离子方程式为_____。

③ ClO_2被称为"第四代"饮用水消毒剂，因其高效、无污染而被广泛使用。ClO_2是一种强_____（填"氧化剂"或"还原剂"）。

④ 通常自来水余氯含量应低于1 mg/L，但含氯量过低也会影响消毒效果，国家标准规定出厂水余氯含量≥0.3 mg/L，管网末梢余氯不得低于0.05 mg/L。思考讨论如何检测生活用水中余氯是否超标。

> **评价**：运用离子的检验分析模型，尝试建构探究性实验认识物质性质的思维模型，如图4-3-3所示。

> 提出问题→作出假设→设计实验→实验验证→分析现象→发现问题→继续探究（如需要）→得出结论

图4-3-3　离子的检验分析模型示意图

（三）后续学习

【任务五】完成作业，绘制"价-类"二维图

▶▶ 作业

人教版教材第51页课后习题4。

▶▶ 绘图

画出含氯化合物的"价-类"二维图，分析各物质之间的转化关系。

第三课时

学习内容

氯气的实验室制法。

学习目标

目标3.1、3.2、3.3。

学习评价

（1）完成"小组合作学习1"，达成评价目标3.1。

（2）完成"小组合作学习2"，达成评价目标3.2。

（3）完成"小组合作学习3"，达成评价目标3.3。

学习过程

第三课时学习过程如图4-3-4所示。

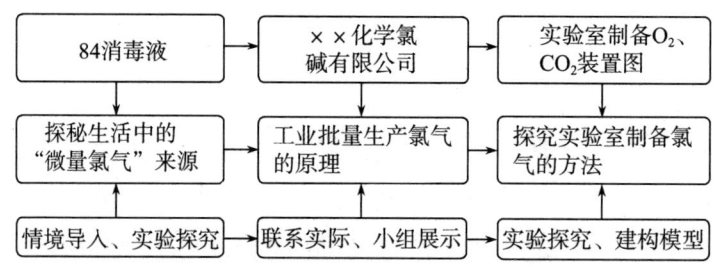

图4-3-4　第三课时学习过程示意图

（一）先行学习

【任务一】复习回顾，观看视频

▶▶ 复习回顾

回顾：实验室制取O_2、CO_2的原理和实验装置。

思考：制取装置由几部分组成？如何选择气体的发生装置？如何选择气体的收集装置？

▶ 观看视频

视频：介绍氯气的用途，如制备盐酸、多种消毒剂、氯仿等有机溶剂、塑料、农药等。

思考：自然界中氯以什么形式存在？怎样将其转化为氯气？

（二）交互学习

【任务二】揭秘生活中微量氯气的由来

※小组合作学习1※

探究84消毒液的使用。

▶ 情境创设

流感流行期间，人们有必要坚持勤洗手、戴口罩、保持间距等日常防护措施，也应该了解在公共场所和居家生活中，如何进行日常消毒等基础防护。84消毒液（有效成分为NaClO）就是一种最常见的家用消毒液。

▶ 实验探究

84消毒液与盐酸的反应。

① 实验用品：84消毒液、盐酸、湿润的蓝色石蕊试纸、NaOH溶液、试管、导管、注射器。

② 实验步骤：在试管中加入84消毒液，用注射器向试管中注入少量盐酸，连接好装置，观察并记录现象。

③ 注意事项：实验前检查装置气密性；为避免环境污染，将尾气通入盛有NaOH溶液的试管中。

④ 思考：从氧化还原角度分析产物生成的原因。

⑤ 讨论：84消毒液能否与洁厕灵（酸性）混合使用？

▶ 练习1

写出84消毒液与盐酸反应的离子方程式。

评价：能够根据实验现象分析氯气产生的原因。NaClO中的氯（+1价）为氯的较高价态，可以将HCl中的氯（-1价）氧化成氯气。通过小组讨论、汇报的方式研讨如何将化学知识与实际应用相结合，体会化学学习的社会价值。培养收集实验证据、实践操作、归纳概括等关键能力，填写"小组评价量表"。

【任务三】探究企业批量生产氯气的方法

※小组合作学习2※

讨论氯碱工业中，电解饱和食盐水的反应原理。

▶ **情境创设**

某化学氯碱有限公司是全国氯碱行业标准化工作先进单位、行业效能领跑者标杆企业。它拥有年产50余万吨离子膜烧碱装置，主要产品为烧碱、液氯、盐酸、氢气、次氯酸钠等，产品广泛应用于轻工、纺织、冶金、石化以及公用事业等领域。

▶ **思考与讨论**

（1）氯碱工业的生产原理是什么？（提示：分析工业生产的原料，已知电解饱和食盐水得到的产品有氯气、烧碱）

（2）从化合价升降、元素守恒等角度分析反应原理，得出结论。

【任务四】探究实验室制备少量氯气的方法

※小组合作学习3※

探究实验室制备氯气的原理与装置。

▶ **情境创设**

1774年，舍勒发现氯气是在加热条件下，用软锰矿（主要成分是MnO_2）氧化浓盐酸产生的。这个方法至今还是实验室制取氯气的主要方法之一。

▶ **复习回顾**

实验室制取O_2、CO_2的制备原理、实验装置图。

▶ **思考与讨论**

从实验原理、反应条件、产物纯度、氯气性质、安全便捷等角度设计实验室制备氯气的方案。

▶ **实验探究**

选择药品、组装仪器、制备氯气、性质验证等，如图4-3-5所示。

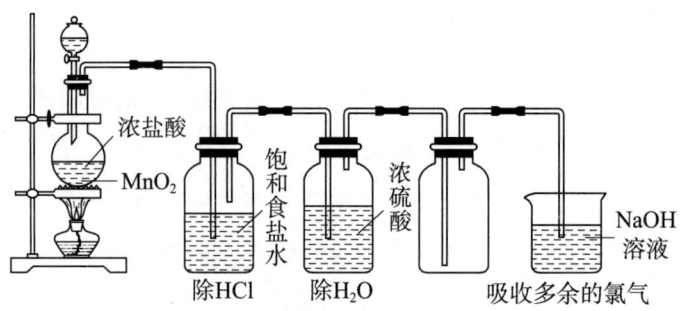

图4-3-5　氯气制取实验装置示意图

▶ 小结

反应条件的选择，氯气的除杂、收集。

▶ 练习2

已知：$KClO_3+6HCl(浓)$══$KCl+3Cl_2\uparrow+3H_2O$，如图4-3-6所示，将少量试剂放入培养皿中的相应位置，实验时将浓盐酸滴在$KClO_3$晶体上，并用表面皿盖好。解释下列有关实验现象。

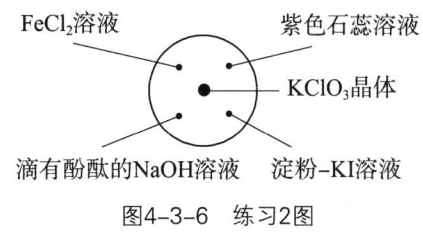

图4-3-6 练习2图

① $FeCl_2$溶液由浅绿色变为棕黄色：＿＿＿＿＿＿＿＿＿＿＿＿＿＿＿＿。

② 滴有酚酞的NaOH溶液褪色：＿＿＿＿＿＿＿＿＿＿＿＿＿＿＿＿。

③ 紫色石蕊试液先变红后褪色：＿＿＿＿＿＿＿＿＿＿＿＿＿＿＿＿。

④ 淀粉-KI溶液变为蓝色：＿＿＿＿＿＿＿＿＿＿＿＿＿＿＿＿。

> 评价：① 小组展示实验室制备O_2、CO_2的实验装置图；② 小组汇报实验室制取气体装置的设计思维模型（装置连接顺序）：发生装置→除杂装置→收集装置→尾气处理装置；③ 通过绘制氯的"价-类"二维图，融入"价-类"观。

（三）后续学习

【任务五】巩固练习、完成作业

▶ 作业

人教版教材第52页课后习题6、7。

案例4　化学平衡（选择性必修课程模块　化学反应原理）

一、主题分析

化学平衡是高中化学选择性必修1《化学反应原理》的一个重要主题，是中学化学的重要理论之一，与化学反应速率、化学反应进行的方向共同构成化学动力学与热力学理论体系，对学生学习电离平衡、盐类的水解、卤代烃的水解、酯的水解等知识起着重要的指导作用。

人教版教材将本节内容分为三部分。首先，延续了必修中可逆反应的定性内容，以工业合成氨反应为背景，通过对比正反应和逆反应最终在某个时刻达到各物质的浓度不再改变的状态，引出化学平衡状态的客观存在及定义；接着，提供一组数据引导学生经历化学平衡常数模型建构的过程，认识在一定条件下的可逆反应中，按照不同比例投料发生反应，达到平衡时浓度商是相等的，从而建立化学平衡常数的概念；然后，引导学生进一步学习化学平衡常数的意义，列出三段式进行平衡转化率、平衡浓度等物理量的计算；最后，引导学生通过分组实验探究，演绎推理出浓度、压强、温度对化学平衡状态的影响，经历勒夏特列原理的模型建构过程。整体设计依据课程标准，突出了实验探究学习知识的方法，符合化学课程标准"通过实验探究，了解浓度、压强、温度对化学平衡状态的影响"的要求。

本主题内容框架如图4-4-1所示。

图4-4-1　本主题内容框架示意图

二、教学目标与达成评价

本主题的教学目标、达成评价与评价依据见表4-4-1。

表4-4-1 本主题的教学目标、达成评价与评价依据

教学目标	达成评价	评价依据
结合图像分析理解化学平衡状态，初步感知"变化观念和平衡思想"。	能判断平衡状态。	① 能绘制平衡建立过程的v-t图、c-t图。 ② 能理解化学平衡状态的特征。 ③ 能根据化学平衡特征判断反应是否处于平衡状态。
结合数据分析构建化学平衡常数的概念，定量认识化学平衡状态。	能理解并运用化学平衡常数。	① 能理解化学平衡常数的建构过程。 ② 能应用化学平衡常数进行分析和计算。 ③ 能利用平衡常数和浓度商的关系判断化学反应是否达到平衡状态及平衡移动的方向，能够从定量角度分析化学反应的能力。
理论分析与实验探究相结合，帮助学生认识平衡移动规律。	理解外界条件对化学平衡状态的影响。	① 能理解温度、浓度、压强等对化学平衡状态的影响。 ② 能建构"化学变化是有条件的"这一学科观念。 ③ 能理解勒夏特列原理，能根据原理分析平衡移动的方向，体会理论对实践的指导作用。

三、课时目标与过程评价

本主题的课时目标与过程评价见表4-4-2。

表4-4-2 本主题的课时目标与过程评价

课时	课时目标	过程评价
1	1.1 通过化学平衡状态的建立过程，知道化学平衡是一种动态平衡。 1.2 知道化学平衡状态的特征，能够判断反应是否达到化学平衡状态。	① 可逆反应的特点回顾。 ② 合成氨反应过程分析。 ③ 绘制v-t图、c-t图。
2	2.1 了解化学平衡常数的概念，能正确书写给定反应的平衡常数表达式，并能进行相应的简单计算。 2.2 了解平衡转化率的含义，能进行有关平衡转化率的计算。 2.3 能利用化学平衡常数判断化学反应进行的方向。	① 数据分析，得出平衡常数表达式及意义。 ② 课堂练习进行计算。 ③ 练习平衡常数的应用。

续表

课时	课时目标	过程评价
3	3.1 明确化学平衡移动的含义，会根据反应速率的变化判断化学平衡的移动方向。 3.2 通过实验探究，理解外界条件（浓度、压强、温度）对化学平衡的影响规律，进一步构建"化学变化是有条件的"这一学科观念。	① 通过KSCN 和FeCl$_3$反应分析浓度对化学平衡的影响。 ② 通过$2NO_2(g) \rightleftharpoons N_2O_4(g)$反应分析压强对化学平衡的影响。 ③ 通过$2NO_2(g) \rightleftharpoons N_2O_4(g)$反应分析温度对化学平衡的影响。

四、课时学习设计

第一课时

学习内容

化学平衡状态。

学习目标

目标1.1、1.2。

学习评价

（1）完成"小组合作学习1"，达成评价目标1.1。

（2）完成"小组合作学习2"，达成评价目标1.2。

学习过程

第一课时学习过程如图4-4-2所示。

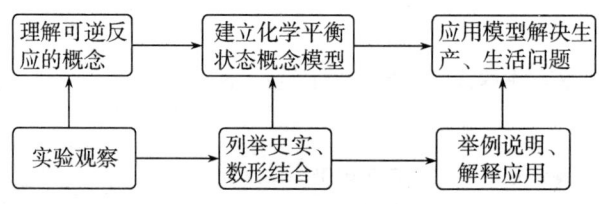

图4-4-2 第一课时学习过程示意图

（一）先行学习

【任务一】复习回顾，情境创设

▶▶复习回顾

阅读教材，分析化学反应速率的表示方法。

▶ **情境创设**

在游乐场玩"旋转木马"时,"旋转木马"旋转的速度与哪些因素有关?你能通过角速度和线速度的不同来表征速度吗?联想化学反应速率也可以借助单位时间内不同的物理量变化来表征。内外半径不同的"旋转木马",线速度不同。那么,同一反应中,不同物质表示的同一反应的反应速率相同吗?

(二)交互学习

【任务二】认识可逆反应

▶ **创设情境**

工业合成氨是人类科学技术的一项重大突破。如果你准备开一家合成氨的工厂,从化学角度看,你需要考虑哪些问题来提高生产效益?

※小组合作学习1※

通过$FeCl_3$和KI的反应认识可逆反应的宏观存在。

▶ **实验探究**

将$FeCl_3$和KI按1∶2的比例混合后充分反应,加入CCl_4进行萃取,再向上层清液中滴加KSCN溶液,观察现象。

▶ **思考与讨论**

以合成氨为例,分析合成氨的反应有哪些特点。在一定条件下,1mol N_2和3mol H_2发生反应,是否可以生成2 mol NH_3?总结可逆反应的特点。

▶ **练习1**

可逆反应$N_2+3H_2 \rightleftharpoons 2NH_3$,在容积为10 L的密闭容器中进行,开始时加入2 mol N_2和3 mol H_2,达到平衡时,NH_3的浓度不可能为(   )。

A. $0.1\ mol·L^{-1}$ B. $0.2\ mol·L^{-1}$
C. $0.05\ mol·L^{-1}$ D. $0.15\ mol·L^{-1}$

> **评价**:根据"小组合作学习1""练习1",完成表4-4-3。

表4-4-3 自我评价一览表

层次	问题认识水平简述	在该任务中的表现	自我评价
1	能写出有关反应的化学方程式。	会写反应的化学方程式。	
2	能总结可逆反应的概念及特点。	能用简单的文字进行描述。	
3	能根据可逆反应的特点解决相关题目。	顺利完成"练习1"。	

【任务三】结合图像分析理解化学平衡状态

▶ 创设情境

质量作用定律由G. M. 古德贝格和 P. 瓦格于1867年提出,定义是:化学反应速率与反应物的有效质量成正比,其中的有效质量实际是指浓度。近代实验证明,质量作用定律只适用于基元反应,因此,该定律可以更严格完整地表述为:基元反应的反应速率与各反应物浓度的幂的乘积成正比,其中各反应物浓度的幂的指数即为基元反应方程式中该反应物化学计量数的绝对值。

※小组合作学习2※

▶ 绘图分析

以1 mol N_2和3 mol H_2或2 mol NH_3为起始反应物,在一定条件下使其反应,以时间为横坐标,浓度为纵坐标,绘制反应c–t坐标曲线(图4-4-3)。以时间为横坐标,浓度、反应速率为纵坐标,绘制反应过程中c–t、v–t坐标曲线(图4-4-4),并与人教版教材第32页图2-5对照。

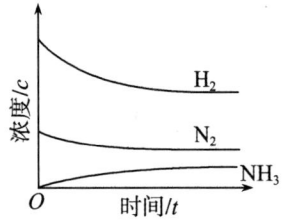 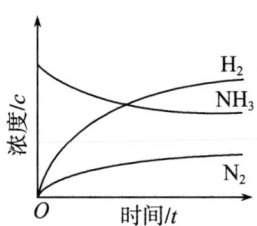

图4-4-3 合成氨反应c–t图

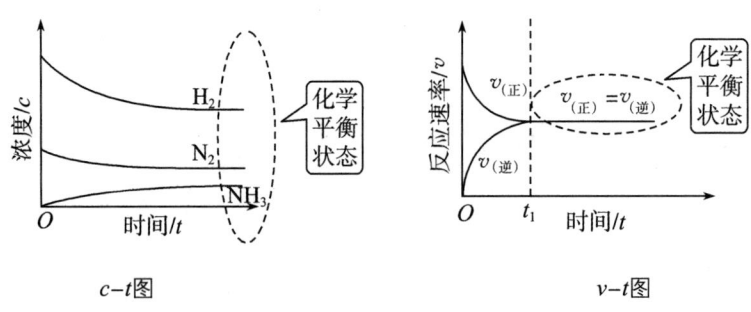

c–t图 　　　　　　　　　v–t图

图4-4-4 合成氨反应c–t、v–t图

▶ 思考与讨论

一氧化碳中毒能不能救治?交流总结化学平衡状态的特点。

练习2

一定温度下在容积恒定的密闭容器中，进行如下可逆反应：A(s)+2B(g) $\rightleftharpoons$ C(g)+D(g)。下列叙述中，能表明该反应已达到平衡状态的是（   ）。

① 混合气体的密度不再变化

② 容器内气体的压强不再变化

③ 混合气体的总物质的量不再变化

④ B的物质的量浓度不再变化

⑤ 混合气体的平均相对分子质量不再改变

⑥ $v_{正}(B)=2v_{逆}(C)$

A.①④⑤⑥　　　　　B.②③⑥　　　　　C.②④⑤⑥　　　　　D.只有④

> 评价：根据"小组合作学习2""练习2"，完成表4-4-4。

表4-4-4　自我评价一览表

层次	问题认识水平简述	在该任务中的表现	自我评价
1	c-t图、v-t图的绘制	画不出，找不到横纵坐标的关系	
2	图像的分析与解释	能画出，但不能作出有关判断	
3	化学平衡状态概念的理解	能结合图像进行判断	
4	化学平衡状态的特征与应用	能根据原理解释与分析	

（三）后续学习

【任务四】整理总结化学平衡状态有关概念

作业

人教版教材第42页课后习题4。

第二课时

学习内容

化学平衡常数。

学习目标

目标2.1、2.2、2.3。

学习评价

（1）完成"小组合作学习1"，达成评价目标2.1。

（2）完成"小组合作学习2"，达成评价目标2.2。

（3）完成"小组合作学习3"，达成评价目标2.3。

学习过程

第二课时学习过程如图4-4-5所示。

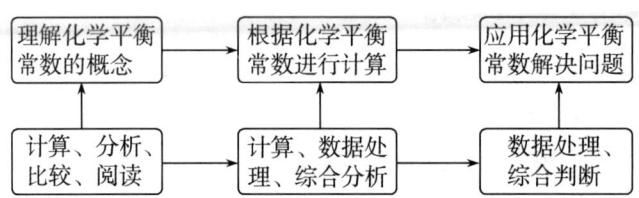

图4-4-5　第二课时学习过程示意图

（一）先行学习

【任务一】阅读教材，分析史料

▶ **自主阅读**

阅读教材有关内容。

▶ **分析史料**

"范特霍夫等温方程"简介、一氧化碳中毒病情的判断。

（二）交互学习

【任务二】认识化学平衡常数

▶ **情境创设**

一氧化碳中毒是含碳物质燃烧不完全时的产物经呼吸道吸入引起的中毒，俗称煤气中毒。中毒机理是：一氧化碳与血红蛋白的亲和力比氧与血红蛋白的亲和力高200～300倍，所以一氧化碳极易与血红蛋白结合，形成碳氧血红蛋白HbCO，使血红蛋白丧失携氧的能力和作用，造成组织窒息。HbCO对全身的组织细胞均有毒性作用，尤其对大脑皮质的影响最为严重。已知HbCO的浓度达到HbO_2浓度的0.02倍，会使人智力受损。

※小组合作学习1※

探究平衡常数的概念与表达式。

▶ **思考与讨论**

如何判断一氧化碳中毒的病情？

▶ **数据分析**

800℃时，在容积不变的密闭容器中发生反应：$CO(g) + H_2O(g) \rightleftharpoons CO_2(g) +$

$H_2(g)$，分析表4-4-5中的数据，得出结论。

表4-4-5　$CO(g)+H_2O(g) \rightleftharpoons CO_2(g)+H_2(g)$反应数据

序号	初始浓度/($\times 10^{-2}$ mol·L^{-1})				平衡浓度/($\times 10^{-2}$ mol·L^{-1})				平衡时 $\dfrac{c(CO_2) \cdot c(H_2)}{c(CO) \cdot c(H_2O)}$
	$c(CO)$	$c(H_2O)$	$c(CO_2)$	$c(H_2)$	$c(CO)$	$c(H_2O)$	$c(CO_2)$	$c(H_2)$	
1	1	1	0	0	0.5	0.5	0.5	0.5	
2	1	3	0	0	0.25	2.25	0.75	0.75	
3	0.25	3	0.75	0.75	0.21	2.96	0.79	0.79	

结论：在一定温度下，表4-4-5中的反应达到化学平衡状态时，反应产物浓度的乘积与反应物浓度的乘积的比值是一个定值。

▶ **拓展分析**

上述结论是否适用于其他可逆反应？

计算：457.6 ℃时反应体系$H_2(g) + I_2(g) \rightleftharpoons 2HI(g)$中各物质的浓度见表4-4-6，请分别计算平衡时下列各数值X：$\dfrac{c(HI)}{c(H_2) \cdot c(I_2)}$、$\dfrac{2c(HI)}{c(H_2) \cdot c(I_2)}$、$\dfrac{c^2(HI)}{c(H_2) \cdot c(I_2)}$。

表4-4-6　反应体系$H_2(g) + I_2(g) \rightleftharpoons 2HI(g)$中各物质的浓度

序号	初始浓度/($\times 10^{-2}$ mol·L^{-1})			平衡浓度/($\times 10^{-2}$ mol·L^{-1})			X值
	$c(H_2)$	$c(I_2)$	$c(HI)$	$c(H_2)$	$c(I_2)$	$c(HI)$	
1	11.97	6.944	0	5.617	0.594	12.70	
2	12.28	9.964	0	3.841	1.524	16.87	
3	12.01	8.403	0	4.580	0.973	14.86	
4	0	0	15.20	1.696	1.696	11.81	
5	0	0	12.87	1.433	1.433	10.00	
6	0	0	37.77	4.213	4.213	29.34	

解析：$H_2(g)+I_2(g) \rightleftharpoons 2HI(g)$反应可改写为：$H_2(g)+I_2(g) \rightleftharpoons HI(g)+HI(g)$，所以 X 的值 $\dfrac{c(HI) \cdot c(HI)}{c(H_2) \cdot c(I_2)}$ 是定值，即 $\dfrac{c^2(HI)}{c(H_2) \cdot c(I_2)}$ 是定值。

▶ 练习1

在500 ℃时，反应体系 $3H_2(g)+N_2(g) \rightleftharpoons 2NH_3(g)$ 中各物质的浓度见表4-4-7，计算平衡时的 X 值：$\dfrac{c^2(NH_3)}{c(N_2) \cdot c^3(H_2)}$。

表4-4-7　反应体系 $3H_2(g)+N_2(g) \rightleftharpoons 2NH_3(g)$ 中各物质的浓度

序号	平衡浓度/($\times 10^{-2}$ mol·L^{-1})			平衡时X值
	$c(H_2)$	$c(N_2)$	$c(NH_3)$	
1	1.15	0.75	0.261	
2	0.51	1.00	0.087	
3	1.35	1.15	0.412	
4	2.43	1.85	1.27	
5	1.47	0.75	0.376	

结论：在一定温度下，以化学计量数为指数，反应产物平衡时浓度幂之积与反应物平衡时浓度幂之积的比值是一个定值（忽略实验误差）。

总结：化学平衡常数的定义、表达式及意义。

▶ 练习2

某温度下，反应 $SO_2(g)+\dfrac{1}{2}O_2(g) \rightleftharpoons SO_3(g)$ 的平衡常数 $K_1=50$，在同一温度下，反应 $SO_3(g) \rightleftharpoons SO_2(g)+\dfrac{1}{2}O_2(g)$ 的平衡常数 K_2 的值为（　　）。

A. 2500　　　　B. 100　　　　C. 0.02　　　　D. 0.001

> 评价：通过计算、分析、比较有关数据，推断化学平衡常数的表达式，由阅读与信息提取加工能力检验数据处理与计算能力，通过模型构建形成变化观念、建立平衡思想。

【任务三】探究化学平衡常数的应用

※小组合作学习2※

▶ 阅读教材

阅读人教版教材第33～36页相关内容。

> **评价**：思考回答以下问题：浓度商Q与化学平衡常数K有何关系？如何根据Q与K的关系判断化学反应的方向？K值大小与化学反应进行程度有什么关系？K值大小与平衡转化率α大小有何关系？能说出上述各种关系，并能进一步解释说明平衡常数K的意义。

▶ **合作探究**

工业上制备水煤气的反应：$CO(g) + H_2O(g) \rightleftharpoons CO_2(g) + H_2(g)$ $\Delta H < 0$。830℃时，浓度为0.200 mol·L^{-1}的CO和1.00 mol·L^{-1}的H_2O发生上述反应，达到平衡时$K=1.0$。

① 在830℃达到平衡时，H_2和CO的浓度分别是多少？CO的转化率是多少？

② 如果改变反应的温度，K值如何变化？

已知反应体系$H_2(g)+I_2(g) \rightleftharpoons 2HI(g)$的$K$值 $\dfrac{c^2(HI)}{c(H_2) \cdot c(I_2)}$ 随温度变化的情况见表4-4-8。

表4-4-8 反应体系$H_2(g)+I_2(g) \rightleftharpoons 2HI(g)$的$K$值随温度变化情况

温度/K	450	500	698.6	700
平衡常数K	120	80.3	54	48.2

> **评价**：通过对浓度商和化学平衡常数之间的关系判断化学反应是否达到平衡状态，并能据此判断化学反应进行的方向。通过平衡常数、平衡转化率的计算，诊断解决实际问题的能力。通过化学平衡常数的有关计算分析得出结论：一定温度下平衡常数是一个定值，温度改变，平衡常数改变。

▶ **客观性评价**

（1）在25℃时，密闭容器中X、Y、Z三种气体的初始浓度和平衡浓度见表4-4-9。

表4-4-9　密闭容器中X、Y、Z三种气体的初始浓度和平衡浓度

物质	X	Y	Z
初始浓度/（mol·L^{-1}）	0.1	0.2	0
平衡浓度/（mol·L^{-1}）	0.05	0.05	0.1

下列叙述中，错误的是（　　）。

A. 反应达到平衡时，X的转化率为50%

B. 反应可表示为X+3Y $\rightleftharpoons$ 2Z，其平衡常数为1 600

C. 增大压强使平衡向生成Z的方向移动，平衡常数增大

D. 改变温度可以改变此反应的平衡常数

（2）已知可逆反应：M(g)+N(g) $\rightleftharpoons$ P(g)+Q(g)　$\Delta H>0$，请回答下列问题。

① 在某温度下，反应物的起始浓度分别为：$c(M)=1$ mol·L^{-1}，$c(N)=2.4$ mol·L^{-1}。达到平衡后，M的转化率为60%，此时N的转化率为_____。

② 若反应温度升高，M的转化率_____（填"增大""减小"或"不变"）。

③ 若反应温度不变，反应物的起始浓度分别为：$c(M)=4$ mol·L^{-1}，$c(N)=a$ mol·L^{-1}；达到平衡后，$c(P)=2$ mol·L^{-1}，$a=$ _____。

④ 若反应温度不变，反应物的起始浓度为$c(M)=c(N)=b$ mol·L^{-1}，达到平衡后，M的转化率为_____。

（三）后续学习

【任务四】巩固练习、完成作业

▶ 作业

人教版教材第42页课后习题2、5。

第三课时

学习内容

化学平衡的影响因素。

学习目标

目标3.1、3.2。

学习评价

（1）完成"小组合作学习1""小组合作学习2""小组合作学习5"，达成评价目标3.1。

（2）完成"小组合作学习3""小组合作学习5"，达成评价目标3.2。

（3）完成"小组合作学习4""小组合作学习5"，达成评价目标3.3。

学习过程

第三课时学习过程如图4-4-6所示。

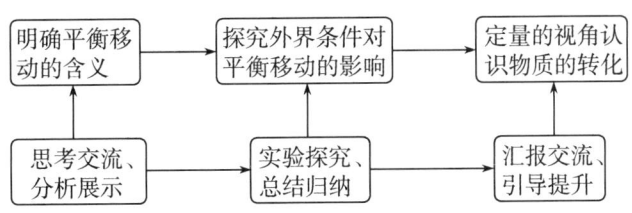

图4-4-6 第三课时学习过程示意图

（一）先行学习

【任务一】阅读资料

（1）资料：抢救一氧化碳中毒的患者时，应首先让患者迅速脱离中毒环境，将其转移到通风的地方。可以及时用鼻导管或者面罩给予患者高浓度氧气，同时尽快拨打"120"，将其转移至可以进行高压氧舱治疗的医院。高压氧舱治疗是一氧化碳中毒的首选疗法，及时进行高压氧舱治疗，可以改善机体组织的缺氧状况。

思考：从一氧化碳中毒抢救方案中，你对化学平衡状态有什么新的认识？

（2）通过教材"科学史话"栏目，了解科学家勒夏特列提出的"平衡移动原理"，与同学交流，谈谈你对汽车尾气治理的看法。

（二）交互学习

▶▶ 阅读资料

资料：1850年10月8日，勒夏特列出生于巴黎的一个化学世家。他的祖父和父亲都从事跟化学有关的工作，因此，他从小就受化学家的熏陶。中学时代，他特别爱好化学实验，一有空便到祖父开设的水泥厂实验室做实验。勒夏特列的大学学业因普法战争而中止。战后回来，他决定去专修矿冶工程学。1875年，他以优异的成绩毕业于巴黎工业大学，1887年获博士学位，随即在高等矿业学校取得普通化学教授的职位。1907年，他还兼任法国矿业部部长，在第一次世界大战期间出任法国武装部部长，1919年退休。

【任务二】探究浓度对化学平衡的影响

※小组合作学习1※

运用浓度商Q与平衡常数K的关系解释化学平衡移动。

▶ **思考与交流**

如何定量判断化学平衡状态，怎样改变化学平衡状态呢？改变哪些反应条件可使$Q_c \neq K$，从而改变化学平衡状态呢？影响Q和K的因素分别是什么？

※小组合作学习2※

实验探究KSCN溶液和$FeCl_3$溶液的反应。

▶ **实验探究**

人教版教材第36页实验2-1，将 5 mL 0.015 mol·L^{-1} KSCN 溶液和 5 mL 0.005 mol·L^{-1} $FeCl_3$溶液混合，平衡后均分在a、b、c三支试管中（图4-4-7）。

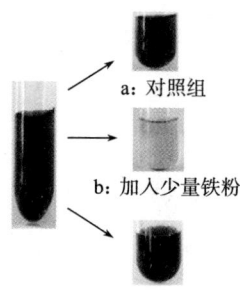

a：对照组

b：加入少量铁粉

c：加入4滴1mol·L^{-1} KSCN溶液

图4-4-7　KSCN 溶液与$FeCl_3$溶液混合实验

▶ **思考与讨论**

b、c两实验分别改变了什么条件？改变反应物或生成物浓度时，Q如何变化，K如何变化，Q和K的关系是否发生变化？改变浓度时反应速率如何变化？

> 评价：能够正确描述实验现象，分析实验过程中颜色变化的原因；能通过v-t图像的变化分析正、逆反应速率，理解化学平衡移动概念，并能解释浓度变化引起化学平衡移动的原因。

【任务三】探究压强对化学平衡的影响

※小组合作学习3※

实验探究压强对反应$2NO_2(g) \rightleftharpoons N_2O_4(g)$平衡的影响。

▶ **理论预测**

运用浓度商与同温度下平衡常数大小的比较，分析增大压强（缩小容积）时，平衡体系中各物质的浓度变化（图4-4-8），预测化学平衡的移动方向。

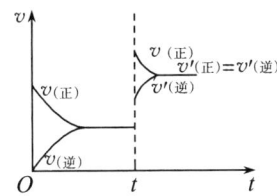

图4-4-8 平衡体系中各物质的浓度变化

▶ **实验探究**

完成人教版教材第38页实验2-2。

▶ **绘制图像**

根据浓度变化的v-t图像，绘制增大压强（缩小容积）时的v-t图像。

> **评价**：能够分析有气体参加的反应平衡移动的原因，拓展分析反应前后气体体积增大、减小、不变时反应的v-t图像，并能比较与c-t图像的不同。通过表现性评价可乐开瓶现象，验证压强对$CO_2+H_2O \rightleftharpoons H_2CO_3$可逆反应的影响，并能用其结论解释高压氧舱救治一氧化碳中毒人员的原理。

【任务四】探究温度对化学平衡的影响

※小组合作学习4※

实验探究温度对反应$2NO_2(g) \rightleftharpoons N_2O_4(g)$平衡的影响。

▶ **实验探究**

完成人教版教材第39页实验2-3。

▶ **讨论交流**

观察总结混合气体在热水、冰水中的颜色变化，分析可逆反应$v_正$、$v_逆$的变化，绘制v-t图像。

▶ **汇报总结**

阅读教材，总结并解释勒夏特列原理。

【任务五】基于"物质的转化"大概念认识物质的转化

※小组合作学习5※

定量认识物质的转化程度。

▶ **创设情境**

如图4-4-9所示为一个理想气体反应$A \rightleftharpoons B$，正反应自发进行。图中P点时对应的转化程度就是化学反应限度，P点反映了体系中反应物转化为生成物的最大程度。

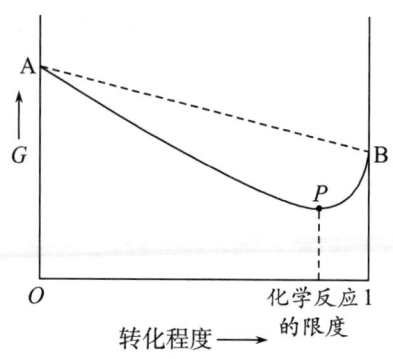

图4-4-9 理想气体反应A $\rightleftharpoons$ B反应物转化程度

思考：如何定量描述反应物A从开始反应到限度P之间任意反应进程的物质转化程度？

▶ **讨论分析**

（1）如何基于浓度商改变物质的转化程度？

（2）工业生产苯乙烯的原理为：

$$\text{C}_6\text{H}_5\text{CH}_3 \xrightarrow{\text{Br}_2/\text{FeBr}_3} \text{C}_6\text{H}_5\text{CH}_2\text{Br} \xrightarrow{\text{KMnO}_4} \text{C}_6\text{H}_5\text{COOH(Br)} \xrightarrow[\text{②H}^+]{\text{①NaOH}} \text{C}_6\text{H}_5\text{COOH(OH)}$$

实际生产过程中需要掺入一定量的水蒸气，让这个反应在恒压的条件下进行。加入水蒸气的目的是什么？

> **评价**：能够从定性的角度分析，因为是恒压过程，加入水蒸气，装置中的其他物质分压会变小，反应体系压强减小，反应向气体体积增大的方向移动。同时，从定量角度用浓度商来判断，因为反应物都是气态，加入水蒸气后各种物质的浓度都可以用分压来表示，由于反应物是一种，生成物是两种，分压都会减小，浓度商Q表达式的分子会减小得更多，所以浓度商Q会小于K，反应会正向进行。通过分析，知道加入水蒸气是为了增大原料的利用率。

▶ **数据分析**

如何基于平衡常数改变物质的转化程度？根据表4-4-10、表4-4-11给出的两个反应温度与平衡常数之间的关系能得出什么结论？

表4-4-10 $N_2(g)+3H_2(g) \rightleftharpoons 2NH_3(g)$（放热反应）反应温度与平衡常数之间的关系

T/K	373	473	573	676	773
K	3.35×10^{-9}	1.00×10^{-7}	2.45×10^{-5}	1.86×10^{-4}	2.99×10^{-3}

表4-4-11　$CO(g) + H_2O(g) \rightleftharpoons CO_2(g) + H_2(g)$（吸热反应）反应温度与平衡常数之间的关系

T/K	373	473	573	676	773
K	1.86×10^{-5}	2.20×10^{-4}	3.80×10^{-3}	3.27×10^{-2}	0.15

> **评价：**能够通过表中数据分析得出结论。对于放热反应，升高温度，平衡逆向移动，K变小，物质转化程度降低；对于吸热反应，升高温度，平衡正向移动，K变大，物质转化程度提高。同样，能够分析降低温度对不同反应转化程度的影响，进一步理解勒夏特列原理，提炼出化学平衡常数的一般表达式。

（三）后续学习

【任务六】小结对勒夏特列原理的理解，完成作业

▶▶ **作业**

人教版教材第42页课后习题6、7。

案例5 烃（选择性必修课程模块 有机化学基础）

一、主题分析

通过学习烃的典型代表物的性质，认识"结构决定性质"的理论依据，通过探究分析烃分子中碳原子的饱和程度和化学键类型，掌握判断有关反应类型的依据是碳原子的饱和程度和化学键类型。本主题在必修第二册中"重要的有机化合物"基础之上，引导学生更加系统深入地学习有机化学基础知识。

（一）烃类知识的学习路径

1. 通过创设情境，激发学生对"烃"的学习热情；根据课时教学特点，逐步提升学生从物质分类和官能团角度认识有机物及其转化的关键能力。

2. 以"有机物的分类和命名"等知识为"烃"的学习做铺垫，有利于学生快速构建"烃"的认知框架，加深对取代反应、加成反应的理解，更好地根据官能团认识烃的衍生物。

（二）烃类知识的学科价值

1. 培养学科核心素养

"结构决定性质，性质反映结构特点。"对于烷烃、烯烃、炔烃、苯及其同系物等有机物结构与性质之间关系的探究，有利于培养学生"宏观辨识与微观探析"的化学学科核心素养。现代人类社会物质的极大丰富离不开有机合成的作用。有机合成的母体是烃及其衍生物，整个有机化学的学习离不开烃，因此，掌握烃分子的结构和性质是学习有机化学的基础。

2. 提高学科学习能力

通过对烃的知识的学习，可以进一步提高学生的微观探析能力和理论联系实际的能力，强化"结构决定性质，性质决定用途"的认知思维。

（三）烃类知识的认知模型

1. 基于认识视角的认知模型

基于认识视角的认知模型如图4-5-1所示。

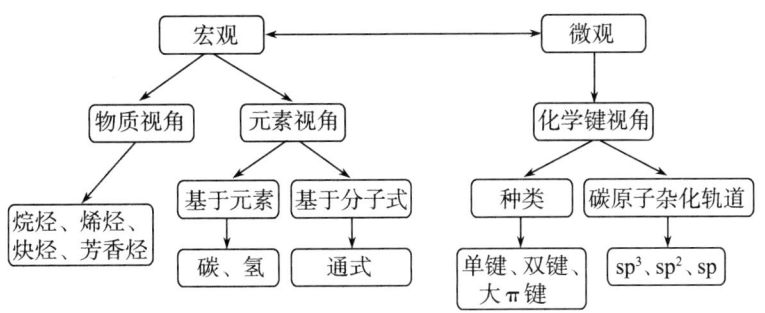

图4-5-1 基于认识视角的认知模型

2.基于思维进阶的认知模型

基于思维进阶的认知模型如图4-5-2所示。

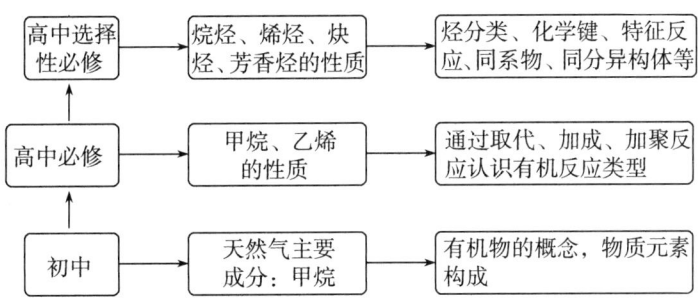

图4-5-2 基于思维进阶的认知模型

基于以上模型，关于烃的知识，首先是以典型代表物的具体反应为载体，通过类比迁移认识烃类有机化合物，层层递进；其次通过研究烯烃、苯及其同系物的结构与性质，构建完整的烃类有机物认知体系；最后探讨烃在生产、生活中的实际应用价值，从个体到整体，将烃的知识逐一展现，将学科核心素养的培养上升到社会责任和科学精神层面。

二、教学目标与达成性评价

本主题的教学目标、达成评价与评价依据见表4-5-1。

表4-5-1 本主题的教学目标、达成评价与评价依据

教学目标	达成评价	评价依据
从碳骨架结构角度认识各类烃，掌握各类烃的结构特点、官能团种类，建立烃分子结构认知模型。	根据结构特征区分各类烃。	① 能建立起物质分类与结构不同的观念。 ② 能深刻理解"结构决定性质"的化学基本观念。

续表

教学目标	达成评价	评价依据
学会碳原子杂化方式及化学键角度认识各类烃分子结构，并根据化学键类型推测其物理、化学性质。	能识别有机物分子中的各类化学键。	① 能根据碳原子杂化方式解释各类烃分子结构的不同。 ② 能区分各类化学键，明确化学键与化学性质的关系。
通过烷烃、烯烃、炔烃、芳香烃的主要反应类型角度认识有机反应。	利用烃的特征反应合成简单有机物。	① 能把握住有机反应类型的反应机理并建立思维模型，形成有机反应类型与化学键一致性的深度认识。 ② 能书写烃分子特征反应的化学方程式。
根据日常生活中合成的有机物分析有机物的来源、合成、用途。	能解决实际问题。	① 能合成简单的有机物。 ② 能体现"科学态度与社会责任"素养，形成"绿色化学"可持续发展思想。

三、课时目标与过程评价

本主题的课时目标、过程评价与评价依据见表4-5-2。

表4-5-2 本主题的课时目标、过程评价与评价依据

课时	课时目标	过程评价	评价依据
1	1.1 根据碳原子成键方式等方面总结烷烃、烯烃、炔烃、芳香烃的结构特点及通式。 1.2 依据系统命名法的原则对烷烃、烯烃、炔烃、芳香烃的简单同系物进行命名。	① 对比掌握烷烃、烯烃、炔烃、芳香烃的结构特点，尤其是苯的特殊化学键。 ② 烷烃、常见烯烃、炔烃、芳香烃的系统命名。 ③ 正确书写各类烃的同分异构体的结构简式。	① 能熟练总结各类烃的结构特点。 ② 能熟练对烷烃、常见烯烃、炔烃、芳香烃进行系统命名。 ③ 能熟练写出烷烃、烯烃、炔烃、芳香烃的同分异构体。
2	2.1 了解烷烃、烯烃、炔烃、芳香烃的物理性质。 2.2 以典型代表物甲烷、乙烯、乙炔、苯为例，掌握各类烃的化学性质。	① 分析并掌握烷烃的特征反应——取代反应，烯烃的特征反应——加成反应的反应机理。 ② 掌握乙炔的实验室制法。 ③ 理解苯的结构决定了其具有的化学性质。	① 能正确描述取代反应、加成反应的反应机理。 ② 能借助乙炔的实验室制法总结气体制备的一般步骤。 ③ 能理解苯的特殊结构，掌握苯及其同系物的化学性质。
3	3.1 能够根据烃的特征反应进行简单的有机合成。 3.2 联系有机物在日常生活中的应用，形成合成有机物的一般思路。	① 乙烯的加成、加聚反应，乙炔的实验室制法。 ② 苯的卤代、硝化、加成反应实验探究。	① 能形成基于官能团、化学键与反应类型等角度认识有机物的一般思路。 ② 能了解有机化合物中官能团之间的相互影响。

四、课时学习设计

第一课时

学习内容

烷烃、烯烃、炔烃、芳香烃的结构特点。

学习目标

目标1.1、1.2。

学习评价

（1）完成"小组合作学习1"，达成评价目标1.1。

（2）完成"小组合作学习2"，达成评价目标1.2。

（3）完成"小组合作学习3""小组合作学习4"，达成评价目标1.1、1.2。

学习过程

第一课时学习过程如图4-5-3所示。

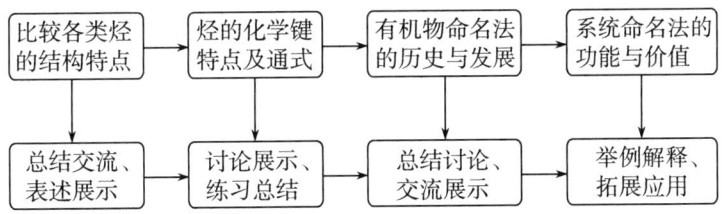

图4-5-3　第一课时学习过程示意图

（一）先行学习

【任务一】阅读预习，观察模型与观看视频

▶ **阅读预习**

阅读教材有关甲烷、乙烯、乙炔、苯分子的结构特点，分析、比较碳链之间的价键情况。

▶ **观察模型与观看视频**

观察甲烷、乙烯、乙炔、苯的球棍模型，观看甲烷、乙烯、乙炔、苯的结构的视频。

▶ **思考与讨论**

（1）不同烃分子的空间结构有什么不同？

（2）不同烃分子中不同原子之间形成价键的情况有什么不同？

（二）交互学习

【任务一】认识烃的分子结构

※小组合作学习1※

总结各类烃的结构特点。

▶ **思考与讨论**

根据甲烷、乙烯、乙炔、苯的球棍模型写出它们的结构简式和分子式，分析碳原子的杂化方式，对比分子中共价键的键角、键长、键能等参数。

▶ **交流与展示**

同系物的概念及特点，链状烷烃、烯烃、炔烃、芳香烃的分子通式。

▶ **思考与讨论**

如何从碳骨架和官能团角度辨识各类有机物？

▶ **练习1**

天然气水合物即可燃冰，是天然气与水在高压低温条件下形成的类冰状结晶物质，因其外观像冰，遇火即燃，因此，被称为"可燃冰""固体瓦斯"或"气冰"。

我国科学家对我国南海海域甲烷水合物（可燃冰$CH_4·nH_2O$）的组成进行了精确的定量研究，测得该甲烷水合物中碳元素的质量分数为7.5%，则这种甲烷水合物中n的值是_____，该可燃冰的化学式可表示为_____。

> **评价**：通过小组讨论、展示与评价，能从化学键角度类比各类烃，根据各类烃的结构特点推测其可能具有的性质。通过自我评价，知晓自己的表现属于哪个层次，并知道应该达到哪个层次以及自己存在哪些方面的知识缺陷和不足。完成表4-5-3。

表4-5-3 自我评价一览表

层次	问题认识水平简述	在该任务中的表现	自我评价
1	能用准确的化学用语表达各类烃的分子式、电子式、结构简式。	写不出，理解不了。	
2	能熟练描述各类烃的结构特点、碳原子杂化方式并作出对比。	能完成全部任务，但不能举一反三。	
3	能总结出各类烃的结构特点，理解同系物、同分异构体的概念，但不能准确判断出同分异构体的种类数。	总结到位，并能进行类比判断。	

【任务二】认识苯分子的结构特点

▶ **情境创设**

对于凯库勒发现苯的结构,有这样一个传说:1864年冬的一天晚上,凯库勒坐马车回家,在车上昏昏欲睡。半梦半醒之间,他看到碳链似乎活了起来,变成了一条蛇,在他眼前不断翻腾,并且那条蛇突然咬住了自己的尾巴,形成了一个环……凯库勒猛然惊醒,受到梦的启发,明白了苯分子原来是一个六角形环状结构。现代科学通过X射线与核磁共振的检测表明,苯分子的六个碳原子和六个氢原子都在同一个平面上,六个碳原子构成正六边形,碳碳键键长均为140 pm,介于碳碳单键(154 pm)与双键(134 pm)之间;碳氢键键长为108 pm,键角均为120°,说明苯分子中并没有独立的碳碳双键。

※小组合作学习2※

探究苯的结构特点。

▶ **绘制导图**

利用思维导图,画出对苯结构认识的发展历程并交流展示。

▶ **实验探究**

实验探究苯分子结构中是否存在碳碳双键或者碳碳三键。

(1)试管中加入2 mL苯,滴加几滴酸性高锰酸钾溶液,振荡后静置。

(2)试管中加入2 mL苯,滴加1 mL溴水,振荡后静置。

▶ **阅读与思考**

阅读人教版教材第48页内容,了解稠环芳香烃的结构特点。

▶ **练习2**

根据对烃分子结构的探究与学习,完成下列填空。

(1)1834年,德国科学家米希尔里希通过蒸馏苯甲酸(⌬—COOH)和石灰的混合物得到液体,命名为苯。写出苯甲酸钠与碱石灰共热生成苯的化学方程式:_____。

(2)由于苯的含碳量与乙炔相同,人们认为它是一种不饱和烃,写出C_6H_6的一种含三键且无支链的链烃结构简式:_____。

(3)烷烃中脱去2 mol氢原子形成1 mol双键要吸热,但1,3-环己二烯(⌬)脱去2 mol氢原子变成苯却放热,可推断苯比1,3-环己二烯_____(填"稳定"或"不稳定")。

▶ **练习3**

总结有机物的结构特点并填写表4-5-4。

表4-5-4 有机物的结构特点

与碳原子相连的原子数	结构示意图	碳原子的杂化方式	碳原子的成键方式	碳原子与相邻原子形成的结构单元的空间结构	实例
4	—C—	sp^3			
3	>C=	sp^2			
2	—C≡	sp			

【任务三】探究有机物结构的步骤方法

※小组合作学习3※

复习回顾研究有机物的一般步骤和方法。

▶ 阅读思考

阅读人教版教材第21页"科学·技术·社会"栏目内容，了解青蒿素结构的确定过程。

▶ 讨论交流

分组总结研究有机物结构采用的一般方法，如图4-5-4所示。

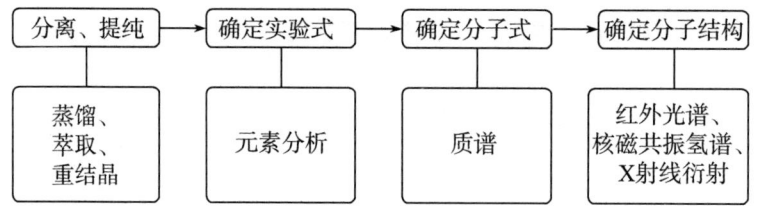

图4-5-4 研究有机物结构的一般方法

▶ 练习4

人教版教材第26页课后习题8。

【任务四】探究烃的同分异构体

※小组合作学习4※

分析讨论同分异构体的写法与命名。

▶ **复习回顾**

回顾必修第二册烷烃的习惯命名法，书写戊烷的同分异构体的结构简式和名称。

（1）利用系统命名法对戊烷的同分异构体进行命名，进一步扩展到己烷同分异构体的命名。

（2）以系统命名法的命名规则对常见烯烃、炔烃、芳香烃进行命名。

▶ **总结与交流**

（1）总结并体会习惯命名法和系统命名法的区别。

（2）请按下列步骤写出己烷的同分异构体的结构简式，并用系统命名法进行命名，完成表4-5-5。

表4-5-5　己烷同分异构体

步骤	结构简式	名称
写出有最长碳链结构的同分异构体		
主链碳原子由6个减为5个，甲基有2种可能的位置分布		
主链碳原子由5个减为4个，2个甲基有2种可能的位置分布		

（3）结合人教版教材第35页内容，了解烯烃的立体异构，讨论互为立体异构的物质的结构特点。

> **评价**：小组讨论，展示与评价。通过自我评价，知晓自己的表现属于哪个层次，并知道应该达到哪个层次以及自己存在哪些方面的知识缺陷和不足。通过相互评价查漏补缺、进行纠错分析，完成表4-5-6。

表4-5-6　自我评价一览表

层次	问题认识水平简述	在该任务中的表现	自我评价
1	能正确书写烷烃的同分异构体的结构简式和名称，找出己烷的5种同分异构体，但对系统命名法的命名规则不能准确把握。	写不出，理解不了。	
2	能正确书写常见烯烃、炔烃、芳香烃的同分异构体的结构简式和名称，并能准确利用系统命名法对它们命名。	能完成全部任务，但不能举一反三。	

续表

层次	问题认识水平简述	在该任务中的表现	自我评价
3	对复杂烷烃、烯烃、炔烃、芳香烃的系统命名也能准确把握。	总结到位，并能进行类比判断。	

（三）后续学习

【任务五】对比分析习惯命名法和系统命名法

▶ 作业

分析并填写表4-5-7有关内容。

表4-5-7 作业内容

项目	同系物	同分异构体	同位素	同素异形体
概念				
实例				
应用范围				
性质差异				

第二课时

学习内容

掌握各类烃的物理、化学性质。

学习目标

目标2.1、2.2。

学习评价

（1）完成"小组合作学习1"，达成评价目标2.1。

（2）完成"小组合作学习2""小组合作学习3"，达成评价目标2.2。

（3）完成"小组合作学习4"，达成评价目标2.1、2.2。

学习过程

第二课时学习过程如图4-5-5所示。

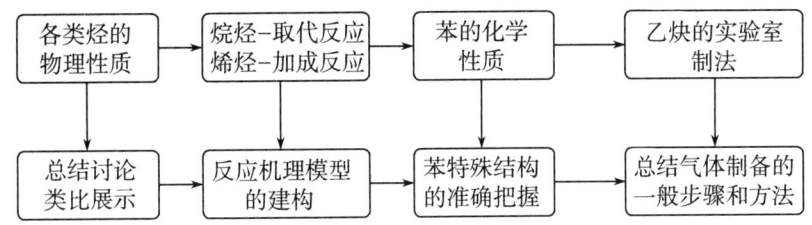

图4-5-5　第二课时学习过程示意图

（一）先行学习

【任务一】复习与回顾

分析讨论各种烃分子的结构特点。如图4-5-6所示，结合生活中常见的各类烷烃，从颜色、气味、状态、熔沸点等角度分析。

天然气（CH_4）　　液化石油气（C_3~C_4烷和烯）　　汽油（C_4~C_{12}烷）

 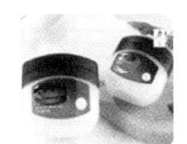

蜡烛石蜡（C_{18}~C_{30}烷）　　凡士林石蜡（C_{18}~C_{30}烷）

图4-5-6　生活中常见的烷烃

（二）交互学习

【任务二】探究链烃的性质

※小组合作学习1※

通过自学与讨论分析烷烃代表物的性质。

▶▶阅读自学

（1）阅读教材，了解对甲烷、乙烯、乙炔的物理性质及化学性质的概述。

（2）通过自学，完成表4-5-8。

表4-5-8 链烃的性质

	颜色	溶解性	可燃性	与酸性高锰酸钾溶液反应	与溴的四氯化碳溶液反应	与强酸、强碱溶液反应	与卤素单质反应
甲烷							
乙烯							
乙炔							

▶ **交流与展示**

通过小组汇报、展示交流，学生能够：① 结合典型代表物甲烷、乙烯、乙炔的学习，总结分析烷烃、烯烃、炔烃的物理性质，如密度、熔点和沸点的变化规律；② 依据烷烃的物理性质递变规律，掌握烯烃的物理性质递变规律；通过烯烃的结构特征，分析掌握烯烃的化学性质；③ 了解烯烃的顺反异构及二烯烃的加成反应，理解烯烃的结构与化学性质的关系；④ 书写相关反应（甲烷的取代反应，乙烯、乙炔的加成、加聚反应）的化学方程式。

▶ **思考与讨论**

如何鉴别甲烷和乙烯？如何除去丙烷中的丙炔？

▶ **练习1**

（1）根据甲烷的燃烧反应，写出汽油的成分之一辛烷（C_8H_{18}）完全燃烧的化学方程式。

（2）根据甲烷与氯气的反应，写出乙烷与氯气生成一氯乙烷反应的化学方程式。

（3）写出1，3-丁二烯的1，2-加成和1，4-加成反应的化学方程式。

（4）写出丙烯加聚反应的化学方程式。

> 评价：对照自我评价表4-5-9，知晓自己的表现属于哪个层次，并知道应该达到哪个层次以及自己存在哪些方面的知识缺陷和不足。

表4-5-9　自我评价一览表

层次	问题认识水平简述	在该任务中的表现	自我评价
1	能准确描述烷烃、烯烃、炔烃的物理性质的异同点，正确书写体现典型代表物化学性质的化学方程式。	写不出，描述不准确。	
2	能准确理解甲烷、乙烯、乙炔的特征反应的反应机理，对乙炔的实验室制法从原理、装置、实验注意事项等方面准确把握。	能完成全部任务，但不能举一反三。	
3	能根据甲烷、乙烯、乙炔的结构特点，加深对结构决定性质的思维认识。	总结到位，并能进行类比判断。	

【任务三】探究乙炔的实验室制备方法以及性质检验

※小组合作学习2※

探究乙炔的实验室制法与性质。

▶ **阅读资料**

资料： 我国古书记载"器中放石几块，滴水则产气，点之则燃"。

▶ **观看视频**

观看实验室制乙炔的实验视频，结合人教版教材第37页"探究"栏目内容，分析实验原理，观察实验现象，根据结构分析乙炔的性质。

▶ **实验探究**

在圆底烧瓶中放入几小块电石，打开分液漏斗的活塞，逐滴加入饱和氯化钠溶液；将产生的气体通入硫酸铜溶液后，再分别通入酸性高锰酸钾溶液和溴的四氯化碳溶液；最后换上尖嘴导管，先检验气体纯度，再点燃气体，观察现象。

▶ **讨论交流**

（1）根据乙炔与酸性高锰酸钾及溴的四氯化碳溶液的反应，推断乙炔具有怎样的化学性质、反应前后乙炔分子中的官能团和化学键是如何变化的。

（2）比较分析乙烯与酸性高锰酸钾和溴水的反应的异同点。

※小组合作学习3※

▶ **情境创设**

科学家发现，经过特殊改造之后，许多塑料都能像金属一样具有导电性。例如，聚乙炔、聚吡咯、聚噻吩的结构简式如图4-5-7所示。目前，已制成一批导电性与银、铜相当的聚合物，被称为有机金属或合成金属。与金属相比，塑料的特点是价格低廉、柔软易曲、易于加工，质量轻。

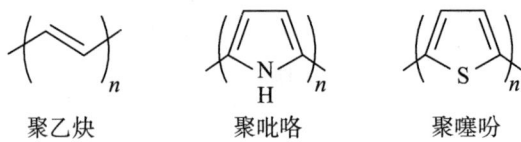

图4-5-7 聚乙炔、聚吡咯、聚噻吩的结构简式

▶**阅读与交流**

（1）阅读人教版教材第40页"科学·技术·社会"栏目内容，完成"思考与讨论"栏目要求的任务。

（2）可导电塑料应该具备怎样的结构特点？

▶**练习2**

写出合成聚乙炔反应的化学方程式。

【任务四】实验探究苯及其同系物的性质

※小组合作学习4※

实验探究苯、甲苯的性质。

▶**阅读与思考**

（1）阅读教材，了解苯、甲苯的物理性质。

（2）描述苯的同系物的概念、通式，能熟练写出分子式为C_8H_{10}且分子中含有苯环的所有同分异构体的结构简式。

（3）苯、甲苯能够发生取代反应、加成反应的条件、原因。

▶**实验探究**

分组完成人教版教材第43页实验2-1，第46页实验2-2。

▶**交流与展示**

（1）正确描述有关实验现象。

（2）小组汇报展示人教版教材第47页"思考与讨论"栏目内容。

▶**练习3**

写出上述实验中反应的化学方程式。

> 评价：能够正确描述苯分子结构的特殊性，解释苯的化学性质。能够熟练书写苯的同系物的结构简式、类比苯和苯的同系物性质的异同点，形成对苯和苯的同系物性质的认识。对照自我评价表4-5-10，知晓自己的表现属于哪个层次，并知道应该达到哪个层次以及自己存在哪些方面的知识缺陷和不足。

表4-5-10 自我评价一览表

层次	问题认识水平简述	在该任务中的表现	自我评价
1	熟练书写苯的卤代反应、硝化反应、加成反应的化学方程式。	写不出，理解不了。	
2	掌握苯的同系物的化学性质，了解稠环芳香烃的结构特点。	能完成全部任务，但不能举一反三。	
3	从结构、性质等方面类比苯及苯的同系物的异同点。	总结到位，并能进行类比判断。	

【任务五】探究烃的性质的应用

▶▶ **思考与讨论**

举例说明烃的性质有什么应用？

（三）后续学习

【任务六】拓展思维，完成作业

▶▶ **拓展思维**

（1）如何证明苯分子中的碳碳键是完全相同的？

（2）如何鉴别苯和甲苯？

（3）如何利用磺化反应制备合成洗涤剂？

▶▶ **作业**

人教版教材第49页课后习题11。

第三课时

学习内容

取代反应、加成反应、加聚反应等特征反应。

学习目标

目标3.1、3.2。

学习评价

（1）完成"小组合作学习1"，达成评价目标3.1。

（2）完成"小组合作学习2""小组合作学习3"，达成评价目标3.1、3.2。

学习过程

第三课时学习过程如图4-5-8所示。

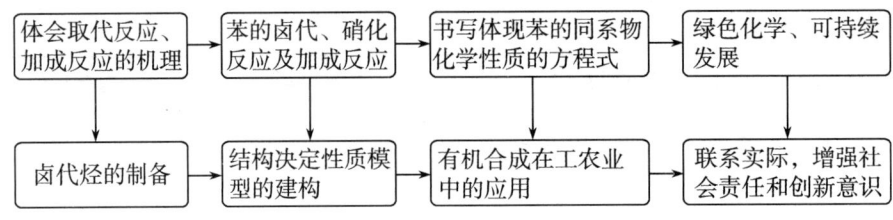

图4-5-8 第三课时学习过程示意图

（一）先行学习

【任务一】复习回顾

取代反应、加成反应的概念。

（二）交互学习

【任务二】探究烃的取代反应、加成反应

※小组合作学习1※

探究烃的代表物与Br_2（溴水）的反应。

▶ 思考与讨论

完成人教版教材第35页"思考与讨论"栏目要求的任务，写出乙烯、丙烯有关反应的化学方程式。总结烷烃的特征反应——取代反应，烯烃的特征反应——加成反应的反应条件、反应产物，从化学键和官能团的角度认识有机化学反应的特征。

▶ 填写表格

通过比较、分析必修第二册、选择性必修3内容中烃的有关性质，完成表格4-5-11。

表4-5-11 烃的有关性质

	烷烃	烯烃	炔烃	芳香烃
通式				
结构特点				
代表物	CH_4	$CH_2=CH_2$	$CH≡CH$	苯（C_6H_6）
与Br_2（溴水）的反应类型				

▶ 思考与讨论

分析人教版教材第46页表2-2的内容，比较苯及苯的同系物的结构和性质的异同点，完成表格4-5-12。

表4-5-12 苯及苯的同系物的结构和性质异同点

比较项目		苯	苯的同系物
相同点	结构组成		
	化学性质		
不同点	取代反应		
	氧化反应		
差异原因			

【任务二】探究苯的卤代反应、硝化反应

※小组合作学习2※

实验探究苯的取代反应。

▶ **实验探究1**

药品：苯、液溴和铁屑。

实验装置：如图4-5-9所示。

实验现象：导管口出现白雾，锥形瓶中液体滴入硝酸银溶液后有浅黄色沉淀，烧瓶中的液体倒入冷水中，在水的底部有褐色不溶于水的油状液体。

思考：导管为什么要这么长？导管口的白雾是什么？导管口为什么在液面以上？

▶ **实验探究2**

药品：苯、浓硫酸、浓硝酸、蒸馏水、5%NaOH溶液、无水$CaCl_2$等。

实验装置：实验室制备硝基苯的装置如图4-5-10所示。

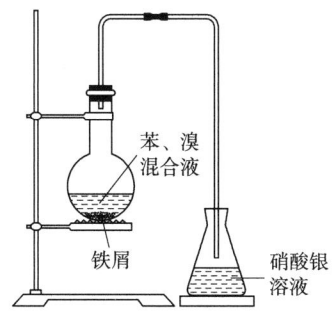
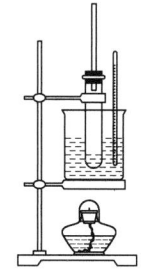

图4-5-9 苯的取代反应装置　　图4-5-10 实验室制备硝基苯的装置

实验步骤：配制一定比例的浓硫酸和浓硝酸混合液，加入反应器中；冷却后向其中逐滴加入一定量的苯，充分振荡，混合均匀；在50~60℃下发生反应，直至反应结束。除去混合酸后，粗产品依次用蒸馏水和5%NaOH溶液洗涤，再用蒸馏水洗涤得到粗产品，干燥、蒸馏得到纯产品。

观察现象，分析原理。

> 评价：完成表4-5-13，知晓自己的表现属于哪个层次，并知道应该达到哪个层次以及自己存在哪些方面的知识缺陷和不足。

表4-5-13　自我评价一览表

层次	问题认识水平简述	在该任务中的表现	自我评价
1	熟练书写取代反应、加成反应的化学方程式。	写不出，理解不了。	
2	类比烷烃、烯烃、炔烃、芳香烃的性质，找出异同点。	能完成全部任务，但不能举一反三。	
3	实验现象描述、实验操作规范。	总结到位，并能进行类比判断。	

【任务三】探究烃的转化规律，进行简单有机物的合成

※小组合作学习3※

根据乙烯的应用，讨论分析烃的转化关系。

▶ **阅读资料**

资料：乙烯最大的用途是生产聚乙烯，约占乙烯耗量的45%，其次是生产二氯乙烷和氯乙烯。乙烯经氧化可以制造环氧乙烷和乙二醇，乙烯经过烃化可制苯乙烯，而乙醛、酒精、高级醇等均可以通过乙烯采用不同工艺制得。在工业制成品方面，合成纤维、合成橡胶以及合成塑料均需要用到乙烯。

▶ **思考与讨论**

（1）阅读人教版教材第41页"研究与实践"栏目乙烯的合成与应用内容，小组交流，汇报展示讨论成果。

（2）图4-5-11的箭头表示各类有机化合物之间的转化关系，请举例写出相应反应的化学方程式，并注明反应类型，分析转化过程中官能团和化学键的变化。

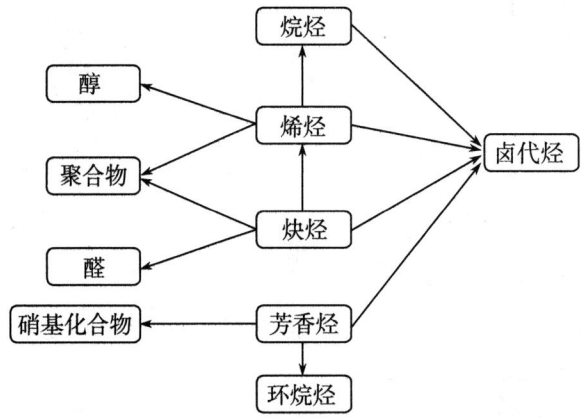

图4-5-11　各类有机化合物之间的转化关系示意图

（三）后续学习

【任务四】巩固练习、完成作业

▶ **作业**

（1）制备和研究乙炔性质的实验装置如图4-5-12所示。下列有关叙述中，不正确的是（　　）。

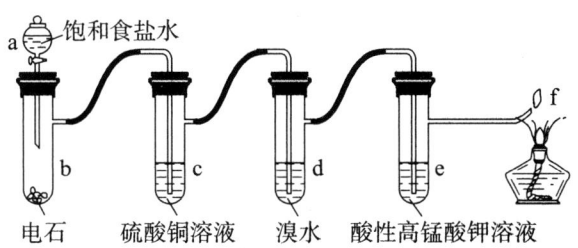

图4-5-12　制备和研究乙炔性质的实验装置图

A. 用蒸馏水替代a中饱和食盐水，产生的乙炔更为纯净

B. c中过量硫酸铜溶液的作用是除去影响后续实验的杂质

C. d、e中溶液褪色的原理不同

D. f处产生明亮、伴有浓烟的火焰

（2）某有机物的结构简式为 ，下列有关该有机物的说法中，正确的是（　　）。

A. 该有机物的分子式为$C_{10}H_{14}$

B. 它的一氯代物有6种

C. 它的分子中所有的碳原子一定在同一平面上

D. 一定条件下，它可以发生取代、加成、氧化和还原反应

案例6 原电池（选择性必修课程模块 化学反应原理）

一、主题分析

"原电池"是电化学的核心内容，融合了氧化还原反应、电解质溶液、电学等知识，是学科内、学科间知识的大综合。原电池在日常生活、工农业生产和科学研究等领域具有广泛的应用。学好原电池知识具有重要的现实意义。本单元引导学生以原电池效率优化探究为中心，结合化学电源以及金属的腐蚀与防护展开学习。原电池的学习对于学生发展学科素养、提高逻辑推理能力、科学研究能力以及跨学科知识的学习研究都具有重要意义。

（一）对原电池的整体认识

1. 通过对原电池工作原理的探究与模型构建，完善学生已有的认知结构；通过探究电池效率来拓展思维，增强学生的科学探究意识。

2. 原电池原理是化学变化与守恒的具体体现，是新型节能电池研发的基础，同时也是研究能量转化的必备理论依据。

3. 通过原电池外电路电子定向移动和内电路离子定向移动形成闭合回路，理解化学能与电能之间的转化过程与原理。

（二）原电池理论的学科价值

1. 培养学科核心素养

通过单液、双液原电池和离子交换膜电池工作效率的实验探究活动，培养学生"证据推理与模型认知"的化学学科核心素养。通过分析原电池的构成与工作原理，培养学生"宏观辨识与微观探析"的化学学科核心素养。在探寻化学电源发展的过程中，培养学生"科学态度与社会责任"的化学学科核心素养。

2. 提高学科学习能力

通过"原电池"这一内容的学习，学生可以更好地理解在必修模块中所学的化学反应与电能的知识，进一步提高利用氧化还原反应、电解质溶液相关知识分析、解决问题的能力，为电解装置和电解原理的学习以及利用电化学原理制备相应目标产品奠定基础。

（三）原电池理论的认知模型

初中化学、高中必修、高中选择性必修中原电池理论内容要点与学习要求如图4-6-1所示。

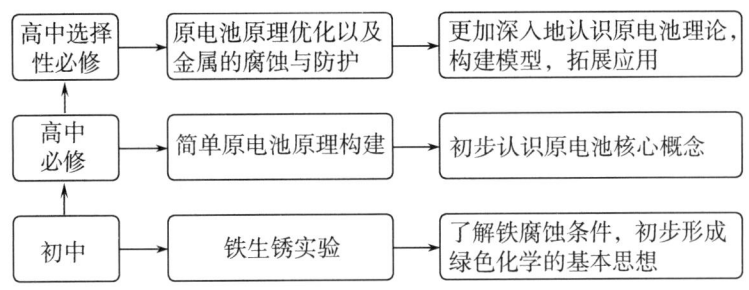

图4-6-1　原电池理论内容要点与学习要求示意图

从知识储备层面看，学生已具备了一定的认知基础，初步掌握了原电池构成条件，对其工作原理有简要的认识。从能力层面看，学生已经具备简单设计原电池装置的能力，并能在小组合作实验中积极思考、相互讨论，从而发现问题、分析问题、解决问题。然而，学生对原电池缺乏必要的理解和认识，对原电池装置和原理还存在一些模糊认识，尚不具备科学创新思维和实验综合分析能力以及从宏观辨识到微观探析的推理能力。

基于以上分析，本单元主题内容是引导学生从能量转化方面重新认识原电池理论，实现思维进阶，构建完善的知识体系。在学生的学习过程中，教师要尽可能通过创设情境、实验探究、学情了解、展示交流等途径进行教学设计，从而搭建知识结构、建立思维模型、凸显"宏观""微观""符号"三重表征。

二、教学目标与达成评价

本主题的教学目标、达成评价与评价依据见表4-6-1。

表4-6-1　本主题的教学目标、达成评价与评价依据

教学目标	达成评价	评价依据
通过实验、展示、假设、推理等过程，构建高效率原电池模型，认识盐桥、离子交换膜等概念。	能识别原电池装置、理解原电池原理。	① 通过实验探究盐桥的作用，理解双液原电池具有稳定性的原因，构建双液原电池理论模型。 ② 通过图片展示理解膜电池的优点，构建膜电池理论模型。 ③ 明确原电池原理的应用。

续表

教学目标	达成评价	评价依据
能对常见化学电源进行分析，并能认识新型化学电源的作用及废旧电池对环境的危害，认识能源利用率与绿色化学是电源科学探究的推手，从而形成科学态度与社会责任意识。	能通过理论解释说明原电池的具体应用。	① 能对常见电源进行分类。 ② 能通过对常见陌生电源的电极方程式进行符号表征，诊断并发展学生提取信息及应用模型的能力；诊断学生从具体到一般的归纳总结能力。 ③ 能通过生活场景理论化，利用所学化学知识解决实际情境下的复杂问题。
通过探究金属腐蚀的本质及其原因并结合金属腐蚀产生的危害和影响，确定金属防腐的策略。	能设计原电池进行具体的应用，解决实际问题。	① 能明确金属腐蚀的类型与本质。 ② 能利用原电池理论模型进行金属腐蚀的防护，实现其功能化。

三、课时目标与过程评价

本主题的课时目标、过程评价与评价依据见表4-6-2。

表4-6-2 本主题的课时目标、过程评价与评价依据

课时	课时目标	过程评价	评价依据
1	1.1 能够基于单液电池的缺点进行改进，引入双液电池并进行实验探究。 1.2 能够基于双液电池的缺点，通过图片展示理解膜电池的优点。 1.3 通过分析明确原电池原理的应用。	① 铜-锌双液电池。 ② 铜-锌膜电池。 ③ 分析原电池原理的应用。	① 能从实验事实对双液电池能产生稳定电流的原因进行解释，并构建认知模型。 ② 能建构膜电池理论模型。 ③ 能展示自己的思维判断，并分享其应用。
2	2.1 根据列举的常见化学电源进行分类。 2.2 基于原电池本质与模型分析碱性锌锰电池的工作原理，并能建立陌生电极反应书写的一般思路。 2.3 分析锂离子电池的工作原理，并了解判断电池优劣的标准。	① 以图片形式提供常见化学电源。 ② 碱性锌锰电池、铅蓄电池、氢氧燃料电池。 ③ 锂离子电池。	① 能对化学电源从不同的角度进行分类。 ② 能熟练地书写常见化学电源的电极反应。 ③ 能了解锂离子电池开发的必然性，明确各类电池的优缺点。

续表

课时	课时目标	过程评价	评价依据
3	3.1 金属腐蚀的分类及本质。 3.2 基于原电池模型的构建，运用模型解决生产、生活中的真实问题。	① 金属的腐蚀实例。 ② 实验探究铁–锌原电池、铜–铁原电池中铁的腐蚀情况。	能基于原电池原理模型解决复杂真实情境问题，能应用模型分析问题和解决问题。

四、课时学习设计

第一课时

学习内容

原电池的工作原理。

学习目标

目标1.1、1.2、1.3。

学习评价

（1）完成"小组合作学习1"，达成评价目标1.1。

（2）完成"小组合作学习2"，达成评价目标1.2。

（3）完成"小组合作学习3"，达成评价目标1.3。

学习过程

第一课时学习过程如图4-6-2所示。

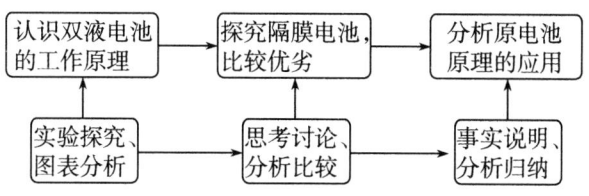

图4-6-2　第一课时学习过程示意图

（一）先行学习

【任务一】思考与回忆

（1）思考手机电池为什么具有超强的续航能力。

（2）回忆原电池的构成条件：① 什么是原电池？原电池由几个部分构成，各有哪些基本要素？② 画出铜–锌–稀硫酸单液原电池的工作原理示意图。

（3）思考电池与生产、生活的重要关系。

（4）列举生产、生活中常见的电池。

（二）交互学习

【任务二】认识双液电池

※小组合作学习1※

改进单液电池，实验探究双液电池。

▶**资料展示**

铜-锌-硫酸铜单液原电池装置的导电性以及温度随时间变化曲线如图4-6-3所示。

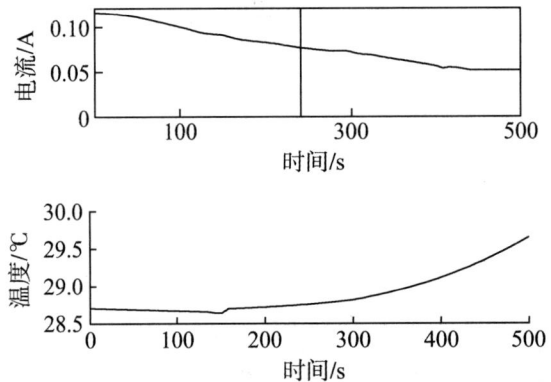

图4-6-3　铜-锌-硫酸铜单液原电池装置的导电性以及温度随时间变化曲线

▶**思考与讨论**

（1）铜-锌-硫酸铜单液原电池体系装置导电性随时间的推迟而减弱，体系温度为何呈现上升趋势？

（2）阅读人教版教材第96~97页内容，结合图4-1分析、讨论改进措施。

（3）思考：什么是盐桥？什么是双液电池？

（4）分析带有盐桥双液原电池的工作原理图。

▶**实验探究**

完成人教版教材第96页实验4-1，填写表格4-6-3。

表4-6-3　实验报告

	电极	电解质溶液	电流表
实验现象			

238

▶ **练习1**

下列关于如图4-6-4所示原电池（盐桥中吸附有KNO₃饱和溶液）的叙述中，不正确的是（　　）。

A. 盐桥中的K⁺向Cu片移动

B. 电子沿导线由Cu片流向Ag片

C. 正极的电极反应是$Ag^+ + e^- = Ag$

D. Cu片上发生氧化反应，Ag片上发生还原反应

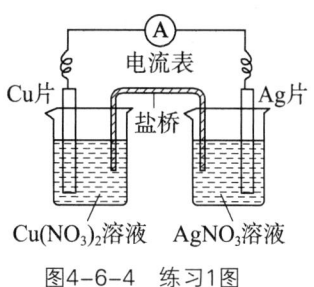

图4-6-4　练习1图

> **评价**：完成表4-6-4，以铜－锌－硫酸铜单液、双液原电池为例填写原电池工作原理。

表4-6-4　铜－锌－硫酸铜单液、双液原电池

比较项目	单液原电池	双液原电池
装置图		
电极名称		
电极材料		
电极反应		
反应类型		
电子流向		
离子迁移方向		
电池反应方程式		
两类装置的比较		

【任务三】探究原电池中的"膜"

▶ **阅读资料**

资料1：随着科学技术的发展，科学家研发出了新的替代材料，既实现分隔正负电极区并降低电池的内电阻，又允许溶液中特定的离子来平衡两电极区溶液的电荷，这就是离子交换膜。

资料2：离子交换膜是一种含离子基团的、对溶液中的离子具有选择透过能力的高分子膜。因为一般在应用时主要是利用它的离子选择透过性，所以也称为离子选择透过性膜。1950年，朱达首先合成了离子交换膜。1956年，离子交换膜首次成功地用于电渗析脱盐工艺。

资料3：铜-锌带盐桥双液原电池装置的导电性以及温度随时间变化曲线如图4-6-5所示。

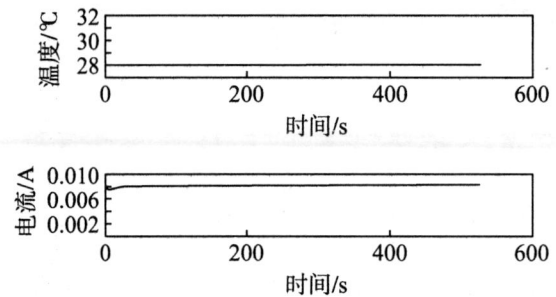

图4-6-5　铜-锌带盐桥双液原电池装置的导电性以及温度随时间变化曲线

※小组合作学习2※

分析讨论双液电池、膜电池的优缺点。

▶思考与讨论

（1）铜-锌双液原电池装置导电性、体系温度变化的原因。

（2）如何对双液电池进行改进？

（3）自行绘制隔膜电池的工作原理图。

▶练习2

全钒氧化还原液流电池是一种新型绿色的二次电池，具有容量和功率可调、大电流无损深度放电、使用寿命长、易操作和维护等优点，其放电时的工作原理如图4-6-6所示。下列叙述中，正确的是（　　）。

A. B为该原电池的正极

B. 该电池放电时H^+向B极室迁移，起到了导电作用

C. A极的电极反应式为$VO_2^+ +2H^+ +e^- =\!= VO^{2+} +H_2O$

D. 反应过程中，每转移1 mol电子，正极区$n(H^+)$的变化量为2 mol

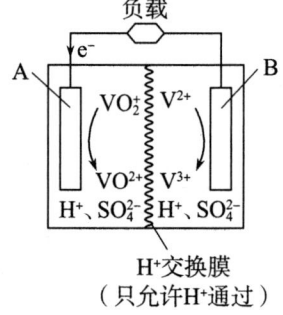

图4-6-6　练习2图

评价：按表4-6-5的要求进行自我评价。

表4-6-5　自我评价一览表

评价项目	不理解	部分疑问	完全理解	自我评价
单液原电池				
带盐桥的双液原电池				
膜电池				

【任务四】探究原电池原理的应用

※小组合作学习3※

通过实例归纳原电池原理的应用。

▶ 思考与讨论

（1）在锌与稀H_2SO_4反应时为何加入少量$CuSO_4$溶液？

（2）有两种金属a和b，用导线连接后插入稀硫酸中，观察到a极溶解，b极上有气泡产生。思考如何根据实验现象判断原电池的正负极。

（3）以$2FeCl_3+Cu=\!\!=2FeCl_2+CuCl_2$为例，概括如何根据总反应设计简单单液原电池。

▶ 总结归纳

原电池中正负极的判断方法如图4-6-7所示。

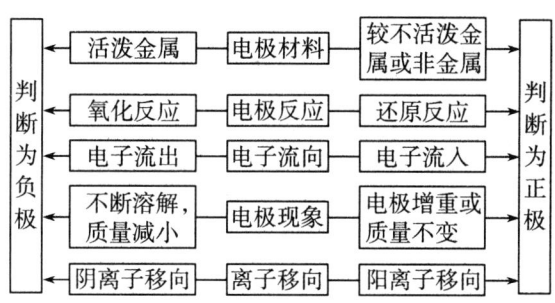

图4-6-7　原电池中正负极的判断方法

▶ 练习3

有a、b、c、d四种金属电极，有关的实验装置及部分实验现象如图4-6-8所示。

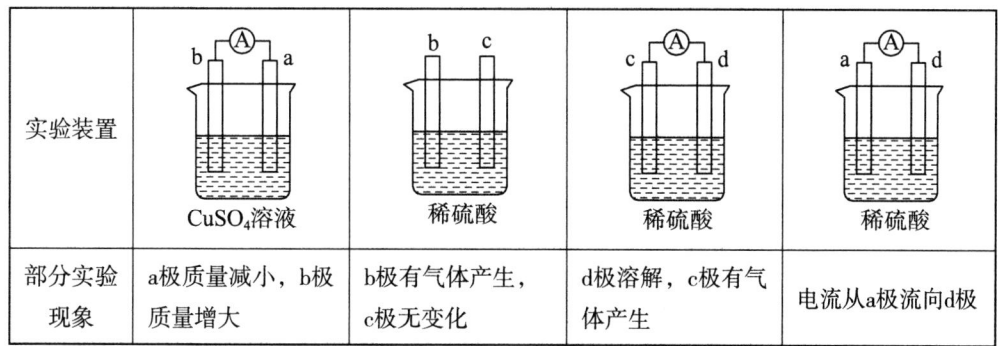

图4-6-8　练习3图

由此可判断，这四种金属的活动性顺序是（　　）。

A. a>b>c>d　　　　　　　　B. b>c>d>a

C. d>a>b>c　　　　　　　　D. a>b>d>c

（三）后续学习

【任务五】阅读与思考

▶ **阅读资料**

资料：2019年，诺贝尔化学奖授予美国德州大学奥斯汀分校约翰·B·古迪纳夫教授、纽约州立大学宾汉姆顿分校M·斯坦利·威廷汉教授和日本化学家吉野彰，以表彰他们在锂离子电池发展方面作出的突出贡献。他们创造了一个可再充电的世界。

▶ **思考与讨论**

比较单液及双液原电池的工作原理，查阅资料，了解2019年诺贝尔化学奖。

第二课时

学习内容

化学电源。

学习目标

目标2.1、2.2、2.3。

评价任务

（1）完成"小组合作学习1"，达成评价目标2.1。

（2）完成"小组合作学习2""小组合作学习3"，达成评价目标2.2。

（3）完成"小组合作学习4"，达成评价目标2.3。

学习过程

第二课时学习过程如图4-6-9所示。

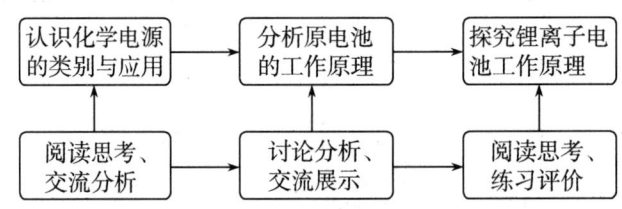

图4-6-9　第二课时学习过程示意图

（一）先行学习

【任务一】阅读资料

▶ **资料展示**

根据电池发展史，结合教材，了解常见的化学电源及其发展历程，如图4-6-10所示。

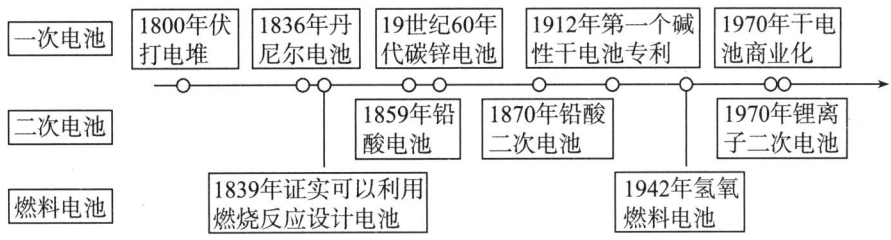

图4-6-10 化学电源及其发展历程示意图

（二）交互学习

【任务二】探究化学电源的分类

※小组合作学习1※

讨论交流对化学电源的认识。

▶ **阅读思考**

阅读人教版教材第98～101页内容，思考：① 化学电源如何分类？② 衡量电池优劣的标准有哪些？

【任务三】探究原电池的工作原理

※小组合作学习2※

分析碱性锌锰电池的工作原理，探究陌生电池电极反应式书写的一般思路。

▶ **思考与讨论**

（1）尝试书写碱性锌锰干电池的总反应及正、负极电极反应式。

（2）根据铅蓄电池总反应书写放电过程中正、负极电极反应式。

▶ **练习1**

铁镍蓄电池又称爱迪生电池，放电时的总反应为$Fe+Ni_2O_3+3H_2O== Fe(OH)_2+2Ni(OH)_2$。下列有关该电池的说法中，不正确的是（　　）。

A. 放电时，溶液中OH^-移向负极

B. 放电时，负极反应为$Fe+2OH^--2e^-== Fe(OH)_2$

C. 充电过程中，阴极附近溶液的pH降低

D. 充电时，阳极反应为$2Ni(OH)_2+2OH^--2e^-== Ni_2O_3+3H_2O$

※小组合作学习3※

▶ **阅读思考**

（1）阅读人教版教材第100～101页内容，明确氢氧燃料电池的构造。

（2）根据人教版教材第101页图4-7，写出酸性条件下氢氧燃料电池的电极反应式。

（3）比较不同环境下氢氧燃料电池电极方程式的异同。

▶ **总结归纳**

概括总结书写电极反应的一般思路。

▶ **练习2**

2017年2月19日在第十三届阿布扎比国际防务展上，采用先进的氢氧燃料电池系统的无人机，如图4-6-11所示，创造了该级别270 min续航的新世界纪录。下列有关氢氧燃料电池的说法中，不正确的是（　　）。

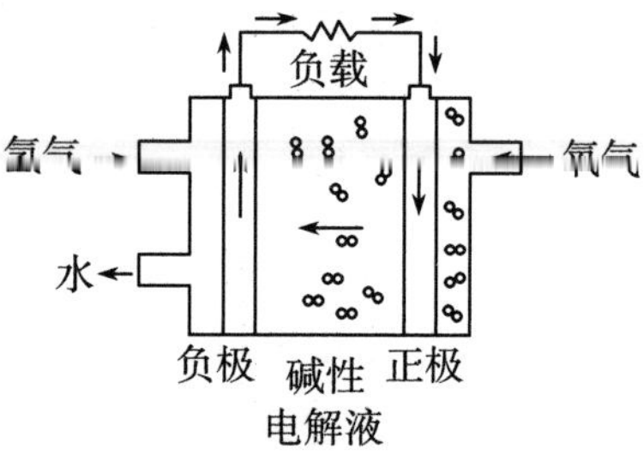

A. 通入氢气的电极发生氧化反应

B. 碱性电解液中阳离子向通入氢气的方向移动

C. 正极的电极反应式为$O_2+2H_2O+4e^-$ ══ $4OH^-$

D. 放电过程中碱性电解液中OH^-的物质的量不变

图4-6-11　氢氧燃料电池系统

【**任务四**】探究锂离子电池的工作原理

※小组合作学习4※

探究锂离子电池的工作原理。

▶ **阅读思考**

（1）阅读人教版教材第99页"资料卡片"栏目内容。

（2）交流展示锂离子电池的发现在电池发展史中的地位。

（2）锂离子电池的工作原理及其应用。

▶ **练习3**

一种可充电锂-空气电池如图4-6-12所示。放电时，电池总反应为$2Li+(\frac{1-x}{2})O_2$ ══ Li_2O_{2-x}（$x=0$或1）。下列说法中，正确的是（　　）。

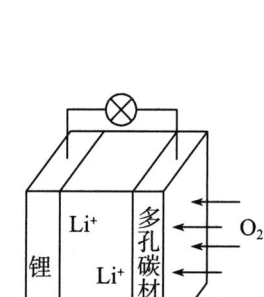

图4-6-12　练习3图

A. 放电时，锂电极为正极，发生反应Li^++e^- ══ Li

B. 放电时，外电路电子由多孔碳材料电极流向锂电极

C. 该电池的电解质可选择氯化钠的水溶液

D. 充电时，多孔碳材料电极与外接电源的正极连接

评价：按表4-6-6的要求进行自我评价。

表4-6-6 自我评价一览表

评价项目	不理解	部分疑问	完全理解	自我评价
碱性锌锰干电池				
铅酸蓄电池				
燃料电池				

（三）后续学习

【任务五】阅读思考

资料： 伏特在45岁生日后不久，读到了伽伐尼1791年发表的一篇文章，这促使他作出更大的发明和发现。他起初还有些犹豫，但不久就开始废寝忘食地工作，用伏特的话说，他实验的内容"超出了当时已知的一切电学知识，因而它们看起来是惊人的"。

伏特对问题进行了更深入的研究，1800年3月20日，他宣布发明了伏打电堆，这是历史上的神奇发明之一。

（1）阅读：人教版教材第101页"科学史话"，体会伏特发明电堆的过程。

（2）思考：你对科学探究的过程有什么新认识？

第三课时

学习内容

金属的电化学腐蚀与防护。

学习目标

目标3.1、3.2。

学习评价

（1）完成"小组合作学习1""小组合作学习2"，达成评价目标3.1。

（2）完成"小组合作学习3"，达成评价目标3.2。

学习过程

第三课时学习过程如图4-6-13所示。

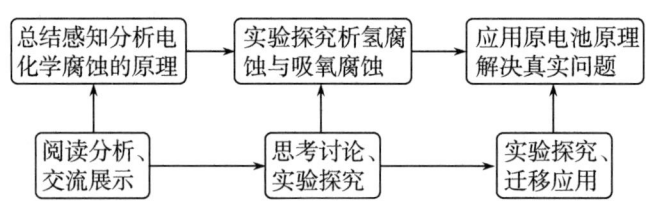

图4-6-13 第三课时学习过程示意图

（一）先行学习

【任务一】阅读思考

▶ **阅读资料**

某油田的海洋平台发生倾斜45°事故，造成人员伤亡。事后调查发现，此次事故与海洋平台被腐蚀有关。实际上，海洋平台腐蚀现象非常普遍，会造成巨大的损失。

【提示：海洋平台的主要材料是钢（铁碳合金），海水呈弱碱性，pH约为8.1】

▶ **思考与讨论**

（1）结合原电池原理分析、讨论发生此现象的原因。

（2）体会金属腐蚀的危害以及金属防腐的意义。

（二）交互学习

【任务二】探究电化学腐蚀的原理

※小组合作学习1※

阅读人教版教材第111～112页内容，分析交流、评析金属腐蚀的原理和意义。

▶ **交流与展示**

（1）对金属腐蚀概念的认识。

（2）对金属腐蚀进行分类，并能说出其分类依据和方法。

（3）交流分享电化学腐蚀原理模型。

▶ **归纳总结**

完成表格4-6-7，交流展示并进行小组互评。

表4-6-7 化学腐蚀、电化学腐蚀比较一览表

类型	化学腐蚀	电化学腐蚀
条件		
本质		
现象		
区别		
联系		

【任务三】探究吸氧腐蚀和析氢腐蚀的本质

※小组合作学习2※

实验探究吸氧腐蚀和析氢腐蚀的化学原理。

▶ **情境创设**

钢铁与潮湿的空气接触，外表形成了一薄层水膜，又由于潮湿的空气中含有二氧化碳、二氧化硫、硫化氢等气体，因此水膜显酸性，有氢离子存在，此时的水膜变成了酸性电解质溶液，其过程如图4-6-14所示。

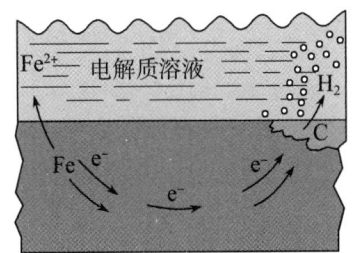

图4-6-14 水膜变成酸性电解质溶液过程示意图

▶ **讨论分析**

（1）分析钢铁发生析氢腐蚀的原因。

（2）用符号表征总反应及电极反应式，展示交流、汇报结果及分析过程。

▶ **实验探究**

完成人教版教材第112页实验4-3，填写表格4-6-8。

表4-6-8　实验记录

实验操作	实验现象
①	
②	
③	

▶思考与讨论

（1）钢铁在水膜酸性很弱甚至中性时发生腐蚀的原因是什么？

（2）如何用符号表征吸氧腐蚀的电极反应式？

（3）展示交流、汇报讨论铁锈形成过程对应的化学知识。

▶练习1

在图4-6-15所示装置中，U形管内为红墨水，a、b试管内分别盛有食盐水和盐酸，各加入生铁块，放置一段时间。下列有关叙述中，错误的是（　　）。

A. 生铁块中的碳是原电池的正极

B. 红墨水柱两边的液面变为左低右高

C. 两试管中相同的电极反应式是$Fe-2e^-=\!=\!=Fe^{2+}$

D. a试管中发生了吸氧腐蚀，b试管中发生了析氢腐蚀

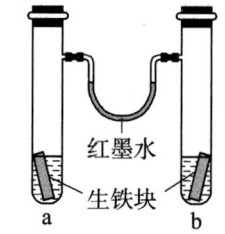

图4-6-15　练习1图

> 评价：构建电化学腐蚀解题思路基本模型，通过展示手绘思维导图修正认知方法。

【任务四】运用原电池模型解决真实问题

※小组合作学习3※

探究金属的腐蚀与防护。

▶思考与讨论

（1）阅读人教版教材第112～115页内容，说出金属的防护有哪些具体措施。

（2）如何利用原电池原理解释金属的防护措施？

（3）镀层破坏后，为什么马口铁（镀锡的铁）比白口铁（镀锌的铁）更易腐蚀？

▶实验探究

分组完成人教版教材第114页实验4-4，填写表4-6-9。

表4-6-9 实验4-4实验报告

实验内容	实验现象	实验结论

▶▶ **练习2**

下列说法中，不正确的是（　　　）。

A. 一般来说，不纯的金属与电解质溶液接触时，会发生原电池反应

B. 溶液中Fe^{2+}可以用$K_3[Fe(CN)_6]$溶液来检测

C. 铁锈覆盖在钢铁表面，阻止钢铁继续腐蚀

D. 在船身上装锌块来避免船体遭受腐蚀

> **评价**：通过思考、讨论、展示等活动，进一步思考原电池的相关原理，能够从电化学的角度分析金属的腐蚀与防护，并能解释说明生产、生活中的有关电化学腐蚀现象。

（三）后续学习

【任务五】探究"暖宝宝"发热原理并与同学分享

▶▶ **阅读资料**

资料："暖宝宝"主要成分：铁粉、活性炭、水、蛭石（保温材料）、吸水性树脂、食盐。

▶▶ **作业**

（1）实验证实，双液电池与单液电池相比，电流相对较小。分析原因可能是：离子运动的时间较长，离子运动通道较窄，离子的容量较小。思考怎样改进才能增大电流？（提示：离子交换膜是一种含离子基团的、对溶液里的离子具有选择透过能力的高分子膜）

（2）"暖宝宝"发热的工作原理是什么？

案例7 海水的利用与保护

（必修课程模块 必修第一册 + 选择性必修课程模块 化学反应原理）

一、主题分析

海洋约占地球表面积的71%，海洋资源的深度开发是人类生存和发展必须面对的问题。以海水为例，将其中溶解的大量有用物质提取出来就是一个极具挑战性的课题。从化学变化角度来看，从海水中提取有用元素绝不像试管实验那样简便，其中的想象和创造的空间像海洋一样广阔而深远。通过对一些典型生产工艺的分析（如海水提碘），使学生认识到一些并不复杂的化学原理过程在实际生产中会遇到很多复杂的问题，甚至是巨大的挑战（如海水电池）。从可持续性发展角度考虑，海洋塑料垃圾污染是人类面临的最为急迫的全球海洋环境问题之一，已引起各国政府、科学界、媒体及公众等的广泛关注，并成为当前海洋生态与环境研究的热点问题之一，亟待应对和解决。

（一）对海水的利用与处理的整体分析

1. 通过实验设计，激发学生对海水的利用的学习热情，通过海水提碘，引导学生熟练掌握分离提纯的实验技能。通过海水电池与原电池的关联，使学生认识到化学反应可以实现化学能与其他能量形式的转化，整合海水电池相关知识，掌握实验装置组装的基本原则和技能。

2. 通过有效记录实验过程、现象和结果的记录表单，使学生能准确、客观地进行数据分析与处理，快速构建海水综合利用知识框架，增强合理利用海洋的意识，提升探究海水的综合利用的能力，逐步形成"科学态度与社会责任"化学学科核心素养。

3. 通过海洋雾霾的认识过程，有利于学生小组合作设计控制变量实验，探究可降解塑料降解速率的影响因素，总结生态塑料的优缺点及发展前景；能够综合所有信息，制作消除海洋雾霾方案。

（二）海水利用与处理的学科价值

1. 培养学科核心素养

通过优化实验方案、进行实验探究，培养"科学探究与创新意识"化学学科核心素养。通过对海水微塑料污染处理措施的探讨，培养"科学精神与社会责任"化学学科核心素养。

2. 提高学科学习能力

利用所学知识进行实验设计，准确写出实验原理，掌握过滤（抽滤）、蒸馏（回流）、萃取（分析）等基本实验操作；熟练书写各类电池相应的化学方程式和电极反应式；培养提取信息、加工信息及应用信息的能力。

二、课时目标与达成评价

本主题的课时目标、达成评价与评价依据见表4-7-1。

表4-7-1 本主题的课时目标、达成评价与评价依据

课时	课时目标	达成评价	评价依据
1	1.1 通过海带提碘活动的设计，建立真实复杂情境中物质分离、富集、提取的基本思路；学会萃取分液的操作。	① 观察学生能否利用所学知识进行实验设计，能否准确写出实验原理，设计出合理的实验步骤，能否进行正确的实验操作，能否作出实验评价。 ② 关注学生能否熟练掌握探究必备的实验技能，掌握过滤（抽滤）、蒸馏（回流）、萃取（分析）等基本实验操作，掌握实验装置组装的基本原则和技能。	学生语言表达、课堂观察、完成作业。
	1.2 通过海带提碘活动，体会元素周期律、元素周期表在分析、解决实际问题中的价值的同时，增强开发利用海洋意识，提升探究海水资源利用的行为能力。	① 观察学生是否能设计有效记录实验过程、现象和结果的记录表单，能否准确、客观地进行实验记录。 ② 关注学生是否知道实验报告所包含的要素，知道如何规范地撰写实验报告，知道实验报告应该尊重事实，充分讨论、特别关注"异常"现象等；练习在实验探究的基础上撰写小论文。学习如何进行实验汇报展示，能否形成实事求是、严谨细致的科学态度，具有批判精神和创新意识——优化实验方案。	

续表

课时	课时目标	达成评价	评价依据
2	2.1 认识电能供给对海洋作业的重要性，自主建构海水电池与原电池的关联，认识到化学反应可以实现化学能与其他能量形式的转化，构建海水电池相关知识。	① 观察学生回答问题时，能否利用海水真实情境以及自己所学知识帮助设计原电池的思路，能否根据多个反应的相同特点提炼、归纳、总结。 ② 了解燃料电池、二次电池和超级电容器等电化学能量存储与转化系统集成。	学生语言表达、课堂观察、学生作业。
	2.2 能从氧化还原反应角度认识海水电池的工作原理，总结简单海水电池的构成要素。发展"宏观辨识与微观探析""证据推理与模型认知"素养。	① 观察学生回答问题时，能否利用氧化还原反应和海水特点设计原电池，能否准确写出不同类型的电池的电极反应方程式并归类总结。 ② 关注学生能否熟练书写各类电池相应的化学方程式和电极反应式。	
	2.3 能用已知信息和生活中的材料制作简易海水电池，为亲子救生衣发热与发光供电装置供电，提升应用原电池模型和设计思路解决实际问题的能力，增强合理利用海洋意识，提升探究海洋行为能力，发展"科学态度与社会责任"素养。	① 观察学生回答问题时，能否利用设计原电池原理解释和说明一些日常生活中的问题，能否准确判断海水原电池原理。 ② 关注学生能否了解材料、资源、能源、生态、环境与化学交叉融合，认识化学作为一门学科在促进科技发展中所发挥的作用。	

续表

课时	课时目标	达成评价	评价依据
3	3.1 能够说出海洋生物消化道、鳃和肌肉等结构内微塑料的危害，写出其组成、结构、单体，根据其合成反应进行正确分类，总结书写规律。	① 观察学生回答问题时，能否利用加聚反应、缩聚反应特点及命名方式进行分析，能否准确写出不同类型的反应方程式并归类，能否根据多个反应的相同特点提炼、归纳、总结。 ② 关注学生能否熟练书写相应的化学方程式，能否实现名称（用途）、单体与反应之间的相互转换。	学生语言表达、课堂观察、学生作业。
	3.2 能够分析资料中海洋微塑料危害与有机合成高分子化学性质的关联，体会结构决定性质研究思路；查阅资料，合作探究，提出快速检测并及时治理的方案；总结光谱分析有机物结构的一般思路。	① 观察学生回答问题时，能否准确提取资料中的有用信息，关联有机高分子化合物性质，结合实际生活进行解读，提升信息应用能力。 ② 学生展示思路，准确查阅资料，设计合理的采集、分离与检测海洋微塑料方案，根据不同光谱分析仪对微塑料进行检测（结构决定性质），并提炼其使用步骤。 ③ 关注学生是否能够利用资料信息解决真实问题。	
	3.3 能够讨论交流海水微塑料污染处理措施；分析、书写、总结合成类生物可降解塑料的水解规律；能小组合作设计控制变量实验，探究可降解塑料降解速率的影响因素，总结生态塑料的优缺点及发展前景；能够综合所有信息，制作消除海洋雾霾方案。	① 观察学生回答开放式问题时，思维是否有序，能否运用化学学科知识从源头寻求相关证据讨论实际问题。能否准确提取资料中的有用信息，关联化合物中水解基团，结合水解知识分析、书写相关化学方程式。能否根据不同水解反应总结降解规律。 ② 观察学生设计实验方案时，是否关注控制变量。完成作业时是否能够设计对比实验、复杂体系排除干扰。 ③ 观察学生能否分析不同生态塑料，从中得出结论，能否从实际问题中提炼出化学问题，能否建立观点、证据与结论间的逻辑关系。 ④ 关注学生能否综合所有信息，完成制作消除海洋雾霾方案综合性任务。	

三、核心问题与驱动任务

本主题的核心问题、驱动任务、学习活动见表4-7-2。

表4-7-2　本主题的核心问题、驱动任务、学习活动

核心问题	驱动任务	学习活动
从海带中提碘	子任务1：自然界中碘主要以什么形式存在？	活动1：了解海带为什么富含碘。 活动2：证明海带中含有碘。
	子任务2：实验室如何将碘从海带中提取出来？	活动1：了解海带中碘元素的存在形式和提取方法。 活动2：设计实验从海带中提取碘。 活动3：将碘单质从碘的四氯化碳溶液中提取出来。
	子任务3：工业海带提碘与实验室方法一样吗？	活动1：了解工业提碘的化工流程。 活动2：优化从海带中提取碘的实验方案。 活动3：了解我国碘化工行业的发展状况。
探究海洋供电	子任务1：在探究与利用海洋资源过程中如何解决电力供给问题？	活动1：探究海洋供电方式。 活动2：了解深海贫氧海水电池。
	子任务2：海水电池利用什么原理为海洋开发设备供电？	活动1：了解海水电池分类。 活动2：探究原电池的工作原理与组成装置。
	子任务3：尝试制作亲子救生衣发热与发光供电装置。	活动1：根据原电池思维模型，设计救生衣供电装置。 活动2：写出各类海水电池的电极反应式。 活动3：查阅资料，撰写"海水电池应用前景"小论文。
消除海洋雾霾	子任务1：微塑料是什么？	活动1：探究微塑料的组成与结构。 活动2：回顾加聚、缩聚反应特点及反应原理。 活动3：总结高分子合成反应书写规律。
	子任务2：微塑料怎么样？	活动1：探究微塑料有害原因与有机合成高分子化学性质的关联，探寻结构决定性质思路。 活动2：如何快速检测微塑料并及时治理。 活动3：构建化学光谱分析有机物结构的一般思路与步骤。
	子任务3：如何消除微塑料？	活动1：探秘源头治理微塑料措施。 活动2：通过实验设计，探究可降解塑料的结构特点、降解条件与降解规律。 活动3：探究生态塑料的优缺点以及治理、防护海洋微塑料的措施。

四、课时学习设计

第一课时

学习内容

从海带中提取碘。

学习目标

目标1.1、1.2。

学习评价

（1）完成"小组合作学习1"，达成评价目标1.1。

（2）完成"小组合作学习2""小组合作学习3"，达成评价目标1.2。

学习过程

第一课时学习过程如图4-7-1所示。

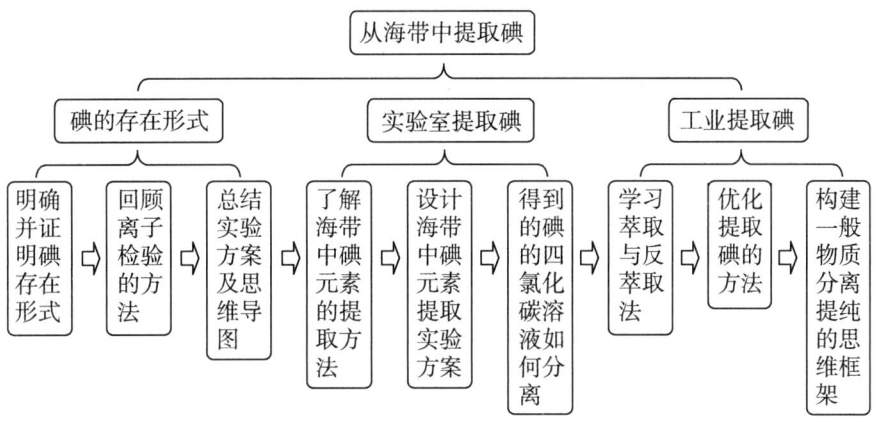

图4-7-1 第一课时学习过程示意图

（一）先行学习

【任务一】阅读资料，思考与讨论

▶ **阅读资料**

资料1：阅读短文《来自海洋的"智慧元素"——碘》，了解碘元素对人体的重要性，以及其单质和化合物在人类生活和工业生产上的广泛用途。但是碘元素在自然界中含量少，工业上不直接从海水中提取碘，而是从海洋中许多具有富集碘能力的海藻中来提取碘。

资料2：海带是人体所需碘的重要来源。海带中的碘主要以I^-的形式存在，占比为88.3%；其次为有机碘（主要是3，5-二碘酪氨酸，化学式为$C_9H_9I_2NO_3$），占比为10.3%；再次为IO_3^-，占比为1.4%。

资料3：工业上提取碘的原料主要有海藻、智利硝石、地下卤水和磷矿石等。受原料的影响，提取碘的方法很多，但一般遵循相同的原理：首先将原料中的碘转移得到含碘原料液，然后对含碘原料液进行氧化或还原处理使碘离子富集转化为游离碘，再进一步分离粗碘和精制。

以海藻等制备含碘原料液为例，主要有灰化法、干馏法、发酵法、浸出法等，前三种由于技术落后、能耗高、产量低已逐渐被淘汰。浸出法是将海藻用水浸泡，使碘、氯化钾、甘露醇等都进入浸取液中，这样制取的原料液除提取碘外，还可以回收氯化钾和甘露醇。

含碘原料液的富集转化方法主要有空气吹出法、离子交换法、氧化还原法、活性炭吸附法、溶剂萃取法、浮选法和液膜法等，不同方法各有优劣。其中，空气吹出法和离子交换法是当今使用最为广泛的富集转化方法，分别适用于高浓度和低浓度的含碘原料液的制取。空气吹出法存在设备庞大、能耗高的问题；离子交换法后续碘的解析和精制较烦琐；氧化还原法化学试剂消耗量大，制备效率低；活性炭吸附法存在活性炭很难保持较高活性且价格相对昂贵的问题；溶剂萃取法需多次萃取，操作复杂；浮选法和液膜法尚未大规模应用于工业提取。

碘的分离与精制利用碘微溶于水和碘易升华两点性质而采用不同的分离方法，如熔融法、蒸汽蒸馏法、升华法、萃取法等。

▶ **思考与讨论**

（1）海水中为什么有那么多碘？

（2）为什么说海带是"采碘高手"？

（3）海带中的碘以什么形式存在？

（4）如何将碘从海带中提取出来？

> **评价**：在明晰海带中碘元素存在形式、如何转化为单质碘及如何分离的基础上，形成真实复杂系统中物质分离、富集、提取的基本思路，学会萃取分液操作的同时，体会元素周期律（表）在分析、解决实际问题中的价值。

（二）交互学习

【任务二】认识自然界中碘的存在

※小组合作学习1※

认识海带中的碘。

▶ **思考与讨论**

海带为什么富含碘？（提示：从海带的生活环境、海带自身生长的需要、海带细胞膜的作用等角度查阅资料予以解决）

▶ **设计实验方案**

确定检验I^-的方法。设计实验方案，填写表4-7-3，用多种方法验证海带中含有I^-。

表4-7-3 检验I^-的实验方案

方案	实验步骤	实验现象	实验结论
方案1			
方案2			
……			

▶ **练习1**

写出每一种探究实验所发生的反应的离子方程式，属于氧化还原反应的标出双线桥，判断对应试剂的氧化性、还原性的强弱。

> **评价**：此类问题难度较高，实验的设计与操作是高中化学的一个难点。掌握基本的实验操作并且设计合理的实验方案解决实际问题，会记录、分析实验结果，撰写实验报告。

【任务三】 实验室探究从海带中提取碘

※小组合作学习2※

探究从海带中提取碘的实验操作。

▶ **观看视频**

播放实验室海带中提取碘的有关实验视频。

▶ **阅读资料**

资料：海带中的碘主要以I^-、有机碘（主要是3,5-二碘酪氨酸，化学式为$C_9H_9I_2NO_3$，结构简式为 ）和IO_3^-的形式存在，在由海带提取碘时，应考虑将它们全部提取出来。

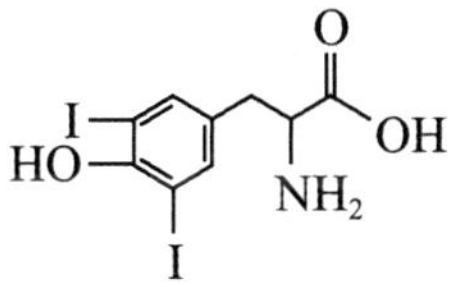

（1）碘酸钾受热能够分解，其化学方程式为 $2KIO_3 =\!\!=\!\!= 2KI+3O_2$。

（2）3,5-二碘酪氨酸受热分解发生如下反应：

$4C_9H_9I_2NO_3+37O_2 \xrightarrow{\text{点燃}} 36CO_2+14H_2O+2N_2+8HI$，

$2HI =\!\!=\!\!= H_2+I_2$，$2HI+K_2O =\!\!=\!\!= 2KI+H_2O$。

▶ 思考与讨论

（1）为什么不用水冲洗干海带上的白色附着物，为什么要用酒精湿润？

（2）将海带灼烧成灰状的目的是什么？

（3）将海带灰转移到小烧杯中并加入蒸馏水后，为什么要煮沸几分钟？

（4）过滤海带灰和水的混合物得到的滤液的主要成分是什么？

（5）向滤液中加入氯水的目的是什么？

（6）在经氯水处理后的滤液中加入四氯化碳的目的是什么？

▶ 实验探究

实验室从海带中提取碘：

（1）称取5 g干海带，用刷子把海带表面的白色附着物去除，用酒精润湿后放入坩埚中。

（2）将坩埚置于泥三角上，用酒精灯加热，将海带灼烧成灰状；停止加热，自然冷却海带灰。

（3）将海带灰转移到小烧杯中，加入20 mL蒸馏水，搅拌，煮沸2～3 min，冷却。

（4）过滤，弃去滤渣，收集滤液。

（5）向滤液中滴入1 mL氯水，振荡。

（6）将经氯水处理后的滤液转移到分液漏斗中，向其中加入2 mLCCl_4，振荡，静置，溶液分层，有色层在上层。

（7）去除分液漏斗上层有色液体，从中分离出碘。

▶ 阅读资料

资料：利用某种溶质在两种互不相溶的溶剂里溶解能力的不同，用一种溶剂（萃取剂）将其从原溶剂中提取出来的方法叫作萃取。萃取后，可以用分液漏斗将上述两种液体分开，从而达到提取某物质的目的。

▶ 视野拓展

在"海带提碘"的实验中，通常以四氯化碳为萃取剂对碘单质进行萃取、富集。那么，如何将碘单质从碘的四氯化碳溶液中提取出来呢？要解决这一问题，可以采取"反萃取法"，具体步骤如图4-7-2所示。

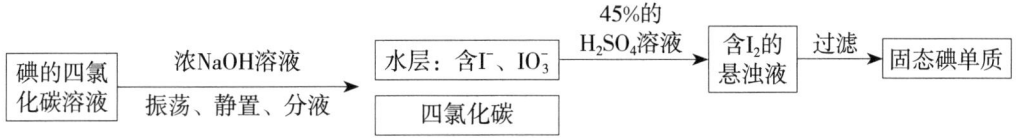

图4-7-2 "反萃取法"操作步骤示意图

碘单质与浓NaOH溶液发生的反应为$3I_2+6NaOH=\!=\!=5NaI+NaIO_3+3H_2O$。

像这种利用化学转化法将富集在四氯化碳中的碘单质重新富集在水中的方法，即为反萃取法。

> **评价**：该问题开放度及综合性较高，采取第一个小组汇报，第二个小组补充，再由第一小组对比两种方案进行评价的方式。学生能从给出资料中提取有用信息，跟物质性质进行关联。部分学生因为阅读资料或查阅资料不深入，回答问题不全面，通过小组互评，学生能发现自己方案的不全面、不严谨并能及时调整。教师在后续教学中需进一步加强信息提取及应用的训练。

【任务四】认识工业生产中从海带提取碘的方法

※小组合作学习3※

工业海带提碘的化工流程。

▶ **观看视频**

有关工业提碘的化工流程。（分析：提碘的原料有哪些？碘的富集方法有哪些？碘的分离方法有哪些？）

▶ **阅读资料**

苏教版教材从海带中提取碘的流程如图4-7-3所示。

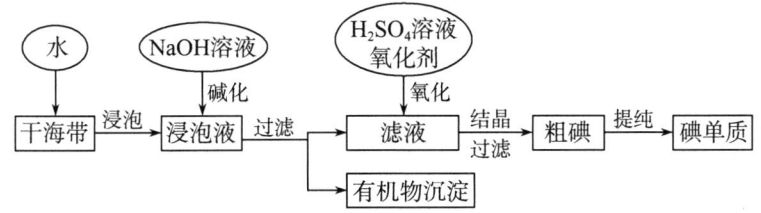

图4-7-3 从海带中提取碘的流程示意图

▶ **练习2**

（1）写出干海带浸泡液加入NaOH溶液的化学方程式。

（2）滤液中加入H_2SO_4溶液和氧化剂后的化学反应方程式。

▶ **设计实验方案**

模拟工业从海带中提取碘设计方案如图4-7-4所示，以干海带进行碘的提取和检验。

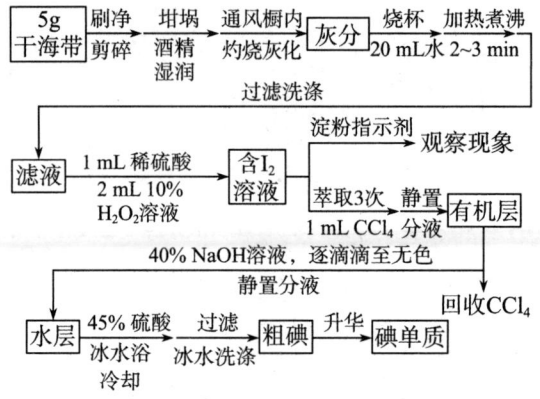

图4-7-4 模拟工业从海带中提取碘设计方案示意图

> **评价**：该问题开放度及综合性较高，不仅要熟练掌握基本实验操作，还要优化实验设计，这是高中阶段对于学生能力比较高的要求，对于大多数学生来说可能比较困难，在后续学习中要不断加强训练和能力的培养，此节课只需要建立思维框架。关注学生是否知道实验报告所包含的要素，知道如何规范地撰写实验报告，知道实验报告应该尊重事实，特别关注"异常"现象等；练习在实验探究的基础上撰写小论文。学习如何进行实验汇报展示，形成实事求是、严谨细致的科学态度，具有批判精神和创新意识。

（三）后续学习

【任务五】模型构建，完成作业

▶ **模型构建**

（1）绘制海带提碘的实验方案流程图。

（2）绘制物质分离提纯的基本思路图。

▶ **作业**

完成"海带提碘工业流程"的研究报告。

第二课时

学习内容

海水电池的原理。

学习目标

目标2.1、2.2、2.3。

学习评价

（1）完成"小组合作学习1"，达成评价目标2.1。

（2）完成"小组合作学习2"，达成评价目标2.2。

（3）完成"小组合作学习3"，达成评价目标2.3。

学习过程

第二课时学习过程如图4-7-5所示。

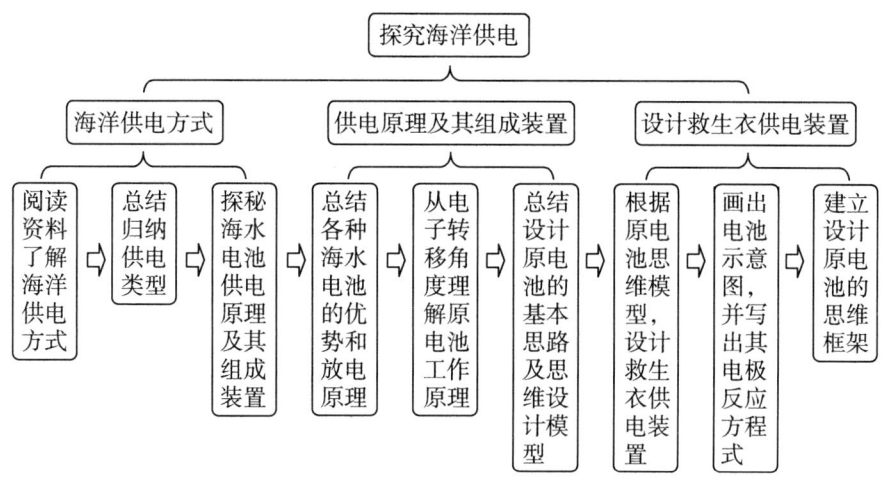

图4-7-5 第二课时学习过程示意图

（一）先行学习

【任务一】阅读资料，思考与讨论

▶ **阅读资料**

资料：2020年12月，由中国科学院大连化学物理研究所研制的镁-海水燃料电池系统顺利完成了3 000 m水深海上试验，实现了新型镁-海水燃料电池在深海装备上的首次实际应用。

新型镁-海水燃料电池是直接利用海水将金属镁的化学能转化为电能的电化学装置，具有能量密度高、安全性好、可全海深工作的优点，在深海着陆器、深海原位实验站等海洋装备领域具有很好的应用前景。研究人员表示，该电池系统在突破了高利用率合金阳极制备技术、长寿命阴极制备技术、全海深浮力调节技术、组合能源管理技术等关键技术的基础上，开展此次深海海试工作。

本次深海试验中，下潜装置由"鹿岭号"深海多位点着陆器、"海鹿号"漫游者潜水器、新型"镁-海水燃料电池及组合能源系统"组成。镁-海水燃料电池系统为着陆器和潜水器提供能源，实现多级高效充供电。镁/海水燃料电池的最大下潜工作深度为3 252 m，累计作业时间为24.5 h，累计为系统供电3.4 kW·h，充分验证了新型镁-海水燃料电池的深海供电能力及长时间放电稳定性。

▶ **思考与讨论**

（1）在探究与利用海洋资源过程中如何解决电力供给问题？

（2）海水电池利用什么原理为海洋开发设备供电？

（3）制作新型镁/海水燃料电池都需要哪些装置？

> **评价：** 在明晰如何将化学能转化为电能的基础上，以新型镁-海水燃料电池为例建构海水电池的认知模型，形成设计海水电池的基本思路，并利用该模型和思路尝试设计制作亲子救生衣发热与发光供电装置。

（二）交互学习

【任务二】探究海洋装备供电方式

※小组合作学习1※

探究海洋装备电力供给问题。

▶ **阅读资料**

资料： 目前，给海洋装备供电主要有四种方式：一是船基或岸基有缆供电；二是陆基用一次或二次电池分布式供电；三是太阳能、风能及海洋能供电；四是就地取材——海水电池分布式供电。

第一种方式因船时费有限，即使采用造价十分高昂的海上平台，经沿岸电站铺设海缆虽可满足长期供电，但距离远、安全性差、维护困难。第二种方式使用为陆基开发的锂电池，若要实现长期大容量供电，需将大量电池组装放入特定的封闭耐压容器，导致供电系统的体积和质量远高于陆上，可靠性和安全问题堪忧。第三种方式属于海上可再生能源发电装备，其中太阳能为海面设备分布式供电，风能可实现规模化发电且并入陆基电网，而海洋能受限于极低的能量密度分布和恶劣的自然环境条件，目前仅潮汐能已实现商业化运营。第四种方式海水电池，基于海水本身的物理化学性质，就地取材利用海水作为电池组件，是一种灵活的分布式电源。

▶ **思考与讨论**

查阅资料，分析海洋装备供电的方式有哪些、各有什么优缺点，完成表4-7-4。

表4-7-4　海洋装备供电方式

供电方式	优点	缺点

续表

供电方式	优点	缺点

【任务三】探究海水电池工作的原理和构成

※小组合作学习2※

探究镁-海水燃料电池的工作原理。

▶ **拓展视野**

观看镁-海水燃料电池视频，了解镁-海水燃料电池工作原理。

资料1：海水的主要成分是NaCl，其中Na以离子形式存在，此外有K^+、Ca^{2+}、Mg^{2+}和Sr^{2+}四种离子。再加上Cl^-、F^-、Br^-、HCO_3^-等阴离子，共同构成了海水盐分99.9%的总量。海水电池一般由金属阳极与活性物质制备的阴极组成，电解液直接使用天然海水，具有结构简单、安全性高、能量密度高等优点。海水电池最突出的特点就是不用携带电解质，可以在使用的时候利用天然海水形成电解液，基于这样一种结构特点，海水电池具有许多突出的优势。随着海洋活动的日益增多，各种水下探测器和设备被投入使用，而所有的设备都离不开电池。人们出于对携带方便、性能优异的海下电源的渴望，发展出了海水电池，其具有如下突出优势。

（1）不用携带电解液和专门的储存及控制装置，减少了电池的质量，提高了电池的单位能量密度。

（2）防止了携带液态电解液引起的一系列问题，如储存容器、储存稳定性和安全性、电解液的低温结冰流动困难等，使相关结构得到简化。

（3）电解液是流动更新的海水，在一定程度上消除了反应物对电极出现的极化，有利于电极放电性能的平稳，电极反应容易达到热力学平衡，提高了电极的效率。

（4）整个电池相对海水是一个开放体系，与海水外压相平衡，电池不用置于特殊的耐压容器，结构相对简化，通过海水流动还可以进行热交换，带出电极反应释放的热量，控制了电池体系的温度，可显著提高安全性。

资料2：按照海水电池阴极工作的不同原理，海水电池大致可以分为以下几类。

（1）海水激活电池。利用金属为负极，以海水为电解液，使正极作为活性材料被消耗。

（2）金属-O_2海水电池。不同于海水激活电池，金属-O_2海水电池消耗海水中的溶解氧，由氧气参与电池的氧化还原反应，不消耗阴极材料本身。虽然氧气在海水中的溶解度低，但是海水中氧气的总量大。在工作过程中，活泼金属阳极与阴极材料之间的电位差驱动金属阳极失去电子，电子通过外电路到达阴极。阴极附近的溶解氧接受电子被还原，形成电流。

（3）金属-海水电池。海水是一种多组分溶液，盐度一般为3.5wt%，离子电导率为50 mS·cm^{-1}。所以用海水直接作为阴极氧化剂来设计金属-海水电池是一种极具吸引力的方式。金属-海水电池，仍然是以金属作为阳极提供电子，阴极材料不参加反应，而是作为催化剂参与反应，阴极附近的水分子接受电子后发生析氢反应。

（4）可充电海水电池。用密封隔水的钠电极作为负极，利用海水中存在大量钠离子这一优点将海水作为电解液，放电时钠电极转化为钠离子，充电时海水中的钠离子转化为钠电极。

▶ **思考与讨论**

（1）海水电池都有哪些种类和优势？

（2）镁-海水燃料电池的放电原理是什么，存在哪些能量转化？

（3）观察如图4-7-6所示的镁-海水燃料电池，电池的正极、负极是什么？电池中电子是怎样定向移动的？海水中离子是怎样定向移动的？

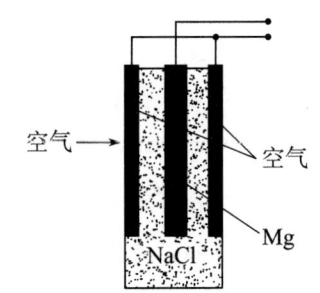

图4-7-6 镁-海水燃料电池示意图

▶ **原理分析**

在氧化还原反应里，氧化与还原必然等量同时进行。可以将两者比喻为阴阳之间相互依靠、转化、消长且对立的关系。原电池工作原理如图4-7-7所示。

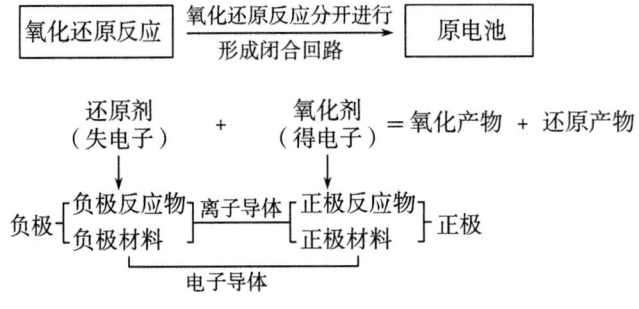

图4-7-7 原电池工作原理示意图

▶ **练习1**

总结分析镁-海水燃料电池构成要素模型,填入图4-7-8中。

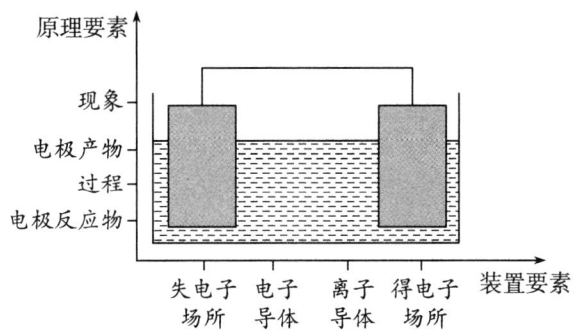

图4-7-8 镁-海水燃料电池构成要素模型

> **评价**:该问题较简单,根据对镁-海水燃料电池原理与组成装置探究,总结设计海水电池的基本思路及思维设计模型,与大家交流。部分学生因为阅读资料或查阅资料不深入,回答问题不全面,通过小组互评,学生能发现自己方案的不全面、不严谨并能及时调整。教师在后续教学中需进一步加强信息提取及应用的训练。

【任务三】探究原电池原理的应用

※小组合作学习3※

设计制作亲子救生衣发热与发光供电装置。

▶ **情境创设**

救生衣是一项从事海上工作或旅行必备的求生工具,救生衣的发明和普遍使用有效提升了落水人员的生存概率,并为救援赢得了时间。现有救生衣的现状和特点主要为:① 救生衣缺少定位系统,遇难者等待救援时,海浪的不断冲击会使遇难者偏离事故发生地,给搜救人员带来不便;② 个人求救设备简陋、综合运用率低,求救设备与救生衣的综合运用不足,在海难逃生中不易携带;③ 救生衣的照明设施不足,在夜晚搜救时,缺乏照明设备会给搜救带来很大困难。

▶ **阅读资料**

资料1:研究人员基于大部分救生衣不具有保温和搜救功能、儿童自救能力较差这一情况,设计出兼具搜寻和保温功能的亲子救生衣。该救生衣包括GPS模块、发热保温模块、亲子连体模块及发光LED灯等。发热保温模块和发光LED灯部分可利用铝海水电池供电。落水人员将海水电池与海水接触,得到电量,给救生衣防水夹层的碳纤维和LED灯供电，使救生衣具有保温功能。

资料2：铝-海水电池的总反应式为：

$$4Al+3O_2+6H_2O = 4Al(OH)_3$$

▶ 设计实验方案

根据有关资料和提供的实验材料，设计实验方案，完成表4-7-5。

实验材料：铝片、铅笔芯、铜丝、海水、纸杯、碳纤维发热片、微型LED灯泡、导线若干。

表4-7-5 实验方案

方案	实验现象	实验结论
方案1		
方案2		
……		

▶ 思考与讨论

对照原电池思维模型，找出海水电池的基本要素。

▶ 练习2

画出铝-海水电池供电的原理示意图并写出其电极反应式。

▶ 视野拓展

观看视频"海水能源灯制作"，感受海水电源的魅力和用途。

资料："海上电池"是由金属、空气和海水组合而成的，工作原理是采用铝和空气作为电极（以铝板作阳极，空气中的氧气作阴极），以海水作为电解质（溶解于海水的氧气），将海水的化学能转变为电能。把一个小标志灯放入海水中，即刻标志灯就闪亮起来。翻开标志灯的底座，只是一块很简单普通的铝板。这种海水电源不仅在部队海军标志灯中得到应用，还能推广到航海海洋渔业等方面。

海水节能灯的原理通过海水/盐水等物质中的电解质和金属棒做电极产生电源，使用后产生少量氧化物不会造成环境污染且符合国家家庭污水排放标准。这是一款源于自然，融于生活的生态环保实用产品，整个产品的生命线照明时间长达1 440小时，5～8年容量不损失，使用过后干燥保存可以放3年，可以连续2个月不间断发电照明，当能量耗尽更换内置金属棒后可继续循环使用或者保存。

> 评价：对应内容为评价目标2.2。根据信息了解我国海水电池分类及应用前景，学生能够综合所有信息，建立观点、证据与结论间的逻辑关系，经过小组讨论交流，形成设计思路与基本方案，撰写论文，培养"科学态度与社会责任"化学学科核心素养。

（三）后续学习

【任务四】查阅资料，完成作业

▶ **查阅资料**

进一步了解海水电池的原理、分类、应用前景等，以"海水电池应用前景"为题撰写一篇小论文。

▶ **作业**

观察生活中常见的用品，完成一个原电池的实验设计。

第三课时

学习内容

认识海洋微塑料。

学习目标

目标3.1、3.2、3.3。

学习评价

（1）完成"小组合作学习1"，达成评价目标3.1。

（2）完成"小组合作学习2"，达成评价目标3.2。

（3）完成"小组合作学习3"，达成评价目标3.3。

学习过程

第三课时学习过程如图4-7-9所示。

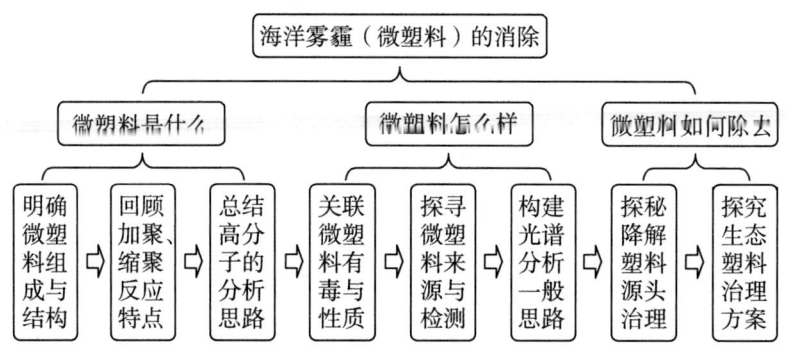

图4-7-9 第三课时学习过程示意图

（一）先行学习

【任务一】情境创设

▶ 播放视频

《看不见的海洋垃圾"海洋雾霾"——海洋微塑料》。面对海洋塑料垃圾这一挑战，有两大方面的难题：源头控制和回收资源化。对于新兴的微塑料污染，人类对其毒性作用和环境风险的基础数据知之甚少。

▶ 阅读资料

资料1：某省东部沿海水域的微塑料污染结果显示：微塑料在该水域的表层海水和表层沉积物中的平均丰度分别达到9个/m^3和74个/kg，在我国近岸水域处于较高水平。

研究人员以某海湾为例，研究了10种常见海洋生物（贝类、头足类、甲壳类和鱼类）的消化道、鳃和肌肉等组织内微塑料污染状况。结果显示，微塑料广泛存在于各种生物的消化道和鳃等组织内，在61.0%的生物个体内共检出131个微塑料，平均丰度为（1.3~1.5）个/个体；其化学成分包括人造丝（植物纤维素构成）（RY74.0%）、聚对苯二甲酸乙二醇酯（PET14.5%）、聚丙烯（PP3.8%）、聚己内酰胺（PA3.1%）、聚乙烯（PE1.5%）、聚丙烯腈（PAN0.8%）、聚乙烯醇（PVA0.8%）和乙烯-醋酸乙烯共聚物（EVA0.8%）等9种类型，如图4-7-10所示。检出纤维状、碎片状和颗粒状3种形状的微塑料，分别占95.4%、3.1%和1.5%；所有检测物种中均出现人造丝和纤维状微塑料。

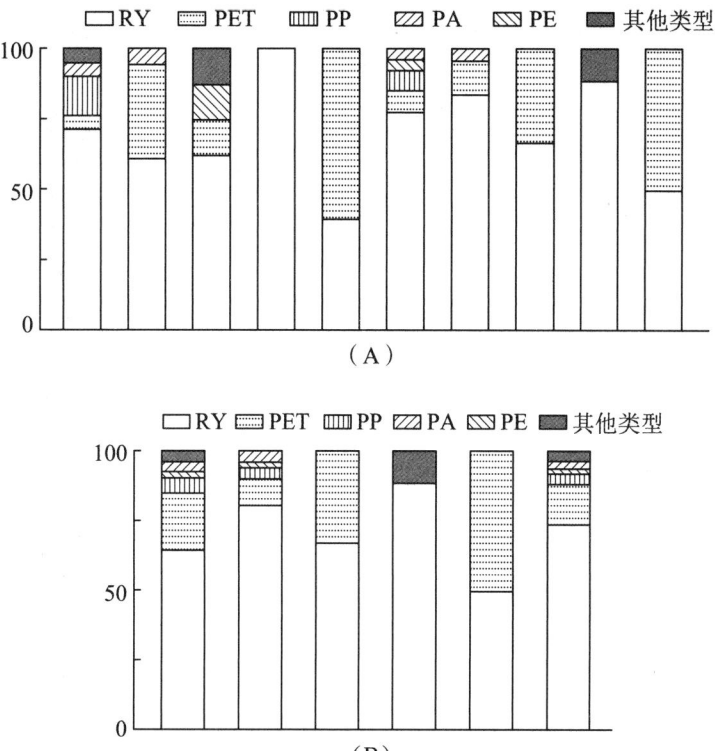

图4-7-10 不同物种（A）和类群（B）的生物个体内微塑料的化学成分类型组成

资料2：微塑料提取通常分为两步。

第一步：采集-分离-物理检测，如图4-7-11所示。

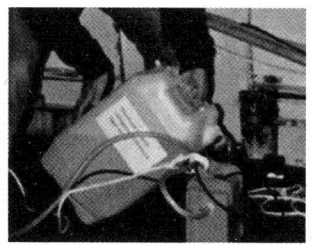

图4-7-11 微塑料采集工具：拖网、泵、过滤设备

第二步：对不同尺寸微塑料进行消解，然后化学检测。常用的消解方法如图4-7-12所示。

消解剂		消解条件	消解时间
酸	65%HNO₃	60℃	2 h
	30%H₂O₂	室温	1周
	65%HNO₃+65%HClO₄	室温	隔夜放置后加热10 min
碱	2～10 M NaOH	60℃	24 h
	10% KOH	室温	1周
		60℃	24 h
氧化剂	芬顿试剂	60℃	<2 h
	酶	35℃	2 h

- 强酸：对微塑料本体造成不可逆的变性（浓硝酸在处理PC样品时，强烈反应、发烟）
- 时间：采用更温和的消解剂时，缓慢的反应周期（>24 h，甚至几周）
- 消解率：部分温和消解剂无法完全消解生物组分，干扰后续鉴定
- 温度：温度过高造成微塑料变性
- 暴沸：剧烈的化学反应具有一定危险性，降级可操作性
- 消解剂易获取、易保存

图4-7-12 微塑料常用的消解方法

▶**思考与讨论**

（1）你对海洋微塑料有怎样的认识？"海洋雾霾"是怎样形成的？

（2）你认为应怎样研究海洋微塑料的化学结构？

（3）可以采用什么措施消除"海洋雾霾"？

（二）交互学习

【任务二】复习回顾

▶**复习回顾**

加聚反应、缩聚反应特点及反应方式。

【任务三】认识"海洋雾霾"

※小组合作学习1※

认识海洋微塑料。

▶**思考与讨论**

海洋生物消化道、鳃和肌肉等组织内微塑料的组成与结构是怎样的？

▶**练习1**

根据先行学习资料1中的海洋微塑料名称写出其结构简式，完成表4-7-6。

表4-7-6 海洋微塑料一览表

微塑料名称	微塑料结构	对应单体	合成反应方程式	反应类型

▶ **归纳总结**

小组汇报交流有机高分子合成反应书写及反应规律,小组间相互纠错补充。

> **评价**:此类问题难度适中,对加聚反应类型的有机高分子化合物分析均较为流畅;对缩聚反应类型的分析,基础薄弱的学生显得有些困难,教师要肯定其思路的同时,提醒学生注意不同基团间脱水及端基的处理方式,顺势引出书写规律的总结与提升。

【任务四】探究微塑料的来源与检测

※小组合作学习2※

分析海洋微塑料的来源。

▶ **情境创设**

据报道,人们在各大洋表面以及深海中均发现大量塑料碎片及微塑料污染。

微塑料的检测是指微塑料的性质鉴定及定量分析。一般定量技术会和定性技术联用。微塑料的鉴定分析方法按照原理及所得信息不同大概分为两类:物理表征分析主要包括目视分析法、光学显微镜和电子显微镜三种,但无法提供微塑料的化学结构信息;化学表征分析最常用的方法主要有傅立叶变换红外光谱(FTIR)、拉曼光谱、高温裂解气质谱法和气相色谱–质谱联用技术等。

▶ **思考与讨论**

(1)通过查阅资料,发现海洋微塑料集聚区与大洋的环流区、微生物富集区出现重合,分析出现这种分布的原因是什么。

(2)根据先行学习资料2分析怎样快速采集、分离与检测海洋微塑料。(提示:海洋微塑料研究从采集方法、分离方法进行分析,比较不同方法的特点和适用范围。海洋微塑料检测方法分析有哪些物理表征法、化学表征法)

> **评价**:该问题开放度及综合性较高,采取第一个小组汇报,第二个小组补充,再由第一小组对比两种方案进行评价的方式。学生能从给出资料中提取有用信息,对有机高分子化合物性质进行关联。部分学生因为阅读资料或查阅资料不深入,回答问题不全面。通过小组互评,学生能发现自己方案的不全面、不严谨并能及时调整。教师在后续教学中需进一步加强信息提取及应用的训练。

【任务五】探究微塑料的消除

※小组合作学习3※

探究海洋微塑料的措施与方法。

▶ **查阅资料**

搜索有关《2020年中国海洋生态环境状况公报》有关内容,了解我国"十三五"期间不同区域海洋垃圾和微塑料的变化情况。

▶ **情境创设**

可降解塑料是指一类其制品的各项性能可满足使用要求,在保存期内性能不变,而使用后在自然环境条件下能降解成对环境无害的物质的塑料。可降解塑料中,最具发展前景的便是生物可降解塑料,因其含有易发生反应的化学键,能够在一定生物活性环境下,如好氧堆肥、水体、厌氧或土壤环境,通过微生物的作用,降解转化为二氧化碳(CO_2)、甲烷(CH_4)等代谢产物。

生物基可降解塑料可由天然高分子化合物加工而成,可也由微生物代谢或化学手段合成。天然高分子类生物可降解塑料以热塑性淀粉(TPS)为主,微生物代谢合成类生物可降解塑料主要是聚乳酸(PLA),化学合成类石化基生物可降解塑料包括聚丁二酸丁二醇酯(PBS)、聚丁二酸-己二酸丁二酯(PBSA)、聚对苯二甲酸-己二酸丁二醇酯(PBAT)、聚己内酯(PCL)、聚乙烯醇(PVA)等。

▶ **思考与讨论**

(1)请列举易发生反应的化学键。

(2)请任意写出上述材料中一种化学合成类生物可降解塑料水解的反应方程式。

▶ **归纳总结**

归纳总结常见可降解塑料降解条件、降解因素与规律,完成表4-7-7。

表4-7-7　可降解塑料一览表

可降解塑料名称	降解条件	影响因素	水解规律

> 评价：问题较容易，采取先小组讨论，然后小组代表发言、教师评价的方式。学生回答开放式问题时，思维清晰有序，能从化学角度源头寻求解决问题的方案。对可降解塑料的探究较有难度，提取资料信息，关联化合物中水解基团——酯基、酰胺键时，需要小组间互评提醒，分析、书写相关反应化学方程式便迎刃而解，进而总结出降解规律。

（三）后续学习

【任务六】视野拓展，完成作业

▶ **视野拓展**

生态塑料，是以可再生资源如淀粉和纤维素等为原料，通过生物或化学方法转化为具有可热加工的生态材料。生态塑料以阳光和二氧化碳为能源和碳源，即使燃烧之后，大气中二氧化碳的总量也不会产生变化；同时，废旧生态塑料制品在自然环境中被微生物降解为水和二氧化碳或者再分解利用，不会对环境带来污染。生态塑料的整个生产过程都是生物催化或是结合化学聚合，属绿色生产工艺。由于生态塑料的制造成本尚高，还无法与石油为原料的塑料竞争，国际上于2003年又提出了一个"生物基材料"的概念，主要是将生态塑料与石油基塑料共混，一方面提高生态塑料的性能，另一方面降低生态塑料的成本。目前一些生态塑料或生态塑料与石油基塑料共混塑料表现出优良性能。

▶ **作业**

根据生态塑料的优缺点以及治理、防护海洋微塑料的发展前景，撰写一篇小论文。

案例8　原子结构与元素周期律
（必修课程模块　必修第一册 + 选择性必修课程模块　物质结构与性质）

一、主题分析

人教版必修第一册第四章第一节《原子结构与元素周期表》、第二节《元素周期律》及选择性必修2第一章讨论的都是物质结构与元素周期律（表）。选修内容补充了核外电子排布规律，基于学生在必修阶段的已有认识，利用氢原子和多电子原子光谱所产生的复杂现象，引导学生反思已有理论模型的局限，建构新的原子结构模型。

此节内容相对独立，理论性较强，比较抽象，需要创设教学情境。《普通高中化学课程标准（2017年版2020年修订）》提出情境素材建议：元素周期律（表）的发现史料，用铝和氢氧化钠反应疏通下水管道，稀土资源、核能的开发利用。

（一）原子结构与元素周期律的功能定位

1. 通过探究学习，完善原有的知识体系结构，促进建模思想的发展。

2. 在学习理论的基础上分析陌生元素的性质，补充元素化合物的知识，同时，有利于更好地学习无机化学。

3. 通过元素周期律（表）的学习，总结某一族的元素的相似性与递变性。

4. 建立基于"位""构""性"关系的系统思维框架，能够进行元素的性质的推断，提高分析和解决问题的能力。

（二）原子结构与元素周期律理论的学科价值

1. **培养学科核心素养**

通过学习使学生建立微粒观，从新的视角认识元素化合物的性质，建立新的分类思想，从新的视角认识反应中的物质，从本质上认识元素化合物，培养"宏观辨析与微观探析"化学学科核心素养。

2. **提高学科学习能力**

建立基于"位""构""性"关系的思维框架，提高学生利用"位"

"构""性"关系分析和解决问题的能力。

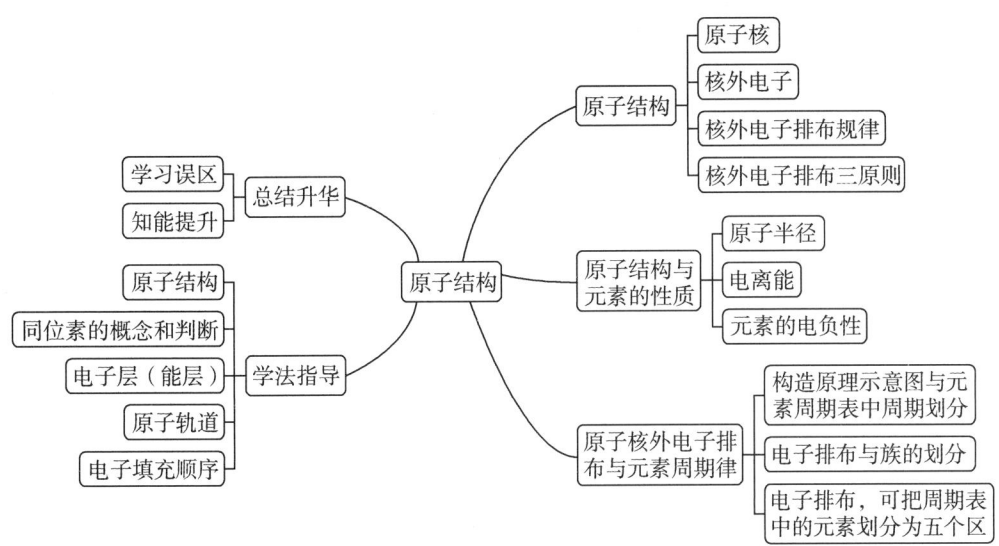

图4-8-1 原子结构与元素周期律的认知模型

原子结构与元素周期律的认知模型如图4-8-1所示。

基于上述分析，本单元主题的内容是引导学生从微观视角认识物质，构建原子结构理论，通过归纳总结进行理论提升，认识元素周期律。在教学过程中，教师要尽可能设计系列的学习任务，采用演示或动画展示，更好地帮助学生建构认知模型。

二、教学目标与达成评价

本主题的教学目标、达成评价与评价依据见表4-8-1。

表4-8-1 本主题的教学目标、达成评价与评价依据

教学目标	达成评价	评价依据
知道电子的运动状态可通过原子轨道和电子云模型来描述。	能建立微观模型。	① 能说明微观粒子的运动状态与宏观物体运动特点的差异。 ② 能识别并分析原子结构的模型。
知道电子运动的能量状态具有量子化的特征，能从电子跃迁角度初步解释原子光谱的形成。	能描述、解释电子的微观运动状态。	① 能从基态与激发态说明核外电子在一定条件下会发生跃迁，产生原子光谱。 ② 能初步理解并应用结构决定性质理论。
了解原子核外电子排布的构造原理。	根据原子构造原理分析、解决问题。	能结合能量最低原理、泡利不相容原理、洪特规则书写1~36号元素基态原子的核外电子排布式和轨道表示式，并说明含义。

续表

教学目标	达成评价	评价依据
理解掌握元素周期表的基本结构，认识元素性质的周期性变化。	能解释问题和建立系统思维框架。	① 能从原子价层电子数目和价层电子排布的角度解释元素周期表的分区、周期和族的划分。 ② 能说出元素的电离能、电负性含义，能描述主族元素第一电离能、电负性变化的一般规律，能用电子排布对这一规律进行解释。能说明电负性大小与原子在化合物中吸引电子能力大小的关系，能利用电负性判断元素的金属性与非金属性的强弱。 ③ 能运用元素周期律解决实际问题。 ④ 能进一步建立"位""构""性"的系统思维框架。

三、课时目标与过程评价

本主题的课时目标、过程评价与评价依据见表4-8-2。

表4-8-2 本主题的课时目标、过程评价与评价依据

课时	课时目标	过程评价	评价依据
1	1.1 知道核外电子按能量不同分为不同能层、同一能层的电子分成不同能级，进一步认识原子结构。 1.2 知道电子运动的能量状态具有量子化的特征，知道基态、激发态与原子光谱。	① 知道原子核外电子的能级分布及其能量关系。 ② 根据能层理论描述原子中的微观运动状态。	① 会核外电子运动状态的描述方法，以及多电子原子中同一能层各能级的能量顺序。 ② 能解释一些金属产生不同焰色的现象。
2	2.1 知道构造原理。 2.2 了解核外电子运动。	① 掌握构造原理。 ② 知道电子云与原子轨道的关系。	① 能根据思维模型熟练书写1~36号元素的基态原子的电子排布式、简化电子排布式；认识价层电子排布。 ② 能描述原子轨道。
3	3.1 知道泡利原理和洪特规则，理解能量最低原理。 3.2 学会书写轨道表示式。	① 知道基态原子的核外电子排布遵循泡利原理、洪特规则和能量最低原理。 ② 理解洪特规则特例。	① 能书写1~36号元素的基态原子的轨道表示式。 ② 能解释铬元素和铜元素的基态原子的核外电子排布不遵循原理的原因。

续表

课时	课时目标	过程评价	评价依据
4	4.1 能运用电子排布式解释元素周期系的基本结构。 4.2 知道价层电子及价层电子排布。 4.3 了解元素周期律的内涵。	① 知道元素周期系与元素周期表的关系。 ② 能从原子价层电子数目和价层电子排布角度解释元素周期表的分区、周期和族的划分。 ③ 能从原子结构的视角解释原子半径呈现周期性变化的原因。	① 能认识三种元素周期表。 ② 能掌握同周期和同族的元素基态原子的价层电子排布规律。 ③ 能掌握周期表的分区。
5	5.1 理解元素周期律。 5.2 进一步建立"位""构""性"的认知模型。	能从原子结构的视角理解原子半径、元素第一电离能、电负性之间的递变规律。	① 能用递变规律比较原子（离子）半径、元素第一电离能、元素电负性之间的大小。 ② 能利用认知模型解释元素性质的规律性和特殊性。

四、课时学习设计

第一课时

学习内容

重新认识原子结构。

学习目标

目标1.1、1.2。

学习评价

（1）完成"小组合作学习1"，达成评价目标1.1。

（2）完成"小组合作学习2""小组合作学习3"，达成评价目标1.2。

学习过程

第一课时学习过程如图4-8-2所示。

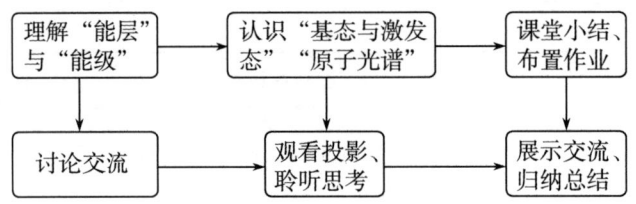

图4-8-2 第一课时学习过程示意图

（一）先行学习

【任务一】认识原子的核外电子排布

※小组合作学习1※

探究"能层与能级"。

▶ **多媒体展示**

一个完整的球形洋葱和半个剖开的中心镶嵌有实心小钢珠的洋葱。

大屏幕展示电子层模型示意图。

▶ **思考与讨论**

（1）能级数与该能层序数（n）的关系是什么？

（2）以s、p、d、f为符号的能级分别最多可容纳多少个电子？

（3）3d、4d、5d能级分别最多可容纳多少个电子？

（4）第五能层最多可容纳多少个电子？它们分别容纳在哪几个能级中？一个能层最多可容纳电子数与该能层序数（n）的关系是什么？

▶ **练习1**

下列关于能级表示正确（实际存在的）且最多容纳的电子数按照从少到多的顺序排列的是（　　）。

A. 1s、2p、3d　　　　　　B. 1s、2s、3s

C. 2s、2p、2d　　　　　　D. 3p、3d、3f

▶ **练习2**

（1）已知短周期元素A、B。A元素原子的最外层电子数为m，次外层电子数为n；B元素原子的M层（有电子）电子数为$m-n-1$，L层电子数为$m+n+2$，则A为_____（填元素符号，下同），B为_____。

（2）已知X元素原子的L层比Y元素原子的L层少3个电子，Y元素原子的核外电子总数比X元素原子的多5，则X、Y分别为_____、_____。

> 评价：围绕任务一的学习，通过小组讨论、展示与评价，学生能够：① 发现能层序数与能级数的关系（相等）；② 总结能级能量与能层的关系；③ 总结以s、p、d、f为符号的能级分别最多可容纳电子数为1、3、5、7的2倍，与所在能层无关；④ 归纳出一个能层最多容纳电子数为$2n^2$（n为能层序数）；⑤ 知晓自己的表现属于哪个层次，并知道应该达到哪个层次以及自己存在哪些方面的知识缺陷或不足。完成表4-8-3。

表4-8-3　自我评价一览表

层次	问题认识水平简述	在该任务中的表现	自我评价
1	不能找到能层序数与能级数的关系，以及能级能量与能层的关系，不能总结能级、能层容纳电子的关系。	找不出、不理解。	
2	能找到能层序数与能级数的关系，以及能级能量与能层的关系，不能总结能级、能层容纳电子的关系。	能完成一部分简单的任务，但不能总结出规律性的东西。	
3	能找到能层序数与能级数的关系，以及能级能量与能层的关系，能总结能级、能层容纳电子的关系。	能准确判断并能进行解释说明，但是不能总结出是1、3、5、7的2倍。	
4	能展示、评析学习结果。	能回答问题且总结规律。	
5	通过能层、能级分析，回忆初中学习的原子结构示意图，建立联系。	初步形成模型概念。	

（二）交互学习

【任务二】认识"基态与激发态"

※小组合作学习2※

通过讨论、练习，认识原子结构中电子的能级跃迁。

▶▶ **播放视频**

一些常见的光现象，如焰火、霓虹灯光、激光、荧光、LED灯等。

▶▶ **阅读课本**

人教版教材第7、8页。

▶▶ **思考与讨论**

在日常生活中，看到的这些发光现象，它们与原子结构有什么关系？

▶ **练习3**

电子由3d能级跃迁至4p能级时，可通过光谱仪直接摄取（　　）。

A. 电子的运动轨迹图像　　　　B. 原子的吸收光谱

C. 电子体积大小的图像　　　　D. 原子的发射光谱

【任务三】分析原子光谱的应用

※小组合作学习3※

通过分析霓虹灯五颜六色的光，讨论电子能量的量子化。

▶ **阅读分析**

阅读人教版教材第11页"科学史话"栏目内容，交流、分析原子光谱的应用。

① 通过原子光谱发现许多元素。

② 化学研究中利用光谱分析检测一些物质的存在与含量等。

③ 解释焰色试验的原理。

▶ **深度思考**

许多金属元素都可以发生焰色试验，请用原子结构的知识解释其原因。金属焰色试验属于吸收光谱还是发射光谱？

▶ **练习4**

如图4-8-3所示，发生的现象与电子的跃迁无关的是（　　）。

　　　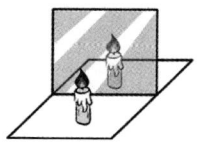

A. 燃放烟火　　　B. 霓虹灯　　　C. 燃烧蜡烛　　　D. 平面镜成像

图4-8-3　练习4图

▶ **练习5**

下列现象中，与原子核外电子的跃迁无关的是（　　）。

A. 激光笔产生红色光线　　　　B. 金属钠在空气中燃烧时的火焰呈黄色

C. 用光束照射胶体时产生光亮的通路　　D. 焰火在夜空中呈现五彩缤纷的图案

> 评价：① 原子结构中的能层和能级的关系，相当于"楼层"与"楼层之间的楼梯"关系；② 电子跃迁时能量不是连续的，是量子化的；③ 原子光谱可以解决生活中的问题；④ 通过练习，认识到原子核外电子运动的一些特点，为下一节学习打好基础。

（三）后续学习

【任务四】巩固练习、完成作业

▶ **作业**

（1）人教版教材第32页课后习题12。

（2）思考不同能层的能级能量大小的可能性。

第二课时

学习内容

构造原理与电子排布式，电子云与原子轨道。

学习目标

目标2.1、2.2。

学习评价

（1）完成"小组合作学习1""小组合作学习2""小组合作学习3""小组合作学习4"，达成评价目标2.1。

（2）完成"小组合作学习5"，达成评价目标2.2。

学习过程

第二课时学习过程如图4-8-4所示。

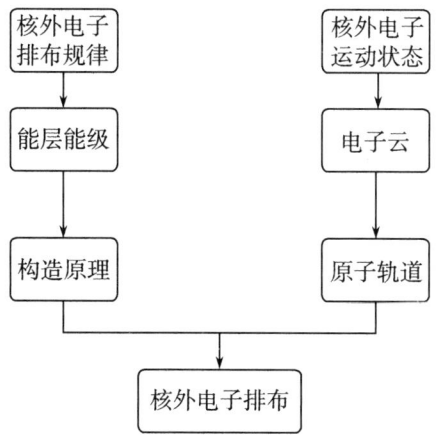

图4-8-4　第二课时学习过程示意图

（一）先行学习

【任务一】根据构造原理书写电子排布式

※小组合作学习1※

探究基态原子的状态。

电子如何填入核外的不同能级以保证原子处于基态呢？有可循的填入顺序吗？

评价：

（1）通过阅读、展示、交流、评析，了解构造原理。

（2）通过多媒体投影展示构造原理图，如图4-8-5所示，纠错、讲解。

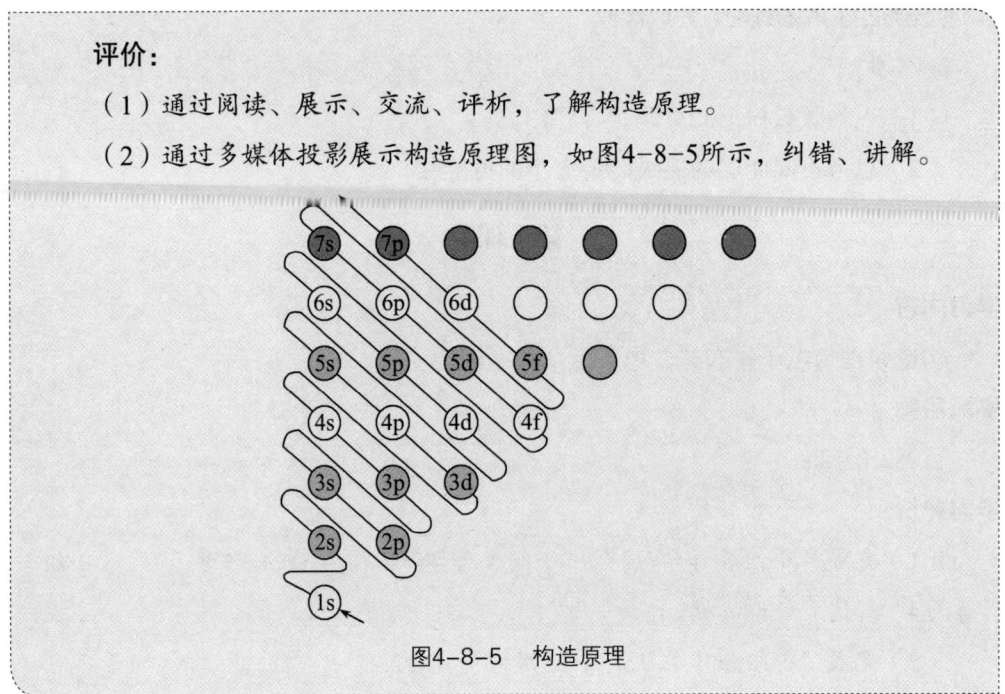

图4-8-5　构造原理

※小组合作学习2※

（1）根据构造原理书写1～18号元素的基态原子的电子排布式。

（2）回忆K、Ca的原子结构示意图，试着写出其基态原子的电子排布式。

（3）思考讨论：为什么没有电子排在3d能级？

通过分析讨论、展示交流、观察汇报结果及评析过程，能对构造原理进一步建立认识。

▶ 练习1

下列各基态原子或离子的电子排布式错误的是（　　）。

A. Mg^{2+}　$1s^22s^22p^6$　　　　B. Br　$1s^22s^22p^63s^23p^63d^{10}4s^24p^5$

C. O^{2-}　$1s^22s^22p^6$　　　　D. Cu　$1s^22s^22p^63s^23p^63d^94s^2$

▶ 归纳总结

离子的电子排布式书写方式：

① 判断该原子变成离子时得到或失去的电子数。

② 原子失去电子时，总是从能量高的能级失去电子，即失去电子的顺序是由外向里。一般来说，主族元素只失去它们的最外层电子，而副族元素可能还会进一步向里失去内层电子。

③ 原子得到电子形成阴离子，则得到的电子填充在最外层的某一个能级上，如

Cl⁻的电子排布式为$1s^22s^22p^63s^23p^6$（得到的电子填充在最外层的3p能级上）。

▶ **思考与交流**

随核电荷数的增加，基态原子的电子排布式越来越长，书写太不方便了怎么办？（提示：简化电子排布式）

（二）交互学习

【任务二】探究分析价层电子排布式

※小组合作学习3※

书写钠和镁的基态原子的电子排布式，找出与它们的化合价相关的电子。请查阅书末元素周期表中各元素基态原子的价层电子排布，总结规律。

※小组合作学习4※

从元素周期表给出的信息，Cr和Cu的电子排布符合构造原理吗？进行讨论、交流、展示。

> **评价**：通过学生思考、讨论、练习，教师讲评，学生能：① 明确构造原理书写电子排布的理想化是构建模型的需要，同时要明确有些电子排布源于光谱学事实，是从实验事实得到的，不符合构造原理；② 知晓自己的表现在哪个层次，并知道应该达到哪个层次以及自己还存在哪些问题。完成表4-8-4。

表4-8-4　自我评价一览表

层次	问题认识水平简述	在该任务中的表现	自我评价
1	不能根据构造原理写出元素基态原子的电子排布式或者价层电子排布式。	记不住或不会用构造原理。	
2	不能根据构造原理准确写出主族或者副族元素基态原子价层电子排布式。	能写出价层电子排布式，但是不能区分主族和副族的不同。	
3	能正确、全面分析原子的核外电子排布，会根据构造原理写出电子排布式或者价层电子排布式。	能形成全新的观点，能辨别构造原理，但是不能掌握特例。	
4	能明确构造原理书写电子排布的理想化，理解特例的存在。	能认识理想化是许多科学原理的共同点，理想化常常是构建模型所必需的。	

【任务三】认识电子云与原子轨道

※小组合作学习5※

通过分析讨论、展示交流、观察汇报结果及评析过程，总结原子轨道的特点。

① s能级和p能级的原子轨道存在哪些方面的差异？

② 不同能层中的s轨道和p轨道电子云轮廓相同吗，能量相同吗？

③ 基态原子的核外电子填充在6个轨道的元素有几种？填充在7个轨道的元素有几种？

▶ 归纳总结

（1）能层序数n越大，原子轨道的半径越大。

（2）不同能层的同种能级的原子轨道形状相似，只是半径不同；相同能层的同种能级的原子轨道形状相似，半径相同，能量相同，方向不同。

（3）ns能级各有1个原子轨道，np能级各有3个原子轨道，nd能级各有5个原子轨道，nf能级各有7个原子轨道。

▶ 练习2

下列有关原子轨道和电子云的说法中，正确的是（　　）。

A. s轨道呈球形，随能层序数的增加，s轨道数也增加

B. p轨道呈哑铃形，p轨道电子绕核做"∞"形运动

C. 电子云是笼罩在原子核外的云雾

D. 电子云轮廓图中小点的疏密程度表示电子在原子核外空间出现概率的大小

> 评价：通过思考、讨论、展示，明确电子云和原子轨道是微观抽象的概念，不是客观存在的，是人们建立的模型。

（三）后续学习

【任务四】利用身边的常用物品自制原子轨道模型

▶ 作业

人教版教材第17页课后习题6、8。

第三课时

学习内容

核外电子的排布规律及轨道表示式。

学习目标

目标3.1、3.2。

学习评价

（1）完成"小组合作学习3""小组合作学习4""小组合作学习5"，达成评价目标3.1。

（2）完成"练习1"，达成评价目标3.1。

（3）完成"小组合作学习1""小组合作学习2"，达成评价目标3.2。

学习过程

第三课时学习过程如图4-8-6所示。

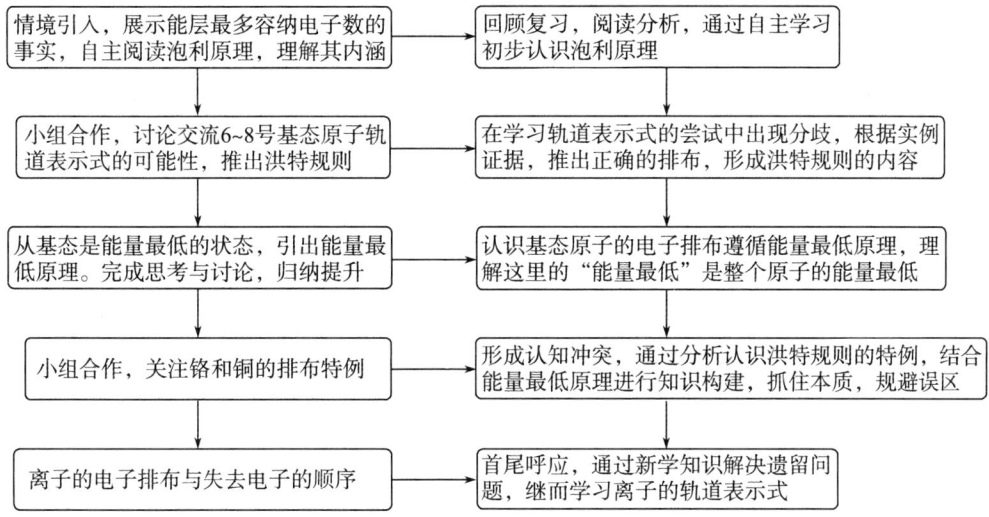

图4-8-6　第三课时学习过程示意图

（一）先行学习

【任务一】认识泡利原理

▶ **阅读自学**

根据前面两节学习的内容，总结每个原子轨道中最多可以容纳的电子数是2个，阅读人教版教材第14页，总结它们的运动特点。

（二）交互学习

【任务二】探究基态原子电子排布的轨道表示式

※小组合作学习1※

总结轨道表示式的书写方法。

▶ **阅读自学**

阅读人教版教材第15页内容，知道在轨道表示式中用方框（也可用圆圈）表示原子轨道。

▶ **思考与讨论**

根据O的轨道表示式讨论并回答下列问题。

① 简并轨道：_____。

② 电子对：_____。

③ 单电子（或未成对电子）：_____。

④ 自旋平行：_____。

⑤ 在氧原子中，有____个电子对，有____个单电子。

⑥ 在氧原子中，核外电子有____种空间运动状态，有____种运动状态。

※小组合作学习2※

▶ **复习回顾**

回忆初中化学知识与高中必修知识，总结核外电子的表示方法，完成表4-8-5。

表4-8-5 核外电子的表示方法

电子排布式	含义	用数字在_____符号____标明该能级上排布的_____，并按照能层从左到右的顺序排列的式子。
	意义	能直观反映出核外的能层、能级及各能级上的电子数。
	实例	K：$1s^2 2s^2 2p^6 3s^2 3p^6 4s^1$
简化电子排布式	含义	把内层电子达到_____原子结构的部分以_____表示。
	意义	避免书写电子排布式过于烦琐。
	实例	K：$[Ar]4s^1$
轨道表示式	含义	每个方框代表一个_____，每个箭头代表一个_____。
	意义	能直观反映出电子的排布情况及电子的自旋状态。
	实例	Al： 1s 2s 2p 3s 3p

【任务三】认识洪特规则

※小组合作学习3※

阅读人教版教材第15、16页内容，讨论什么是洪特规则、是不是所有的原子都符合洪特规则；回忆Cr和Cu的电子排布式，思考：该类型原子应该怎么判断？洪特规则特例是什么？洪特规则特例的依据是什么？

【任务四】认识能量最低原理

※小组合作学习4※

思考讨论：能量最低原理基于构造原理，它是单一独立的吗？怎样应用？

▶ **练习1**

某原子核外电子排布为ns^2np^7，它违背了（　　）。

A. 泡利原理　　　　　　　B. 能量最低原理

C. 洪特规则　　　　　　　D. 构造原理

▶ **深度思考**

（1）下列轨道表示式中哪个是氧的基态原子？为什么？

A. 1s[↑↓] 2s[↑↓] 2p[↑↓|↑|↑]

B. 1s[↑↓] 2s[↑↓] 2p[↑|↓|↑]

C. 1s[↑↓] 2s[↑↑] 2p[↑|↑|]

（2）为什么基态氦原子的电子排布式是$1s^2$而不是$1s^12s^1$？

（3）为什么基态K和Ca的价层电子是$4s^1$和$4s^2$，而不是$3d^1$和$3d^2$。

（4）指出下列核外电子排布的轨道表示式的书写分别违背了什么原则。

① 2p轨道上有3个电子的原子：[↑|↓|↑]

② 2p轨道上有2个电子的原子：[↑↓| |]

③ 基态P原子：$1s^22s^22p^63s^23p_x^13p_z^1$

④ 4s轨道上有2个电子的原子：[↑↑]

⑤ 3d轨道上有8个电子的原子：[↑↓|↑↓|↑↓|↑↓|]

> **评价**：通过小组内交流批阅，进行纠错修改；抽取展示小组成果，学生讲解，其他小组评价、反馈、补充。根据以上分析，明确三个规则不可单一使用，要对立统一，教师进行引导、点评。

▶ **练习2**

根据原子核外电子的排布情况，回答下列问题。

① A元素基态原子的最外层有3个未成对电子，次外层有2个电子，其元素符号为_____；其价层电子轨道表示式为_____。

② B元素的正三价离子的3d能级为半充满，B的元素符号为_____，其基态原子的电子排布式为_____，其原子结构示意图为_____。

③ C元素基态原子的M层全充满，N层没有成对电子且只有一个未成对电子，C

的元素符号为_____，其基态原子的电子排布式为_____。

④ D元素的原子最外层电子排布式为ns^np^{n+2}，则$n=$_____；原子中能量最高的是_____电子，价电子轨道表示式为_____。

【任务五】认识基态原子失去电子的顺序

※小组合作学习5※

探究Fe核外电子排布轨道表示式。

▶ 练习3

尝试写出Fe^{2+}与Fe^{3+}的轨道表示式。

▶ 讨论

填入电子的顺序与失去电子的顺序是一样的吗？依据是什么？

（三）后续学习

【任务六】巩固练习、完成作业

▶ 作业

（1）完成人教版教材第17页课后习题9、10。

（2）写出1~20号元素基态原子的轨道表示式，21~36号元素的基态原子的价层电子排布及对应的轨道表示式。

第四课时

学习内容

元素周期系与原子结构。

学习目标

目标4.1、4.2、4.3。

学习评价

（1）完成"小组合作学习1""小组合作学习2"，达成评价目标4.1。

（2）完成"小组合作学习3""小组合作学习4"，达成评价目标4.2。

（3）完成"小组合作学习5"，达成评价目标4.3。

学习过程

第四课时学习过程如图4-8-7所示。

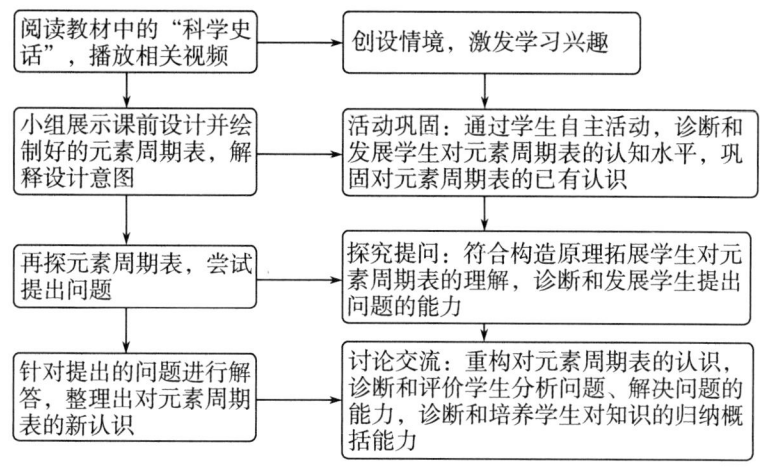

图4-8-7 第四课时学习过程示意图

（一）先行学习

【任务一】原子结构与元素周期表的关系

▶ **情境创设**

阅读人教版教材第18页"科学史话"并播放相关视频，引入元素周期律、元素周期系和元素周期表三个概念。

※小组合作学习1※

回顾复习元素周期表。

▶ **绘图展示**

分小组展示课前设计并绘制好的元素周期表，简述设计理念中包含的化学知识。

（二）交互学习

【任务二】认识元素周期表的结构特点

※小组合作学习2※

若以一个方格代表一种元素，每个周期排一个横排，并且按照s、p、d、f分段，在人教版教材第20页图1-17中填入数字，每一行从1开始填，数一数每行多少种元素。

▶ **思考与讨论**

（1）每个周期里的元素数与元素的原子结构有何关联？

（2）写出12号、24号、29号元素的基态原子的电子排布式，判断上述元素分别属于哪个周期。

（3）结合构造原理，思考元素的周期序数与元素的原子结构有何联系。

▶ **总结归纳**

（1）每个周期中的元素数是相应能级组中原子轨道可容纳的电子数。

（2）元素的周期序数等于其基态原子的能层数。

（3）元素周期表按照构造原理将价层电子排布相似的元素集中起来划分为一个区，以最后填入电子的能级符号作为该区的符号（ds区除外），可把元素周期表划分为5个区。

※小组合作学习3※

分区域认识元素周期表。

▶ **讨论交流**

（1）分析s区、d区、ds区和p区分别有几列，为什么s区（除氢元素）、d区、ds区都是金属元素。

（2）为什么在元素周期表中非金属主要集中在右上角三角区内？

（3）元素周期表有多少列？同列元素价层电子数是否相等？元素周期表可分为哪些族？族序数有什么规律？

▶ **总结归纳**

（1）s区有2列、d区有8列、ds区有2列和p区有6列。

（2）右上角三角区的p区元素，能层数少，容易得到电子达到相对稳定的结构，呈现非金属性，属于非金属元素。

（3）七主八副一零族。

> 评价：通过分析讨论，逐步加深对元素周期表结构的认识；通过展开讨论，能够判断主族序数、价层电子数、最外层电子数之间的关系；弄清ⅢB～ⅦB族序数与价层电子数之间的关系；知道第Ⅷ族序数=该族的第1列元素的价层电子数，第ⅠB、ⅡB族的族序数=最外层电子数。

※小组合作学习4※

根据元素周期表进行元素位置的预测和判断。

▶ **讨论交流**

（1）为什么氢元素与碱金属在同列？

（2）为什么第六周期和第七周期分别出现了镧系和锕系？

（3）预测167号元素在元素周期表中的位置。

▶ **练习1**

已知基态R^{2+}的核外电子排布式为$[Ar]3d^7$，下列有关R元素的说法中，错误的是（　　）。

A. 质子数为25　　　　　　B. 在周期表中位于第ⅡB族

C. 在周期表中处于d区　　D. 属于过渡金属元素

【任务三】探究对角线规则

※小组合作学习5※

分析人教版教材第22页"思考与讨论"栏目。

金属锂和镁在过量氧气中燃烧，不能形成过氧化物，只生成氧化物；金属铍和铝的氢氧化物都具有两性；硼和硅的含氧酸酸性的强度很接近，都是弱酸。这种相似性被称为"对角线规则"。

▶ **讨论交流**

（1）性质的相似性包括物理性质和化学性质，提出可能相似的性质讨论。

（2）写出其化学性质对应的反应的化学方程式。

▶ **举例说明**

锂与钠虽属同一主族，但锂与钠的性质相差较远，而锂的化学性质与镁更相似。

①锂和镁在O_2中燃烧，并不生成过氧化物，都只生成氧化物（Li_2O、MgO）。

②锂和镁都能直接与N_2反应生成氮化物（Li_3N、Mg_3N_2）。

③锂和镁的氢氧化物在加热时都可分解生成氧化物（Li_2O、MgO）和H_2O。

④锂和镁的碳酸盐均不稳定，受热均能分解生成相应氧化物和CO_2。

⑤含锂和镁的某些盐，如碳酸盐、磷酸盐等均难溶于水。

▶ **练习2**

仔细观察图4-8-8，回答下列问题。

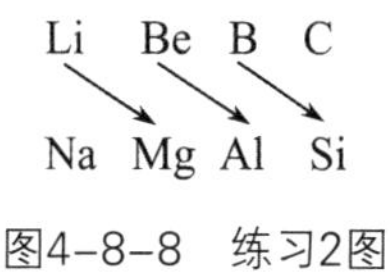

① B的原子结构示意图为_____，B元素位于元素周期表的第_____周期第_____族。

图4-8-8　练习2图

② 铍的最高价氧化物的水化物是_____（填"酸性""碱性"或"两性"）化合物，证明这一结论的有关离子方程式是_____。

③ 根据元素周期律知识，硼酸酸性比碳酸_____，理由是_____。

④ 根据Mg在空气中的燃烧情况，Li在空气中燃烧生成的产物为_____（用化学式表示）。

（三）后续学习

【任务四】巩固练习、完成作业

▶ 作业

（1）完成人教版教材第29页课后习题9、10。

（2）写出1~20号元素基态原子的轨道表示式，21~36号元素基态原子的价层电子排布及对应的轨道表示式。

第五课时

学习内容

原子结构与元素周期律。

学习目标

目标5.1、5.2。

学习评价

（1）完成"小组合作学习1""小组合作学习2""小组合作学习3"，达成评价目标5.1。

（2）完成"小组合作学习4"，达成评价目标5.2。

学习过程

第五课时学习过程如图4-8-9所示。

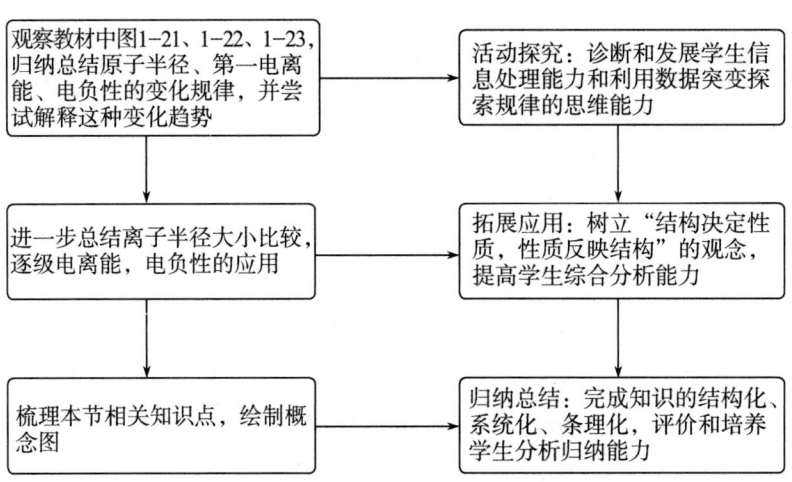

图4-8-9 第五课时学习过程示意图

（一）先行学习

【任务一】探究原子结构与原子半径的关系

※小组合作学习1※

观察人教版教材第22页图1-21主族元素原子半径的周期性变化，描述其变化趋势，并尝试从原子结构视角解释这种趋势。

▶ 讨论交流

（1）比较同种元素的原子与其离子半径的大小，如H^+、H、H^-的半径大小。

（2）分析同主族元素的阳离子或阴离子的半径变化规律，比较Li^+、Na^+、K^+的半径大小，比较F^-、Cl^-、Br^-的半径大小。

（3）怎样比较Na^+、O^{2-}、F^-的半径大小？

> 评价：展示、交流、纠错。

▶ 练习1

下列各组微粒半径大小的比较中，正确的是（　　）。

A. $K^+>Cl^->S^{2-}$　　　　B. $Na^+>Na>Mg$

C. $F^->F>O$　　　　　　D. $F^->Na^+>Mg^{2+}$

▶ 归纳总结

微粒半径大小比较的一般思路：

"一层"：先看能层数，能层数越多，一般微粒半径越大。

"二核"：若能层数相同，则看核电荷数，核电荷数越大，微粒半径反而越小。

"三电子"：若能层数、核电荷数均相同，则看核外电子数，核外电子数多的微粒半径大。

（二）交互学习

【任务二】元素的电离能

※小组合作学习2※

观察人教版教材第23页图1-22中同周期元素或同主族元素第一电离能的周期性变化，描述其变化趋势，并尝试从原子结构视角解释这种趋势。

▶ 讨论交流

（1）同周期元素第一电离能最大与最小分别位于什么位置？从左到右变化的趋势中有无特例，如何解释？

（2）同主族元素第一电离能变化有何趋势，如何解释？

（3）逐级电离能有何变化趋势，有何应用？

（4）影响电离能的因素有哪些，以什么为主？

▶ **练习2**

在下面的电子结构中，第一电离能最小的原子可能是（　　）。

A. $3s^23p^3$　　　　B. $3s^23p^5$　　　　C. $3s^23p^4$　　　　D. $3s^23p^6$

▶ **练习3**

根据表4-8-6中的电离能数据（单位：$kJ\cdot mol^{-1}$），判断下列说法不正确的是（　　）。

表4-8-6　电离能数据

元素代号	I_1	I_2	I_3	I_4
Q	2 080	4 000	6 100	9 400
R	500	4 600	6 900	9 500
S	740	1 500	7 700	10 500
T	580	1 800	2 700	11 600
U	420	3 100	4 400	5 900

A. Q元素可能是0族元素

B. R和S元素均可能与U元素在同一主族

C. U元素可能在元素周期表的s区

D. 原子的价层电子排布式为ns^2np^1的可能是T元素

▶ **特别提醒**

（1）元素的第一电离能与元素的金属性有本质的区别。

（2）由电离能的递变规律可知：同周期主族元素从左到右，元素的第一电离能呈增大趋势，但第ⅡA族的Be、Mg的第一电离能较同周期第ⅢA族的B、Al的第一电离能要大；第ⅤA族的N、P、As的第一电离能较同周期第ⅥA族的O、S、Se的第一电离能要大。这是由于第ⅡA族元素的最外层电子排布为ns^2，p轨道为全空状态，较稳定；而第ⅤA族元素的最外层电子排布为ns^2np^3，p轨道为半充满状态，比第ⅥA族的ns^2np^4状态稳定。

【任务三】认识元素的电负性

▶ **情境创设**

我们知道元素相互化合时，原子之间产生强烈作用力，人们形象地将这种作用力叫作化学键，原子中用于形成化学键的电子称为键和电子。电负性是由美国化学家鲍林提出的,用来描述不同元素的原子对键合电子吸引力的大小。以氟的电负性为4.0和锂的电负性为0.98作为相对标准,得出了各元素的电负性(稀有气体除外)。

※小组合作学习3※

观察人教版教材第25页图1-23,分析同周期元素或同主族元素电负性的周期性变化,描述其变化趋势。

▶ **思考与讨论**

(1)分析同周期元素电负性变化趋势,总结规律。

(2)分析同主族元素电负性变化趋势,总结规律。

(3)元素周期表中,某些主族元素与右下方主族元素性质有何关系?

※小组合作学习4※

探究分析电负性的应用。

▶ **讨论汇报**

(1)如何根据电负性判断元素性质强弱?

(2)如何根据电负性判断化学键的类型?

(3)如何根据电负性判断元素的化合价?

▶ **练习4**

CH_4中共用电子对偏向C,SiH_4中共用电子对偏向H,则C、Si、H的电负性由大到小的顺序为_____。

(三)后续学习

【任务四】巩固练习、完成作业

▶ **作业**

梳理本节知识点,绘制概念图。

案例9　有机物的获取和合成（选择性必修课程模块　有机化学基础）

一、主题分析

有机合成是有机化学知识的重要组成部分，包括有机合成概念，官能团的引入，碳链的改变，正向、逆向合成方法等知识，每个知识模块相对独立，具有鲜明的特性，但是整个有机合成又密不可分。

人教版和鲁科版教材均单独设立了一节"有机合成"进行学习。人教版主要介绍了有机合成过程和逆向合成分析法两部分内容。第一部分，介绍了有机合成的思路——通过有机反应构建目标化合物的分子骨架，并引入所需的官能团；在"资料卡片"中介绍了官能团保护的知识。第二部分，介绍了有机合成路线的设计与实施，以"草酸二甲酯的合成"为例，说明了逆向合成分析法在有机合成中的应用。鲁科版教材重点分三部分内容：一是有机合成的关键——碳骨架的构建和官能团的引入，并在"拓展视野"栏目补充了利用羟醛缩合反应增长碳链和缩短碳链的方法；二是有机合成路线设计，重点介绍逆向合成分析法，并以"案例"的形式呈现了利用逆推法设计甲酸苯甲酯的4条合成路线，以及评价、优选合成路线所遵循的原则；三是简单介绍了有机合成在物质制备和基础研究方面的应用。不同版本教材中"有机合成"的内容编排见表4-9-1。

表4-9-1　不同版本教材中"有机合成"的内容编排

鲁科版教材	人教版教材
第3章　有机合成及其应用 合成高分子化合物 第一节　有机化合物的合成 一、有机合成的关键 1.碳骨架的构建 2.官能团的引入与转化 二、有机合成路线的设计 三、有机合成的应用	第三章　烃的衍生物 第五节　有机合成 一、有机合成的主要任务 1.构建碳骨架 2.引入官能团 二、有机合成路线的设计与实施

有机合成是有机化学学科应用价值的重要体现，也是学生学习有机化学过程中面临的综合、复杂任务，具体包含有机合成路线的设计、分析、优化及评价。上述任务蕴含着丰富的学科思想及问题解决的思路和方法，如正向合成法、逆向合成法、绿色合成思想等。学生在完成有机合成任务的过程中，需要从转化的角度综合应用有机化合物结构分析模型及多角度认识有机反应的思路模型，因此，有机合成任务承载着发展学生最高水平"宏观辨识与微观探析"素养的功能。此外，有机合成路线的评价及优化任务也需要学生以"绿色化学"思想为指导来进行。

利用所学知识合成新物质，对学生来说具有挑战性，他们会为这个目标合作交流，完成各类物质的转化，并将各类有机物的性质内化在脑海中。所以，在教学中"有机合成"是以新授课的形式出现的，学生会更加重视，能够在有机合成思想方法的统摄下，以转化的思想进一步认识各类有机物的性质。学生在学习时可能遇到的困难是"逆向合成分析法""成键断键角度分析有机新信息"；为此，可以通过理解"结构与性质"的关系，对新信息从"成键断键"的本质角度进行应用，从有机合成设计原则角度选择并评价有机合成路线。

本单元整合了人教版高中化学选择性必修3第一章第二节《研究有机化合物的一般方法》、第三章第五节《有机合成》和第五章第一节《合成高分子的基本方法》。本单元的学习，基于20世纪三大神药之一乙酰水杨酸（商品名阿司匹林）的研制开发，建构并应用有机药物获取、合成、进阶的思路和方法，解决青蒿素获取和合成的问题并尝试进行结构修饰。

二、教学目标与达成评价

本主题的教学目标、达成评价与评价依据见表4-9-2。

表4-9-2 本主题的教学目标、达成评价与评价依据

教学目标	达成评价	评价依据
通过学习有机合成相关概念，知道碳骨架的构建和官能团的引入，掌握有机物的获取和合成方法。	知道增长、缩短碳链，引入官能团的方法。	① 能归纳总结有机合成的概念。 ② 能依据有机反应类型，梳理碳骨架的构建与官能团引入。
建立有机合成的一般思路和方法，能够从正、逆方向合成方法进行设计。	能够形成逆向合成的分析思路。	① 能从简单迁移到复杂的有机合成。 ② 能总结逆向合成思路与方法。

续表

教学目标	达成评价	评价依据
通过真实情境的有机合成问题，掌握改良有机物性质的方法。	通过真实问题分析官能团与性质的关系。	① 能通过小组合作鉴别分析水杨酸的官能团。 ② 能解释说明水杨酸的酸性强弱。
学会新信息的解读和迁移应用，掌握有机物的结构修饰实现药物进阶。	体会药物的功能，能根据药理改进分子结构。	① 能具体解释药物机理。 ② 能掌握逆向合成路线的设计思路与方法。
结合具体问题，应用有机药物获取、合成、拓展思路和方法解决青蒿素系列问题。	通过青蒿素的合成，体会新信息的解读和迁移应用。	① 能感受青蒿素的药理、药效。 ② 能探究分析青蒿素的合成，体会药物的研制与合成价值。

三、课时目标与过程评价

本主题的课时目标与过程评价见表4-9-3。

表4-9-3 本主题的课时目标与过程评价

课时	课时目标	过程评价
1	1.1 梳理水杨酸分离提纯的方法。 1.2 计算水杨酸实验式，确定水杨酸结构。	阅读资料、分析仪器、猜想假设、计算推断。
2	2.1 解读现代分析仪器谱图，提炼有机物结构确定的一般方法。 2.2 梳理基团间的转化和相互影响，设计水杨酸合成路线。 2.3 提炼并用框图显现有机合成的一般思路。 2.4 评述有机合成路线设计的优劣。	① 讨论分析确定有机物的一般方法。 ② 合作探究官能团的引入途径。 ③ 探究苯酚羧基化反应的原理。
3	3.1 实验测定水杨酸的酸性。 3.2 从结构分析水杨酸酸性较强的原因。 3.3 制订乙酰化方案减弱水杨酸酸性。	① 实验测定水杨酸酸性。 ② 讨论分析水杨酸分子结构。 ③ 探究乙酰水杨酸的制备原理。
4	4.1 用符号表征阿司匹林的药物修饰并评价其反应。 4.2 归纳有机高分子合成的方法和反应机理。 4.3 判断长效缓释阿司匹林的单体并阐述缓释机理。 4.4 绘制逆合成分析示意图并书写合成路线。 4.5 用结构决定性质观念阐释有机物的开发途径。	① 认识药物阿司匹林的结构。 ② 巩固加深对加聚反应、缩聚反应的认识。 ③ 尝试逆向设计合成长效阿司匹林的路线。

续表

课时	课时目标	过程评价
5	5.1 梳理并分析青蒿素的提取方法和结构。 5.2 阐述青蒿素和双青蒿素的药理作用。 5.3 应用逆合成原理设计青蒿素的半化学合成。 5.4 修饰青蒿素结构并设计书写青蒿类衍生物的合成路线。	① 探究青蒿素的分子结构的方法。 ② 通过阅读认识青蒿素的药效。 ③ 了解青蒿素的提出与人工合成，体会药物的合成过程与应用价值。

四、课时学习设计

第一课时

学习内容

以水杨酸为例获取、确定有机物。

学习目标

目标1.1、1.2。

学习评价

（1）完成"小组合作学习1"，达成评价目标1.1。

（2）完成"小组合作学习2"，达成评价目标1.2。

学习过程

第一课时学习过程如图4-9-1所示。

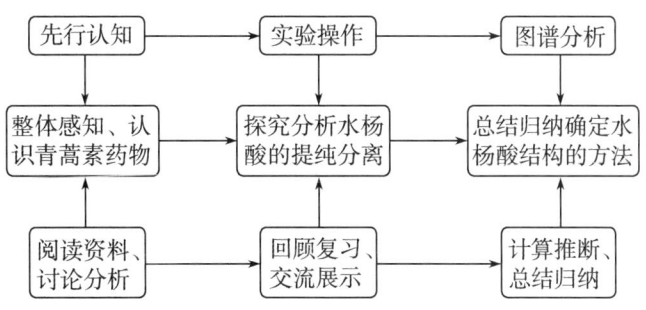

图4-9-1　第一课时学习过程示意图

（一）先行学习

【任务一】观看视频，阅读与思考

▶ **观看视频**

观看视频《"百年奇药"阿司匹林》和《屠呦呦和青蒿素的不解之缘》，思考：① 青蒿素如何从植物中提取？② 青蒿素的结构如何确定？通过什么方法大批量生产以代替自然提取？③ 从青蒿素到双青蒿素是怎样变化的，有什么意义？④ 怎样结构修饰青蒿素衍生一系列药物？

▶ **阅读与思考**

资料1：古医学如《神农本草经》《本草纲目》中有柳树功效的相关记载。

《神农本草经》记载，"柳之根、皮、枝、叶均可入药，有祛痰明目，清热解毒，利尿防风之效"。

《本草纲目》记载，"柳叶煎之，可疗心腹内血、止痛，治疥疮；柳枝和根皮，煮酒，漱齿痛，煎服制黄疸白浊；柳絮止血、治湿痹，四肢挛急"。

资料2：为了探寻柳树皮中的分子到底是什么、功效如何，人们一直努力着。直至1828年，法国药学家亨利·勒鲁克斯和意大利化学家约瑟夫·布希纳成功地从柳树皮里分离提纯出活性成分水杨苷，才解开这个千年之谜。1838年，意大利化学家皮亚里从柳树皮中分离得到了更强效的化合物，并命名为水杨酸。

思考：① 回顾海带中碘元素和茶叶中茶多酚的提取过程方法，梳理物质分离提纯方法。② 结合重结晶法提纯苯甲酸的介绍，梳理如何从柳树叶中获取水杨酸。

资料3：李比希燃烧法是定量测定有机物中碳和氢元素含量的一种分析法，由德国化学家李比希于1831年提出，即将准确称量的样品置于一燃烧管中，经红热的氧化铜氧化后，再将其彻底燃烧成二氧化碳和水，用纯的氧气流把它们分别赶入碱石棉剂（附在石棉上粉碎的氢氧化钠）及高氯酸镁的吸收管内。前者将排出的二氧化碳变为碳酸钠，后者吸收水变为含有结晶水的高氯酸镁。这两个吸收管增加的质量分别表示生成的二氧化碳和水的质量，由此即可计算样品中的碳和氢的含量。如果碳和氢的百分含量相加达不到100，而又检测不出其他元素，则差数就是氧的百分含量。

1852年，蒙彼利埃大学化学教授查尔斯·格哈特发现了水杨酸分子结构。有机化学的发展，探索出水杨酸的真实结构——邻羟基苯甲酸。

思考：① 梳理李比希燃烧法在有机物实验式确定方面的思维步骤。② 从有机物实验式确定到结构确定还需要哪些条件？③ 整理有机物分子结构确定的物理化学方法。

（二）交互学习

【任务二】探究分析合成青蒿素需要哪些知识准备

※小组合作学习1※

探究水杨酸的分离提纯方法（原料：柳树叶）。

▷ **讨论分析**

以水杨酸为例，需要进行的知识准备：① 以水杨酸为例，掌握如何获取、合成有机物；② 以水杨酸制备阿司匹林为例，掌握如何改良有机物性质；③ 以阿司匹林衍生药物为例，掌握如何修饰有机物结构，模拟新药物合成。

▷ **实验探究**

常用的分离提纯方法见表4-9-4。

表4-9-4　物质的分离提纯方法

项目	步骤	操作
分离	加酸加水浸泡	溶解，过滤
	滤液加有机溶剂	萃取，分液
	有机溶剂低温蒸干	减压蒸馏
提纯	固体配热饱和溶液	冷却结晶
纯度测定		色谱法

> 评价：通过展示表现评价，能梳理水杨酸的分离提纯方法（原料：柳树叶）。

【任务二】探究先行学习任务3

※小组合作学习2※

探究水杨酸的组成与结构：（邻羟基苯甲酸结构式，苯环上—OH和—COOH相邻）。

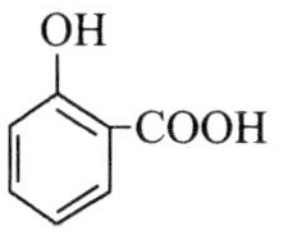

▷ **讨论分析**

（1）计算水杨酸实验式。根据吸收剂前后的质量差，计算出有机物中碳、氢元素的质量分数；根据元素守恒定律，对比反应物与产物中的碳、氢元素质量，计算出氧元素的质量分数；据此求出碳、氢、氧原子数的最简比，即实验式。

（2）确定水杨酸结构的基本步骤。确定实验式→确定分子式→确定分子结构、得出结论，还需要对有机物的分子量和基团进行确定。

（3）常用的确定有机物分子量和基团的方法见表4-9-5。

表4-9-5 确定分子量和基团的方法

步骤	方法
确定实验式	李比希燃烧法，元素定量分析仪
确定分子式	质谱法
确定结构式	红外光谱，核磁共振氢谱，X射线衍射

（三）后续学习

【任务三】分析和识别谱图，提炼确定有机物结构的一般步骤和方法

▶ 阅读分析

（1）阅读人教版教材第18页"确定分子结构"内容。

（2）解读谱图。质谱法：最大质荷比为相对分子量；核磁共振氢谱：具有不同化学位移的氢原子有不同位置的吸收峰，吸收峰的面积与氢原子数成正比。

（3）提炼有机物结构确定的一般方法。从元素守恒角度分析李比希燃烧法，计算有机物实验式；质谱法求有机物分子量，结合实验式求分子式；核磁共振氢谱判断等位氢的数目，书写结构式。

第二课时

学习内容

以水杨酸的制备为例研究有机物的合成。

学习目标

目标2.1、2.2、2.3、2.4。

学习评价

（1）完成"小组合作学习1"，达成评价目标2.1。

（2）完成"小组合作学习2"，达成评价目标2.2。

（3）完成"小组合作学习3"，达成评价目标2.3。

（4）完成"小组合作学习4"，达成评价目标2.4。

学习过程

第二课时学习过程如图4-9-2所示。

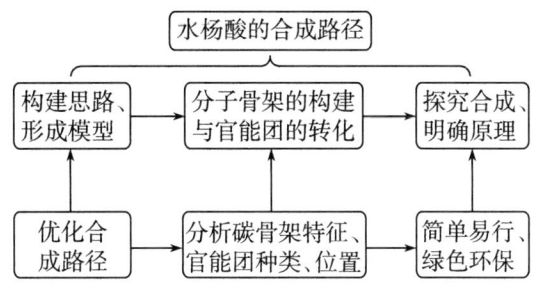

图4-9-2 第二课时学习过程示意图

（一）先行学习

【任务一】阅读与思考

资料：19世纪中叶，随着煤炭工业的发展，人们从煤焦油中得到了苯、甲苯和苯酚等物质。

思考：

（1）符号表征下列有机物在不同条件下的官能团转化和引入：① 甲苯在酸性高锰酸钾溶液作用下的产物；② 苯酚和乙酸酐的反应；③ 甲苯和氯气的反应；④ 苯酚和甲醛的加成和加聚反应；⑤ 环氧丙烷和二氧化碳的加聚反应；⑥ 卤代烃和氢氧化钠在不同溶剂中的反应。

（2）梳理基团间的相互影响。

（3）设计从煤焦油产品甲苯或苯酚到水杨酸的转化。

（二）交互学习

【任务二】设计有机物合成路线

※小组合作学习1※

小组合作继续完成上节课的"后续学习"。

▶ 展示评价

质谱法确定相对分子量；核磁共振氢谱确定氢原子种类与数目；提炼有机物结构确定的一般方法：实验式→分子量→分子式→结构式。

※小组合作学习2※

小组合作继续完成"先行学习（1）"。

▶ 思考与讨论

（1）梳理基团之间是如何转化的，基团之间是怎样相互影响的？

（2）设计有机物合成路线时如何构建碳骨架？如何引入官能团？如何保护官能团？

▶ 交流展示

（1）构建碳骨架的具体操作如表4-9-6所示。

表4-9-6 构建碳骨架的具体操作

碳骨架变化	具体操作
碳链的增长	引入-CN，水解或加成
	羟醛缩合
碳链的缩短	烯烃、炔烃、芳香烃的侧链被氧化
成环	Diels-Alder 反应

（2）官能团的引入。通过取代、加成、消去、氧化、还原等反应，实现有机物类别的转化。卤代烃和含羰基物质是重要的反应中间体。

（3）官能团的保护。以水杨酸的合成为例，设计有机物合成路线，注意基团的保护和还原。

合成路线一：

[图：甲苯 $\xrightarrow{Br_2/FeBr_3}$ 邻溴甲苯 $\xrightarrow{KMnO_4}$ 邻溴苯甲酸 $\xrightarrow{①NaOH\ ②H^+}$ 水杨酸]

合成路线二：

[图：苯酚 $\xrightarrow{CH_3Br/AlCl_3}$ 邻甲酚 $\xrightarrow{CH_3I}$ 邻甲基苯甲醚 $\xrightarrow{KMnO_4}$ 邻甲氧基苯甲酸 $\xrightarrow{HI}$ 水杨酸]

※小组合作学习3※

对比原料和产物，总结有机合成的方法，提炼有机合成的一般思路。

▶ 思考与讨论

总结分析有机合成的一般思路，绘制合成路线图进行展示交流。

提炼有机合成的一般思路如图4-9-3所示。

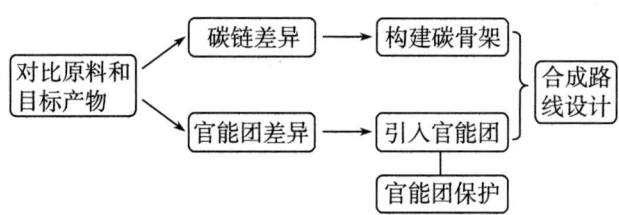

图4-9-3 有机合成的一般思路

※小组合作学习4※

探讨有机反应机理和水杨酸工业化生产所需要考虑的问题。

▶ **阅读资料**

1857年，德国化学家科贝尔应用苯酚的羧基化合成了水杨酸。

▶ **思考与讨论**

根据资料，写出羧基化合成水杨酸的化学方程式。

$$\text{C}_6\text{H}_5\text{OH} + \text{NaOH} \longrightarrow \text{C}_6\text{H}_5\text{ONa} + \text{H}_2\text{O}, \quad \text{C}_6\text{H}_5\text{ONa} \xrightarrow{\text{CO}_2} \text{邻-HOC}_6\text{H}_4\text{COONa},$$

$$2\,\text{邻-HOC}_6\text{H}_4\text{COONa} \xrightarrow{\text{H}_2\text{SO}_4} 2\,\text{邻-HOC}_6\text{H}_4\text{COOH}。$$

> **评价**：评述合成路线优缺点：前两条合成路线副产物多，苯环上卤素原子不易水解；科贝尔法，利用酚类物质苯环上的邻位氢与羧基的加成制得水杨酸，原料易得价廉，反应步骤少而简便，同时绿色环保，缺陷是存在对位产物的可能。

（三）后续学习

【任务二】巩固练习、完成作业

▶ **作业**

（略）

第三课时

学习内容

以水杨酸的乙酰化过程为例，掌握改良有机物性质的方法。

学习目标

目标3.1、3.2、3.3。

学习评价

（1）完成"小组合作学习1"，达成评价目标3.1。

（2）完成"小组合作学习2"，达成评价目标3.2。

（3）完成"小组合作学习3"，达成评价目标3.3。

学习过程

第三课时学习过程如图4-9-4所示。

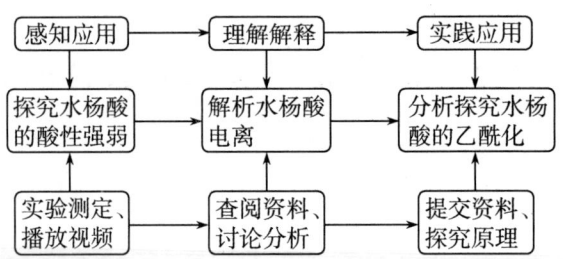

图4-9-4 第三课时学习过程示意图

（一）先行学习

【任务一】情境创设，思考与讨论

▶ 情境创设

水杨酸有强烈的酸味和苦味，对胃肠道刺激很大，味道令人厌恶，甚至会破坏人的内脏，引发出血、腹泻。可能是哪个官能团引起的不良反应？

1897年，霍夫曼改良水杨酸的苦味及强烈副反应——胃肠道反应，利用水杨酸（邻羟基苯甲酸）和乙酸酐一步合成出乙酰水杨酸（俗称阿司匹林），副作用明显减小。

▶ 思考与讨论

（1）请写出上述反应的化学方程式，指出该反应的反应类型。

（2）如何检验水杨酸已经反应完全？

（3）该反应中水杨酸的主要副反应是得到一种高聚物，写出生成该高聚物反应的化学方程式。

（二）交互学习

【任务一】实验测定水杨酸的酸性

※小组合作学习1※

测定一定浓度水杨酸的pH值和电离度。

▶ 实验探究

（1）标定水杨酸溶液的浓度。用移液管移取25.00 mL 水杨酸溶液于锥形瓶中，加入纯水25 mL；再加入2滴酚酞指示剂，立即用NaOH溶液滴定至呈浅粉红色并30秒钟不消失即为终点。再重复滴定2次，并记录数据。

（2）配制不同浓度的水杨酸溶液，并测定pH；把（1）中已标定的水杨酸溶液（浓度为c），配制成$c/2$、$c/4$，并测定其pH。

▶ 思考与讨论

水杨酸酸性较强的原因。

> **评价**：通过标定水杨酸的浓度和测定不同浓度的水杨酸电离程度的实验进行数据收集和整理。能够定性分析水杨酸的电离情况，同时通过实验从定量的角度验证、说明水杨酸电离的程度决定了酸性的强弱。

【任务二】从结构分析水杨酸酸性较强的原因

※小组合作学习2※

探究水杨酸中官能团之间的相互作用。

▶ **思考与讨论**

通过查阅资料、讨论交流，梳理官能团之间是如何转化和相互影响的。

> **评价**：能够说出水杨酸结构中的羟基位于羧基的邻位，二者相互作用，导致更容易电离出H^+；能够结合任务一中的有关数据进一步证明。同时，能够理解酚羟基不仅对羧基有邻位效应，还由于羟基中的氢能与羧基中的碳氧双键的氧形成分子内氢键，更增加了羧基中氢氧键的极性，使酸性增强。

【任务三】探究水杨酸乙酰化的方案

※小组合作学习3※

书写水杨酸有关反应的化学方程式。

▶ **思考与讨论**

（1）如何弱化水杨酸的酸性？

（2）阿司匹林的药理作用是怎样的？

（3）对比原料和产物，你认为有机合成的方法和一般思路是怎样的？

▶ **原理分析**

水杨酸酚羟基的乙酰化与水杨酸分子的缩合反应方程式。

资料：为了加快反应的进行，常加入少许浓硫酸作催化剂，浓硫酸的作用是损坏水杨酸分子中羧基与酚羟基间形成的氢键，进而使酰化作用较易达成。在生成乙酰水杨酸的同时，水杨酸分子之间也可发生缩合反应，生成少许的聚合物。

主反应：$\text{水杨酸} + (CH_3CO)_2O \xrightarrow{\text{浓}H_2SO_4} \text{乙酰水杨酸} + CH_3COOH$

副反应:

$$2 \underset{OH}{\underset{|}{C_6H_4}}\text{-COOH} \xrightarrow{\Delta} \text{水杨酸酯化产物} + H_2O$$

$$\text{(邻-OCOCH}_3\text{苯甲酸)} + \text{(水杨酸)} \xrightarrow{\Delta} \text{乙酰水杨酰水杨酸酯}$$

> **评价**:能理解并能书写水杨酸与乙酸酐作用的化学方程式。能解释说明经过乙酰化反应,水杨酸分子中酚羟基上的氢原子被乙酰基代替,生成乙酰水杨酸。知道在实际生产过程中获得的是粗制乙酰水杨酸,混有反应副产物和还没有作用的原料、催化剂等,一定经过纯化处理才能获得较纯的产品。

(三)后续学习

【任务四】巩固练习、完成作业

▶ 作业

长期使用阿司匹林会造成不良反应,症状为头痛、眩晕、耳鸣、视听力减退。若出现水杨酸反应,此时应立即停药并静滴注射$NaHCO_3$溶液,写出反应的化学方程式。

第四课时

学习内容

阿司匹林的分子结构修饰。

学习目标

目标4.1、4.2、4.3、4.4、4.5。

学习评价

(1)完成"小组合作学习1",达成评价目标4.1、4.2。

(2)完成"小组合作学习2",达成评价目标4.3。

(3)完成"小组合作学习3",达成评价目标4.4。

(4)完成"小组合作学习4",达成评价目标4.5。

学习过程

第四课时学习过程如图4-9-5所示。

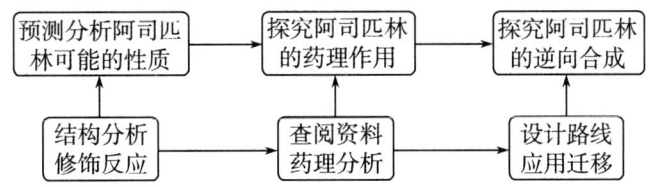

图4-9-5 第四课时学习过程示意图

（一）先行学习

【任务一】阅读资料

资料： 口服阿司匹林可直接刺激胃黏膜，长期服用易致胃黏膜损伤，引起胃溃疡及胃出血等。对阿司匹林进行哪些结构修饰可以减少其对胃肠道的刺激？

阿司匹林（羧基）和对乙酰氨基酚（酚羟基）经缩合反应生成的贝诺酯，效果好，对胃肠刺激小。通常这种为了减少不良反应（或增加药物吸收、延长药物作用等）对结构进行修饰的方法叫前药设计。贝诺酯就是阿司匹林的前药。

由于单体的阿司匹林在人体的作用效果不是很持久，随着医药工业的发展，人们将阿司匹林及其他水杨酸衍生物与聚乙烯醇、醋酸纤维素等含羟基聚合物进行熔融酯化，使聚乙烯醇、醋酸纤维素等聚合物携带乙酰水杨酸的酸酐。当聚合物进入人体后在胃酸的作用下缓慢水解，产生大量的阿司匹林，由于水解过程速率较慢，所以阿司匹林的作用效果更具有持续性。

（二）交互学习

【任务一】探究阿司匹林可能具有的性质

※小组合作学习1※

分析阿司匹林分子中官能团可能发生的转化。

▶ **预测分析**

（1）根据阿司匹林的分子结构，分析其可能具有的化学性质，分析阿司匹林分子中的官能团可能发生的反应类型、不同反应类型中官能团的转化。

（2）药物修饰反应原理。

▶ **拓展交流**

合成高分子化合物的基本方法：

（1）加成聚合反应：单体必须是含有双键、三键等不饱和键的化合物。

（2）缩合聚合反应：缩聚反应的单体往往是具有双官能团或多官能团的小分子；缩聚反应生成聚合物的同时，还有小分子副产物生成。

【任务二】探究长效缓释阿司匹林的药理

※小组合作学习2※

推断长效缓释阿司匹林的分子结构与单体。

▶ **思考与讨论**

（1）长效缓释阿司匹林是一种什么样的高聚物？

（2）在人体内是通过怎样的过程释放出阿司匹林的？

（3）在人体内是如何保持阿司匹林浓度相对稳定的？

> 评价：能根据药物说明书，说明载体中结合了大量的阿司匹林分子，保证人体所需阿司匹林的总量；能根据阿司匹林能在人体内通过水解作用缓慢地释放，说明阿司匹林的浓度相对稳定；能说出它就是利用有机高分子在胃酸的催化下发生水解反应的原理。水解反应是一种可逆反应，阿司匹林一旦被消耗，水解平衡发生移动。经过分析能够给出阿司匹林药物的使用建议。

【任务三】探究阿司匹林的逆向合成原理

※小组合作学习3※

应用逆合成原理设计阿司匹林。

▶ **绘制流程**

根据阿司匹林的结构逆向分析合成的原料，逆向设计流程，并交流展示。

阿司匹林：

逆向合成路线：

① $+CH_2-\underset{COOH}{\overset{CH_3}{C}}+_n \longrightarrow CH_2=\underset{CH_3}{C}COOH \longrightarrow CH_3\underset{OH}{\overset{CH_3}{C}}COOH \longrightarrow CH_3\underset{O}{\overset{}{C}}CH_3 \longrightarrow CH_3\underset{OH}{CH}CH_3 \longrightarrow CH_2=CHCH_3$

② （邻位 $\overset{O}{\underset{}{C}}CH_3$，$\overset{}{\underset{C=O}{}}OH$ 的苯环） $\longrightarrow$ （邻位 OH，COOH 的苯环）

③ CH_2OHCH_2OH

※小组合作学习4※

认识一种新药物贝诺酯。

资料： 阿司匹林与另一个解热镇痛药对乙酰氨基酚利用拼合的方法得到一种新药贝诺酯，口服后其在胃肠道内不被水解，避免了对胃肠道的刺激作用。贝诺酯以原形吸收，吸收后很快代谢为水杨酸和对乙酰氨基酚，两种药物同时发挥作用，且作用时间较阿司匹林和对乙酰氨基酚长。

（贝诺酯结构式）

▶▶ **探究新知**

写出阿司匹林转化为贝诺酯反应的化学方程式：＿＿＿＿＿＿＿＿＿＿＿＿＿。

> **评价：** 能基于结构决定性质观念，修饰阿司匹林结构。领悟科学家利用甲基和磺酸基的定位效应，在水杨酸的合成中控制苯环上引入羟基的个数和位置，利用基团间相互影响的原理，通过将酚羟基酯化，改变邻位羧基的酸性。反思、概括创新性思维与有机物结构、有机反应的认识角度之间的关系。

（三）后续学习

【任务四】思考与交流

你认为在阿司匹林分子结构修饰的方法中，有创意的设计是哪些？这些创意设计与中学阶段所学的有机物结构、有机化学反应的认识角度之间存在何种联系？

第五课时

学习内容

青蒿素的制备。

学习目标

目标5.1、5.2、5.3、5.4。

学习评价

（1）完成"小组合作学习1"，达成评价目标5.1。

（2）完成"小组合作学习2"，达成评价目标5.2。

（3）完成"小组合作学习3"，达成评价目标5.3。

（4）完成"小组合作学习4"，达成评价目标5.4。

学习过程

第五课时学习过程如图4-9-6所示。

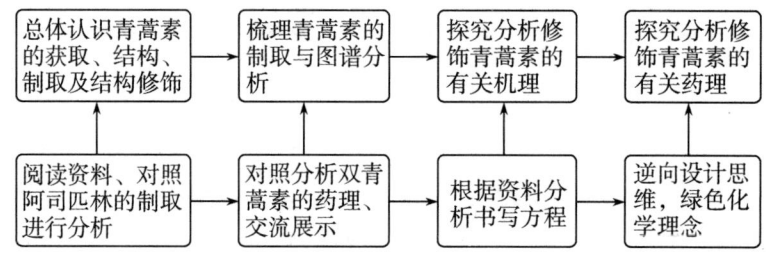

图4-9-6　第五课时学习过程示意图

（一）先行学习

【任务一】按照下列步骤尝试完成下列任务

（1）依据有机物的自然获取方法梳理青蒿素的提取工艺流程。

（2）阅读资料回答问题。

资料：已知青蒿素是一种仅含有C、H、O三种元素的化合物，为确定其化学式，进行了如图4-9-7所示实验。

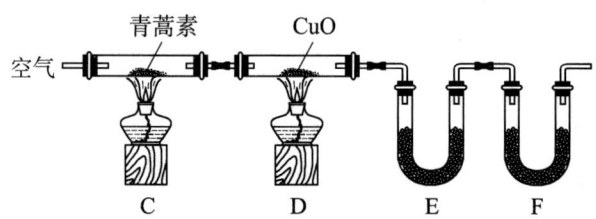

图4-9-7　确定青蒿素化学实验装置

装置E、F应分别装入的药品为P_2O_5、碱石灰。测得实验前后质量见表4-9-7。

表4-9-7 实验前后质量

装置	实验前/g	实验后/g
E	24.00	33.90
F	100.00	133.00

通过质谱法测得青蒿素的相对分子质量为282，红外光谱如图4-9-8所示。

图4-9-8 青蒿素红外光谱图

结合上述数据，求青蒿素的分子式，推测其可能有的官能团。

（3）对照青蒿素和双氢青蒿素结构查阅资料，阐述其药理作用。

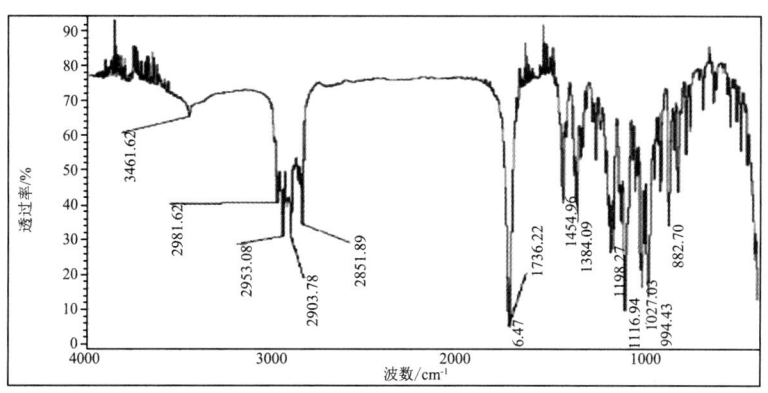

青蒿素　　　双氢青蒿素

（4）根据资料，分析青蒿素的逆合成路线，写出青蒿素的半合成路线。

资料： 青蒿素的全化学合成产率很低，目前以青蒿酸为原料的半合成研究进展有较大的价值。

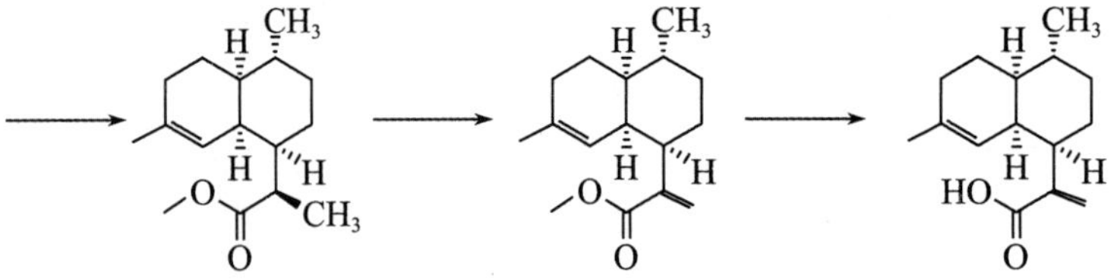

（5）根据资料，修饰青蒿素结构，书写青蒿琥酯的合成路线。

资料：纵观人类发展史，对于自然资源的利用，源于人们对美好生活的向往。科学的发展，能发现新药，修饰药物，让其功效更加强大。青蒿素良好的耐受性，极具研究价值，让我们不懈努力去挖掘青蒿素更多的用途。

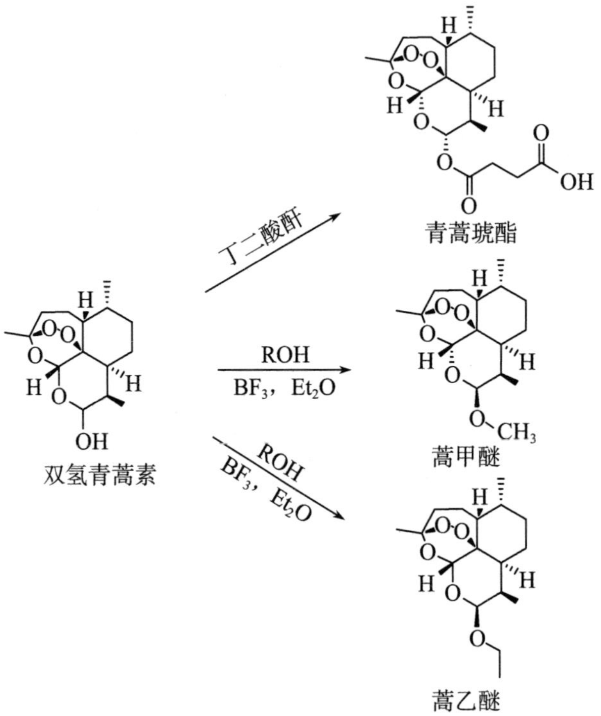

（二）交互学习

【任务二】小组合作完成"先行学习（1）（2）"

※小组合作学习1※

梳理并得出青蒿素的提取方法。

▶ **阅读与思考**

参照水杨酸的提取，对比分析屠呦呦的古文启示：从东晋葛洪《肘后备急方》中"青蒿一握，以水二升渍，绞取汁，尽服之"的截疟记载中，得出使用乙醚从中药中提取并用柱色谱分离得到青蒿素的分离方法。

▶ **图谱分析**

应用李比希燃烧法和现代仪器分析谱图，得出青蒿素的分子式为$C_{15}H_{22}O_5$，分子中含有酯基和甲基等结构片段。

【任务二】小组合作完成"先行学习（3）"

※小组合作学习2※

阐述青蒿素和药物双氢青蒿素的药理作用。

▶ **药理分析**

青蒿素中的过氧基对疟原虫膜系结构有影响，它作用于食物泡膜，从而阻断了营养摄取的最早阶段，使疟原虫较快出现氨基酸饥饿，迅速形成自噬泡，并不断排出虫体外，使疟原虫损失大量胞浆而死亡。应用硼氢化钠选择性地将青蒿素还原为双氢青蒿素，将憎水基团酯基转化为亲水基团羟基，增加药物的亲水性，增加药效。

【任务三】小组合作完成"先行学习（4）"

※小组合作学习3※

应用逆合成原理设计青蒿素的半化学合成。

▶ **资料分析**

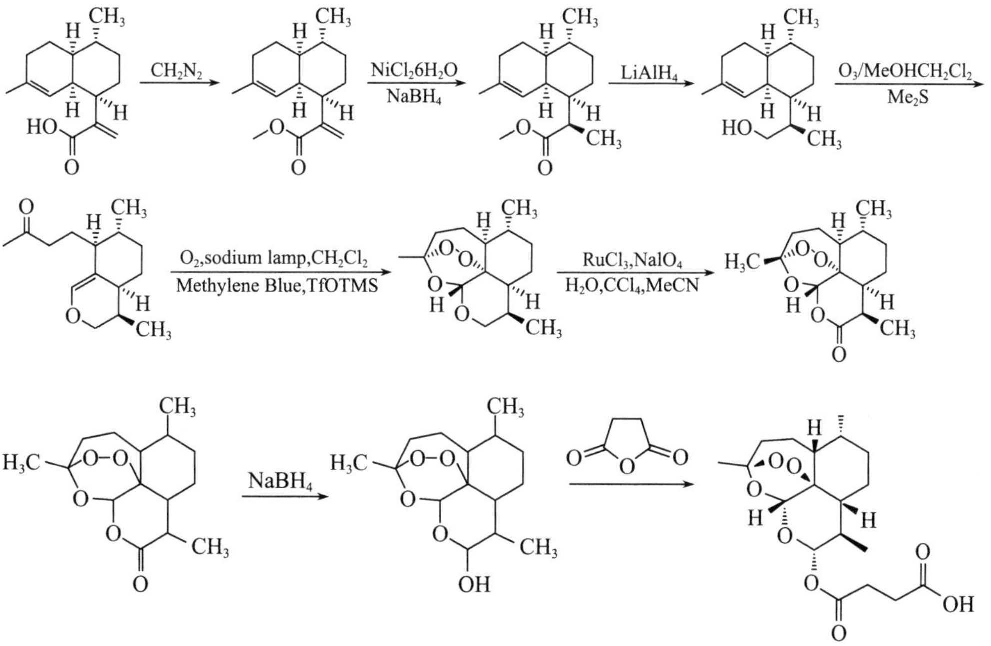

▶ **思考与讨论**

汇报交流逆合成原理的体会，提出问题，分析讨论。

※小组合作学习4※

基于结构决定性质观念，修饰青蒿素结构，探究合成原理。

（三）后续学习

【任务四】思考交流

青蒿素及其一系列衍生物都具有过氧基，过氧基很活泼，是青蒿素不稳定的因素。查找资料并参照无机过氧化物的使用，对青蒿素及其衍生物的制备和应用提出一些建议。

主要参考文献

[1] 中华人民共和国教育部.普通高中化学课程标准（2017年版2020年修订）[M].北京：人民教育出版社，2020.

[2] 房喻，徐端钧.普通高中化学课程标准（2017年版2020年修订）解读[M].北京：高等教育出版社，2020.

[3] 罗滨，支瑶.新版课程标准解析与教学指导：高中化学[M].北京：北京师范大学出版社，2019.

[4] 李锋.基于标准的教学设计：理论、实践与案例[M].上海：华东师范大学出版社，2013.

[5] 余文森.核心素养导向的课堂教学[M].上海：上海教育出版社，2017.

[6] 格兰特·威金斯，杰伊·麦克泰.理解为先模式：单元教学设计指南[M].盛群力，沈祖芸，等译.福州：福建教育出版社，2018.

[7] 高宏.这样教学很有效——任务驱动式课堂教学[M].天津：天津教育出版社，2019.

[8] 刘月霞，郭华.深度学习：走向核心素养（理论普及读本）[M].北京：教育科学出版社，2018.

[9] 卢明，崔允漷.教案的革命：基于课程标准的学历案[M].上海：华东师范大学出版社，2016.

[10] 于丽萍.基于标准的教学："教—学—评一致性"区域实践[M].北京：中国社会出版社，2021.

[11] 江合佩，王春，潘红.核心素养下的化学单元整体教学设计[M].福州：福

建教育出版社，2021.

[12] 郑长龙.核心素养导向的化学教学设计［M］.北京：人民教育出版社，2021.

[13] 崔允漷，夏雪梅."教—学—评一致性"：意义与含义［J］.中小学管理，2013（01）.

[14] 姜建文，王丽珊.基于核心素养的化学教学目标设计策略［J］.化学教育（中英文），2020（05）.

[15] 陈雷.整合学生已有知识促进高中化学新知识体系的建构［J］.化学教育（中英文），2016（17）.

[16] 王丹.任务驱动教学引领初中生化学深度学习［J］.新课程教学（电子版），2022（05）.

[17] 姜显光，刘东方.学科素养导向化学教学设计模式研究——基于《普通高中化学课程标准（2017年版）》教学与评价案例［J］.化学教学，2022（08）.

[18] 刘飞，黄伟.基于课程标准的课堂教学设计［J］.教育视界，2019（13）.

[19] 魏秀华.以终为始：主题单元的逆向教学设计研究［J］.现代教育，2021（12）.

[20] 陈晶君，荣淑霞.基于真实问题情境创设的高中化学学科德育教学实践［J］.现代教学，2022（15）.

[21] 余文森.以核心素养为导向：建立与义务教育新课标相适应的新型教学［J］.中国教育学刊，2022（05）.

[22] 后小年."水溶液中的离子平衡综合应用"教学设计与实践［J］.中学化学教学参考，2020（11）.

[23] 杨宇，朱书佚，刘双雪，高和军，廖运文.化学学科大概念下的大单元设计［J］.中学化学教学参考，2021（06）.

[24] 江合佩.基于"核心素养"建构下的同课异构——以"沉淀溶解平衡"为例［J］.化学教与学，2016（11）.

[25] 杨玉琴.核心素养视域下的单元教学设计：内涵解析及基本框架［J］.化学教学，2020（05）.

[26] 邵朝友，韩文杰，张雨强.试论以大观念为中心的单元设计——基于两种单

元设计思路的考察[J].全球教育展望,2019(06).

[27] 胡清.指向深度学习的逆向教学设计——以"构成物质的微粒"为例[J].中学化学教与学,2021(07).

[28] 刘丽珍,邓峰,陈泳蓉,林颖.高中有机化学教学内容结构化[J].化学教学,2022(10).

[29] 韦新平.指向"变化观念与平衡思想"的元素化合物复习策略研究[J].化学教学,2021(07).

[30] 王素芳,孙阿龙."氯气的制备与性质探究"实验教学[J].中学化学教学参考,2022(02).

[31] 王建军.高中化学实验教学中过程性评价多元化的实践与思考[J].化学教育,2014(01).

[32] 郭金花,吴星.高三学优生化学高阶思维能力现状调查与分析[J].化学教学,2022(10).

[33] 丁原梅,王桂芹,张笑言,郑长龙,陈彬.基于学科理解的"醛的结构与性质探究"教学设计与实施[J].化学教育(中英文),2021(23).

[34] 陈林江.运用化学学科核心素养培养"微型课题"研究能力——以"认识冰醋酸及其溶液的性质"为例[J].中学化学教学参考,2020(10).

[35] 毕华林,张羽.化学教育理念的百年演进与基本经验[J].中学化学教学参考,2021(12).

[36] 黄国乐.基于发展学生核心素养的化学单元教学设计实践探索[J].中学化学,2022(07).

[37] 周体红.刍议中学化学教学情境的创设[J].新课程,2021(10).

[38] 姜显光,郑长龙,赵红杰.提升教师学科理解能力:缘起、意义及策略[J].化学教育(中英文),2022(09).

[39] 沈明祥.基于学生阶段性需求的情境教学设计[J].化学教与学,2021(08).

[40] 戴光宏.指向评价促学的项目教学在选修衔接课程的设计与实施——以"乙醇在生活中的应用"为例[J].化学教与学,2021(09).

［41］刘静波.课堂学习目标叙写问题及改进策略［J］.现代中小学教育，2019（11）.

［42］王建峰.如何撰写与目标匹配的"评价任务"［J］.教育视界，2016（06）.

［43］赖天浪.基于任务分析的问题导学设计——以上教版"物质的溶解度"的教学为例［J］.化学教与学，2016（03）.

［44］吴红耘.评布卢姆认知目标分类学——以其知识与能力观为中心［J］.苏州科技学院学报（社会科学版），2011（03）.

［45］钟勇为.如何认识教材［J］.教育实践与研究，2005（02）.

［46］崔允漷.国家课程标准与框架的解读［J］.全球教育展望，2001（08）.

［47］王祖浩.对我国高中化学课程标准实施和修订的审视［J］.基础教育课程，2013（02）.

［48］李锋.我国课程标准与教学实施一致性的现状、反思及策略［J］.课程·教材·教法，2012（08）.

［49］刘蔚.基于逆向设计的教学目标与评价目标的制订策略［J］.学园，2020（04）.

［50］黄国威，易进.中小学深度学习教学实践的基本问题及其突破［J］.上海教育科研，2022（03）.

［51］彭纲.促进数学核心素养发展的深度学习活动设计研究［J］.中小学教材教学，2022（04）.

［52］钟辉生，钟文锋，郭军民.基于真实情境的信息加工方式探析——以2022年高考全国卷理综化学试题为例［J］.中学化学教学参考，2022（08）.

［53］顿继安，何彩霞.大概念统摄下的单元教学设计［J］.基础教育课程，2019（09）.

［54］陈祖云.基于学生核心素养的化学实验探究教学研究——以"硫和二氧化硫"的教学设计与实施为例［J］.实验教学与仪器，2022（01）.

［55］黄淑子.研读新课程，更新教育理念，促进课程改革［J］.中学教学参考，2012（04）.

［56］凌宗伟.教学目标的设定与调整是课堂教学有效实施的必然［J］.教育视界，

2021（07）.

［57］汲飞龙，李爱娟.任务驱动教学法在教育心理学教学中的应用——以高校教育技术学专业为例［J］.现代交际，2012（07）.

［58］王静，王法明.如何设计"学习过程"以实现"真学习"［J］.教育视界，2016（06）.

［59］马晓丹，刘加霞.认知心理学视域下数学教学目标写作支架的构建［J］.教学与管理，2021（05）.

［60］杨桂榕，郑长龙.基于学科理解的元素周期律的教学设计［J］.化学教学，2022（10）.

［61］余文森.关于教学改革的原点思考［J］.全球教育展望，2015（05）.

［62］董琼.学生如何深度参与课堂教学评价——促进学生学习与教学改进的评价新取向［J］.人民教育，2019（07）.

［63］刘华."现在进行时"课程促进化学学科核心素养发展实践探究［J］.创新人才教育，2022（08）.

［64］毕华林，张羽.指向学科核心素养的化学学科育人体系构建［J］.中学化学教学参考，2022（05）.

［65］田慧生.我国基础教育课程改革：回顾与前瞻［J］.中国教育科学，2015（02）.

［66］郭华.深度学习及其意义［J］.课程·教材·教法，2016（11）.

［67］胡欣阳，毕华林.基于大概念促进学生化学观念的建构［J］.中学化学教学参考，2022（13）.

［68］李锋.基于课程标准的教学设计研究［D］.华东师范大学博士论文，2010.

［69］高园梅.提升课堂教学中教—学—评一致性的策略研究［D］.西南大学硕士论文，2020.

［70］汪叶军.指向学科核心素养的高一化学大单元教学设计［D］.西南大学硕士论文，2021.

［71］李琦.核心素养视域下高中化学教科书的比较研究［D］.曲阜师范大学硕士论文，2021.

[72] 陈捷. 基于"宏观辨识与微观探析"的高中化学教学设计研究[D]. 广西师范大学硕士论文, 2021.

[73] 蒋丹. 基于NOBOOK的高中化学实验教学活动设计与实践研究[D]. 西北师范大学硕士论文, 2019.

[74] 赛明倩. 培智学校学生学习分层评价研究[D]. 云南师范大学硕士论文, 2020.

[75] 张旭东, 孙重阳. 由峰至原: 中学化学逆向教学设计的探讨与实践[J]. 化学教学, 2019（03）.

[76] 刘青松. 核心素养导向的教学观重建——访福建师范大学余文森教授[J]. 基础教育课程, 2017（21）.

[77] 莫芮. 论国家课程标准应用的研究取向与转化范式[J]. 教育科学论坛, 2020（10）.

[78] 余文森. 论核心素养导向的三大教学观[J]. 当代教育与文化, 2019（02）.

[79] 王云生. 基础教育阶段学科核心素养及其确定——以化学学科核心素养为例[J]. 福建基础教育研究, 2016（02）.

[80] 肖东福. 指向核心素养的逆向美术课程设计理论与实践研究[D]. 杭州师范大学硕士论文, 2020（06）.

[81] 郭华. 深度学习的五个特征[J]. 人民教育, 2019（03）.

[82] 汤晓敏. 促进深度学习发生策略研究[J]. 才智, 2022（01）.

[83] 康永军, 王荣华. 基于元问题引发学生深度学习的化学教学设计[J]. 天津师范大学学报（基础教育版）, 2020（01）.

[84] 国务院办公厅. 国务院办公厅关于新时代推进普通高中育人方式改革的指导意见: 国办发〔2019〕29号.

[85] 兰富刚, 李昕. 基于生物学科大概念的单元教学设计内涵、特征及实现路径[J]. 考试周刊, 2020（12）.

[86] 程先国. 合作学习视域的大单元整合教学课型建构初探[J]. 读写月报, 2021（18）.

[87] 孙金凤. 高中化学变化观念与平衡思想的教学实践探索——以"化学平衡"

为例［D］.四川师范大学硕士论文，2021（06）.

［88］高杰.研究型教师：专业成长的进阶性追求［J］.教师博览，2022（10）.

［89］苏萌."宏观辨识与微观探析"学科核心素养培养的高中化学教学设计研究［D］.辽宁师范大学硕士论文，2019.

［90］潘艳群.基于化学学科核心素养的高考试题研究［D］.广西师范大学硕士论文，2021.

［91］王明玉.人教、鲁科版高中化学教科书内容的比较研究［D］.曲阜师范大学硕士论文，2021.

［92］马翠萃.促进化学核心素养发展的思维可视化教学研究［D］.广西师范大学硕士论文，2019.